“周恩来最后 600 天”只是一个概数，

是指周恩来从住院到离世的日子。

周恩来的患病时间要从 1972 年 5 月算起……

从患病到住院，周恩来经历了两年艰难支撑危局的政治苦旅

从住院到离世，周恩来经历了近600天由生到死的病痛时日

周恩来
最后 600 天

顾保孜／著　杜修贤／摄

中国青年出版社

目录

第一章 祸起萧墙

1972 年 5 月 12 日，周恩来在例行检查时发现尿中有 4 个红血球，随后被确诊为膀胱癌。他不仅继续担负着繁重的工作，还承受着来自党内外的巨大政治压力。

第二章 病魔缠身

周恩来的治疗终于提到议事日程。然而，政坛暗流涌动，权力之争加剧。

第三章　困顿病榻

1974年，周恩来的病情恶化，癌症转移。他拖着重病之躯，千方百计解放了一大批被打倒的老干部。

第四章　回天乏术

到1975年夏，周恩来体重仅剩61斤。他凭借自己在党内外的影响力，希望用生命的最后力量托举邓小平平稳接班。

第五章　弥留之际

1976年1月8日上午，周恩来停止了呼吸。他“鞠躬尽瘁，死而后已”，完成了人生的最后谢幕。

第六章　魂舞大地

“只见总理去，不见总理归。”成千上万的首都群众伫立在长安街两侧，用泪水与怀念为周恩来总理送行。

1972 年——

5 月 12 日　尿中发现四个红血球

5 月 15 日　细胞病理学检查为“膀胱移行上皮细胞癌”

5 月 18 日　确诊为膀胱癌

1 9 7 2 - 5 >

1972 年——

2 月 21 日　尼克松访华

5 月 21 日—6 月 23 日　中央批林整风汇报会，开始纠“左”

7 月 2 日—7 月 5 日　陪同斯里兰卡客人访问大连、上海等地

8 月 15 日　邓小平解除“软禁”

9 月 25 日　田中角荣访华

12 月 17 日　毛泽东制止纠“左”

第 一 章

祸起萧墙

1972 年 5 月 12 日，周恩来在例行检查时发现尿中有 4 个红血球，随后被确诊为膀胱癌。但他不仅继续担负着常人难以承受的繁重工作，而且承受着来自党内外巨大的政治压力，同林彪、江青反革命集团在批判极“左”思潮、“组阁”、“反对经验主义”等重大问题上进行了顽强的斗争。他在毛泽东的支持下，逐步推举邓小平重新走上党和国家的领导岗位，成为“总理”的接班人，为中国今后的前途和命运做出了关键的抉择！

淡然处之

1972年5月12日，周恩来在送走美国总统尼克松不久，一次例行常规检查，尿检中发现4个红血球。从此，病魔如影，紧紧相随。

1972年，中美关系进入一个令世界惊叹的新纪元。

尼克松2月21日来到中国，成为第一个访问新中国的美国总统。他在中国访问期间，都是由周恩来总理亲自陪同，最后也是由周恩来亲自陪同前往杭州、上海等地参观。2月28日，周恩来在上海虹桥机场冒雨送别客人。尼克松夫妇透过舷窗，看见周恩来站在蒙蒙细雨中，坚持不打雨伞向他们款款挥手……

就这样，首位访华的美国总统带着不可磨灭的记忆，乘专机飞离中国。

尼克松访华的日程不过只有一周的时间，可这对周恩来来说，却耗费了他好几年的精力。正如一条完工的道路，通车只需要片刻的工夫，而筑路工程却是漫长而艰辛的。

周恩来为筑成这条不寻常的路，凝聚了毕生的智慧，也耗费了生命的精髓。当一个个永恒的辉煌画面不断出现时，病魔的阴影也

1972 年 2 月 21 日，周恩来在北京机场迎接美国总统尼克松访华。

等周恩来和尼克松的历史性握手结束后，随行人员才获准涌出机舱，走下舷梯。

当尼克松要和毛泽东谈共同关注的世界和两国关系问题时，毛泽东指着周恩来说，这些问题我们不谈，你和周总理谈，我谈哲学问题。（下图为照片局部）

1972 年 2 月 21 日，毛泽东在中南海书房会见首位来华访问的美国总统尼克松。

1972年2月26日上午，叶剑英、李先念、郭沫若、吴德等在首都机场送周恩来、尼克松前去杭州、上海访问。

1972年2月26日，周恩来陪同尼克松在杭州西湖参观。

1972 年 4 月 6 日，周恩来陪同马耳他代表团去南京访问，疲惫不堪的他在孩子们中间都失去了笑容。此时，没有人知道，周恩来的身体状况已经发生了变化。

1972 年 4 月 6 日，周恩来与小演员握手。

悄悄降临！

尼克松总统走后两个多月的一天清晨，这天日历上印着1972年5月12日。保健医生张佐良从周恩来的卫生间取走了一个用肉眼看不出任何变化的尿检小玻璃瓶。这是医生按照惯例，一个星期要为总理作一次大小便检查。

这一天，周恩来起床洗漱，简单早餐后，照例来到他在西花厅后院的办公室里批阅头一天没有看完的文件。他在一堆文件里看见一份中共浙江省委关于副省长冯白驹的病情报告，他心里有些隐痛。这位被他誉为“琼崖人民的一面旗帜”的老将军在“文革”中挨整，身体与精神上受了很大折磨，现在又得了前列腺癌。“文革”以来，像冯白驹这样挨整直到患上癌症的老干部还有很多，但只要周恩来知道，他都会尽全力为其解脱政治审查的精神枷锁，让他们有一个

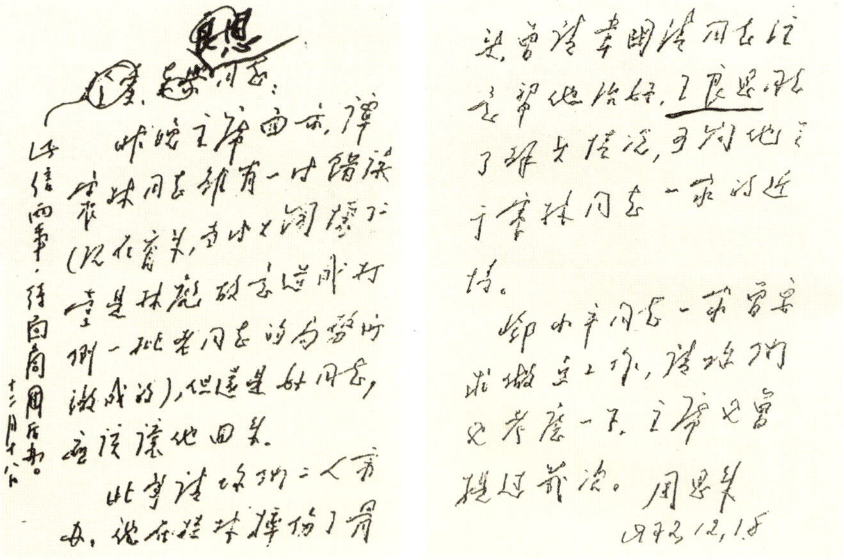

1972年12月18日，周恩来手写关于让谭震林回来治病等问题的信。

较为宽松的治病环境。

周恩来心情沉重地在冯白驹治病的报告上批道："冯白驹同志如患癌可进到北京日坛医院来治，其夫人同来。"他写完批示，心里还有些不踏实，又拿起电话给中办负责人，嘱咐中办将他的批示快一些转告浙江省委，不要因为报告"例行公事"而耽误了老将军的治病。

就在周恩来尽力挽救别人生命之时，他自己的生命信息也传递出了令人不安的信号，命运之神向他亮起了红灯。

第二天，周恩来的化验结果送到了保健医生手里。张医生一看化验单，不由得心一沉——4 个红血球！这就是说，显微镜下的每个高倍视野就有 4 个红血球！

北京医院是张医生供职的单位，如果是平时，他在北京医院门诊坐诊，这 4 个红血球对诊断疾病是没多大的临床意义的。但现在不同，他手里的尿检报告是来自一国总理体内的信号。他不能侥幸，但也不能紧张，更不能马上就声张，以免造成大家的紧张情绪，干扰总理的工作。他连邓颖超大姐也没有告诉，而是悄悄给协和医院泌尿专家，也是负责中南海领导人保健工作的主治医生吴阶平打了个电话，报告这一情况。

吴阶平一听，也觉得必须警惕。为慎重起见，他让张医生再多取几次尿样，以便进一步作病理化验。

吴阶平放下电话，他的心收紧了。周恩来总理是他最为熟悉也最为信服的人。从五十年代起，他就和周恩来有过很多交往。周恩来十分赏识并信赖吴阶平高超的医疗水平，曾多次派他主持完成国内外重大特殊的医疗保健任务。1962 年，周恩来得知印度尼西亚总统苏加诺因肾结石导致左肾功能障碍，可能要进行切除手术。他对苏加诺说，我们国内有很好的泌尿专家，我派他去给你看看，尽量不要手术切除。于是周恩来让吴阶平带着中国医疗组去了印度尼西亚，经过4个月的努力，吴阶平终于让苏加诺的左肾恢复了功能。为此，苏加诺总统和夫人感激万分，不仅设宴欢送中国专家，还给吴阶平授予印尼国家二级勋章。从此，吴阶平在苏加诺眼睛里，成了包治百病的全科专家，就连伤风感冒头痛脑热什么的，也要把吴阶平从中国请去治疗一番。吴阶平后来又多次被周恩来派出国，为一些国家元首治愈了泌尿系统的顽症。吴阶平这下名声大震，真成了全科专家的“国际保健医生”。

此时吴阶平多么希望周恩来接下来的检查，各项指标能和以前一样，属于正常范围内，那4个红血球只是一次意外的出现。

按照吴阶平的要求，张佐良医生还要再给周总理取尿样。他面对常规检查中最简单的取尿样，却犯了难。

张佐良做周总理的保健医生快十年了，十分了解周恩来的脾气。总理每做一件事情都非常认真仔细，不仅要知其然，还要知其所以然。如果刚作了常规检查，又叫留样化验。周恩来一定会用疑惑的目光看着医生，然后仔仔细细问个明白；要是医生理由不充分，他会毫不犹豫加以拒绝的。他可不愿意为没有根据的怀疑麻烦医生也麻烦自己，他的工作时间几乎是以分秒为计算单位，哪能再添额外的项目呢！

为再次争取总理的配合，保健医生苦苦想了一天，为4个红血球的出现想了5个理由来说服总理再作进一步检查：第一可能是血管硬化，毛细血管渗血；第二是尿路结石，摩擦出血；第三是膀胱有炎症；第四是尿道血管畸形；第五是膀胱里长良性瘤子。那么第六……也是最后一个理由，他没有说出来，因为这也是保健医生最为担心的——癌！

张医生为完善这5个理由，又去找了邓颖超大姐，听取她的意见，以便说服总理的理由再充分一些。被工作人员称为邓大姐的邓颖超，在大家心目中，就是总理的第一道“安全检查哨”，大事小事总是先和邓大姐商量，取得一致意见后，大家再去执行实施，这样不仅减少打扰总理的时间，也缩短总理了解与适应的过程。

毕竟邓颖超的母亲是一个中医，邓颖超从小就熟悉并谙熟中医，以前她常请老中医给周恩来看病开药方，她本人也是常年吃中药调养身体。当她知道周恩来尿检发现4个红血球，并不感到紧张，她觉得张医生这5条理由有足够的说服力，周恩来一定会配合的。她为张医生能一次取样成功，还特地了解了这几天总理的日程安排。

5月14日—18日，索马里最高革命委员会主席西亚德率代表团

邓颖超和周恩来的保健医生张佐良在西花厅合影。

来华进行国事访问，周总理可能14日上午还在西花厅办公，以后的几天恐怕再难有时间听医生一条条地解释取尿样的理由了。

张医生按照这个时间点，14日一早就在西花厅等候，果然周恩来在西花厅办公室里办公已达10多个小时。张医生趁给总理送药的机会，劝总理休息一会儿。他知道总理心脏不好，这样劳累是不行的，也借此将需要再次进行尿检的事情告诉总理。

周恩来看见张医生进来送药，只是机械性地抬起疲倦的脸庞，取下老花镜，接过药和水杯，一口把药吞下，然后又把老花镜戴上，继续埋头批阅文件，下午他就要去人民大会堂迎接外宾，可他的办公桌上的文件仍然堆积如山。张医生见状，有些发毛，心脏不由得怦怦地跳：正在工作的总理能有耐心听完我的五条理由吗？如果一口拒绝怎么办？

张医生愣愣地站在原地，一时不知如何开口是好。

还是周恩来敏感，察觉张佐良神态有些异常，就抬头问他还有什么事情？

“总理，是这样的，前天检查的小便，里面有4个红血球……”大夫清清喉咙，尽量用平静的语气。

“这有什么大惊小怪！”周恩来懂一些卫生常识，小便中有微量红血球属于正常现象。

“总理，不是大惊小怪。发现红血球，不管有病没病，应该先搞清楚原因。”

“会是什么原因？”

果然不出所料，总理开始刨根问底了。

周恩来摘下老花镜，身体后仰，靠在椅背上，那是准备好好听听他的保健医生的分析是否有道理的姿势。

医生按照想好的五条理由，由轻说到重，一条一条摆给总理听，才讲了三条，总理打断他的话头：“别绕圈子了，是不是怀疑我长瘤了？你先别管我，先去治好康生的病。”

时任政治局常委的康生得的是膀胱癌，开始也是发现尿中有红血球，然后才检查出癌细胞的。正是因为康生的病例，才使大家不敢放松警惕。张医生听见总理提到康生的病情，心情一下松了，说话也敢放开了，趁势给总理做思想工作。“总理，在诸多的癌症中，膀胱癌是可以根治的，只要治疗得早，预后是最好的一种。大量病例表明，能根治的病人占三分之一，复发的病人占三分之一。剩下的三分之一病人才……”

“死亡，对不对？”周恩来不等张医生选择合适的词儿表达这个忌讳的字眼，就直截了当地说了出来。

和总理说话，最好直截了当，不要回避：“对，死亡。”

“你说了这半天，究竟想要做什么？”周恩来目光认真。

“要小便，再作一次小便化验。”

“就这个？”这个要求可能出乎周恩来意外，他“扑哧”笑出了声，马上爽快地答应了。“查吧，马上？可以！”说罢，起身就去卫生间，张医生赶紧拿出事先准备好的专门用来取尿样的瓶子递给总理。

张医生拿到小便标本，随即派人送往北京医院病理科检查。

第二天，周恩来在天安门广场西侧的人民大会堂里要举行几个外事活动。其中一项，是与第二次访华的日本公明党中央副委员长二宫文造就中日关系等问题进行长谈，谈话中周恩来得到了一个重要的信息，“如果日本自民党领袖田中角荣担任首相，他就要到中国来谈中日两国关系问题”。这个信号令周恩来十分敏感，也十分振奋。他发出了爽朗的笑声，用苏北口音向日本客人发出了欢迎辞令：

“有这样勇气的人来，我们怎么能拒绝呢？不然就不公道了。”

而此时，西花厅与人民大会堂的热烈气氛正好相反，大家面临着史无前例的严峻时刻。张医生收到了北京医院送来的尿样化验报告单与尿细胞病理学检查报告单。尿样化验单上写着“8个红血球”，离上次尿常规检查仅仅三天时间，红血球数量竟增加了一倍。尿细胞病理学检查报告单上赫然写着——“膀胱移行上皮细胞癌”！

日夜揪心的“癌细胞”还是无情地出现了！

这9个触目惊心的字，一下凝固了西花厅值班室里的空气。大家一动不动地紧盯着这张化验单，希望自己的眼睛看错了这9个字。然而，这9个字写在一国总理的检查化验单上，白纸黑字，谁也无法抹去。顿时，大家心里像装进一块石头，感到格外的沉重，几个女工作人员忍不住哭出了声，男工作人员只能跑到屋外，躲到没人的地方吸烟、叹气，来释放一下自己沉重的心情。其实，这种心情随着“文革”开始，受总理苦闷、压抑、忧虑情绪的影响，就在大家心里埋下了。每次遇到总理遭遇命运不公，委曲求全时，大家苦闷的情绪就像涨潮的海水，一波一波地击打在心岸上，久而久之，大家都有为总理鸣冤叫屈的感觉。苦闷中，张医生突然意识到自己的职责，现在必须争分夺秒，与时间赛跑，尽自己最大可能尽快让总理进入治疗的“轨道”。

七十年代还不像现在，人们对癌细胞的认识还不那样一致和确定。一开始，北京的泌尿专家们认为，“膀胱移行上皮细胞癌”会不会是尿中的变异细胞，因为尿液中的细胞往往是变化无常的。这些变异细胞不能直接诊断为癌症。

北京医院病理科对此极为负责，他们又请最著名的细胞病理学专家、中国医学科学院附属肿瘤研究所的杨大望教授，协和医院及解放军三〇一医院病理科的主任共同来会诊，仔细研究尿涂片染色细胞病理学检查结果，最后大家一致认为："膀胱移行上皮细胞癌"的诊断可以确定。

周恩来真的得了膀胱癌？张佐良感到事关重大，立刻将病理学专家们一致得出的"膀胱移行上皮细胞癌"之结论，打电话通报了吴阶平。

吴阶平在电话里许久没有说话，他这几天担心的事情还是变为了现实。但是他还抱着最后一线希望，让张医生再多请几位泌尿外科大夫一起看看。他自己提出请友谊医院泌尿外科主任于惠元与协和医院泌尿外科吴德诚教授等人，一起集中到中南海进行会诊。

尽管专家们在中南海会诊也基本认为"膀胱移行上皮细胞癌"可以确诊了，但吴阶平慎之又慎，提出即刻派专家携带细胞病理学检查的涂片标本等资料，赶赴天津、上海两地，请那里的专家在不知道病人姓名的情况下进行"背对背"会诊。

5 月 18 日，沪、津两地泌尿外科临床及病理学专家的意见和北京病理学专家的结论没有异议。这意味着 5 月 18 日这一天，周恩来被确诊为膀胱癌！

周恩来不仅是一国总理，也是一个癌症病人的严酷现实，不容置疑地摆在了西花厅保健医生的面前！

张佐良与吴阶平等保健医生一道，将此情况报告了上级领导，并请示下一步工作如何进行，同时，他们还建议应考虑向党中央作书面及口头汇报。

说来奇怪，自从第二次取了尿样后，周恩来自己竟然像忘了这码事一样，也不问检查的结果。怎么一向注意细节的周恩来会表现出少有的疏忽呢？这很反常啊，可大家对总理的反常，也很纠结，既希望总理不要问结果，以免不会撒谎而泄漏了病情，但又希望总理能知道自己的病情，只有知己知彼才能百战不殆啊！

医生哪里知道，周恩来此时心里装着一件重于生命的大事！

1972 年是“文化大革命”的第七个年头。这七年，周恩来始终处于一种难以言喻的痛苦和忧虑之中。此时周恩来身体所有的信号特别是不断消瘦已经告诉他，此次诊断绝非一般小病。为了国家的未来与前途，他必须刻不容缓，抓住林彪叛国事件后出现的历史转机，毅然举起批判极“左”思潮这面旗帜，在各个领域里努力消除“文化大革命”的恶果，尽可能多地解放中高级干部，把党和国家从危难和困境中摆脱出来。否则，他是无法安心躺在病床上治病的。

5 月 21 日，中央党政军各部门和各省、市、自治区负责人 312 人云集北京人民大会堂，参加“中央批林整风汇报会”第一次全体会议。这个会议从 5 月 21 日至 6 月 23 日开了一个月。

会议召开的当晚，周恩来根据中共中央政治局讨论的意见，前往毛泽东处请示，可否将毛泽东在 1966 年 7 月 8 日写给江青的信印发“中央批林整风汇报会”。他作为较早就看见此信的人之一，觉得是时候发表了。

此时的毛泽东因为“林彪事件”，精神与身体都受到重大打击，一直处于病魔缠身的状态中。年初，毛泽东参加陈毅追悼会后不久，再次病倒，并且病情来势凶猛。一次他突然休克倒地，经过医务人员的全力抢救，才苏醒过来。周恩来得知毛泽东病重的消息，坐车从他的住所西花厅赶到游泳池时，许久许久下不来车。下车后，他马上指挥医务人员：“你们要用全力抢救！”周恩来表情沉重，发自内心地说：“这个国家的担子重，不能没有毛主席！”

周恩来走近毛泽东床前，毛泽东的背后用被子和枕头垫着，周恩来握住毛泽东的一只大手，大声喊着："主席啊，主席啊！我是恩来呀，主席，你听见了吗！"他的嗓音有点沙哑，而且有点发颤。

经过抢救，毛泽东醒过来了。周恩来很是感谢医护人员和主席身边的工作人员。事后，他还自己出钱请了两桌饭犒劳所有医护人员和主席身边的工作人员。

大病后的毛泽东每天要吸氧，打针吃药，不仅行走困难，连说

1973 年，周恩来看望病中的毛泽东，并且和汪东兴及毛泽东身边的工作人员合影。

话都气喘吁吁，不要说出门参加中央会议了，就是在屋里转转都很困难。但病中的毛泽东，他的大脑是清楚的，当周恩来提出公开他写的信，作为会议文件印发时，他马上表示同意，毕竟那封信里他对林彪“借助钟馗打鬼”是早有认识的。信中有这么一段话意味深长：

> 我的朋友的讲话（朋友指林彪。讲话，指林彪于1966年5月18日在中共中央政治局扩大会议上的讲话，其中提出“防止反革命政变”。——作者注），中央催着要发，我准备同意发下去，他是专讲政变问题的。这个问题，像他这样讲法过去还没有过。他的一些提法，我总觉得不安。我历来不相信，我那几本小书，有那样大的神通。现在经他一吹，全党全国都吹起来了，真是王婆卖瓜，自卖自夸，我是被他们逼上梁山的，看来不同意他们不行了。在重大问题上，违心地同意别人，在我一生还是第一次。叫做不以人的意志为转移吧。……

有了毛泽东的点头，这场“中央批林整风汇报会”成了一个大规模、高规格、长时间的会议，由此拉开了周恩来政治生涯中最后一场战斗的大幕——纠正“左倾”思潮，挽回“文革”损失！这成了相伴周恩来与病魔作斗争始终的政治使命。

这次会议上，大家第一次看见了毛泽东六年前写给江青的信。毛泽东在信中表示对林彪1966年5月18日有关政变和个人崇拜讲话的不满和不安，为这次会议批判林彪集团提供了最有力的武器。

毫无疑问，周恩来主持会议全过程，在他看来，“这一次是我们党内第十次的路线斗争，也是最尖锐、最严重、最复杂的一次阶级斗争。”

抽薪止沸

周恩来在“中央批林整风汇报会”上再次为自己的政治生命申辩。“伍豪启事”如同一块“重石”压在他的心上，伴随着肿瘤，不断“蚕食”着他的神经与肉体。

在“中央批林整风汇报会”这一个月里，西花厅里的工作人员跟随着周恩来脚步匆匆，早起晚睡，常常24小时连轴转。别说总理是已经70多岁而且还身患重病的人，就是年轻人这样不分昼夜也感到吃不消。不管大家多么痛惜总理的身体，但没有一点办法让总理停下匆忙的脚步，多休息一会儿。每一个工作人员只能恪尽职守，尽可能做好服务保障工作，为总理减轻一些工作压力，多争取一点休息的时间。在家值班的同志只要听见铃声一响，就知道是总理招呼值班人员有事情，第一个反应就是跑出门，无论是到周恩来办公室，还是去寝室或是餐厅，一路都是小跑。大家就一个心愿，用自己的“快”为总理赢得一点时间，哪怕是一分钟也好。久而久之，在西花厅这个大院里，很难看见工作人员慢条斯理走路的身影。

工作人员一边焦急等待医疗报告批复下来，一边尽心尽力照顾周恩来的饮食起居。但大家发现，周总理在会议期间情绪起伏很大：

会议之初，他情绪高昂，中间则情绪低沉，会议接近尾声，他更显得心事重重。他不仅不问自己的病情，连吃中药、多喝水一类的辅助治疗都嫌麻烦，很不愿意配合。

这是为什么呢？过了很长时间大家才知道，尽管会议只有一个月的时间，但对于决心纠“左”的周恩来来说，却是一个精神与身体倍受折磨的会议。

对于这场来势凶猛的“文化大革命”，周恩来如同其他党中央领导人一样，思想上是缺乏充分准备的。1966年春夏之交，他正在风尘仆仆地忙于推动北方八省区抗旱和领导邢台抗震救灾的紧张工作，被卷入了这场政治风暴的中心。对于这种自上而下地鼓动、纵容群众起来“造反”，有意造成“天下大乱”的作法，周恩来是很不理解的。他自己日后曾在不同场合不止一次讲过，“连做梦也没有想到。”

两年之后，即1968年9月，他在接见首都工人、解放军宣传队时还表示，“在同志们面前，应该说老实话，我对‘无产阶级文化大革命’初期也是很不理解的，没想到今天这样的局面。”甚至在临终前，素来不爱发火的周恩来躺在病榻上，还怒气冲冲地提起“文化大革命”是“大热天起鸡皮疙瘩，真令人难以想象”。

当然，周恩来对“文化大革命”的理解和认识，不能不受到当时历史条件的限制。在“文化大革命”这一历史过程的本质尚未充分暴露，并且被罩在神圣而虚幻的光环之下，周恩来和绝大多数人一样，怀着真诚的愿望，努力从好的方面去理解“文化大革命”，希望通过它能够真正克服和消除党和国家肌体上存在的某些弊端和阴暗面，以保证党和国家不改变颜色。

但是，周恩来这一想法和毛泽东试图通过“天下大乱”达到“天

在“文革”中忍辱负重的周恩来。

下大治”的设想相差甚远。这种思想与现实的尖锐冲突，使得周恩来陷入极大的困境之中。因此，在“文化大革命”发动以后举行的一系列重大会议上，周恩来总是检讨自己的思想“跟不上”，“犯了错误”。在八届十一中全会上，他就检查了自己总是“按照老的办法，旧脑筋对待新革命、新运动”，并表示要以“一种热情投身到战斗中去”。他在同年十月中央会议上发言说：“十一中全会以后，我努力紧跟毛主席,但‘有时仍有掉队之虞’,但我有一个信心和认识，知过必改，努力赶上。”这些都生动地反映了周恩来对毛泽东发动的“文化大革命”努力想加以理解，而又感到无法理解的矛盾心情。

但随着时间的推移，“文化大革命”所造成的灾难性后果越来越清楚地显现出来，周恩来也更加感到困惑与为难。周恩来的为人性格，正如中外人士所评论的那样：他用长远的眼光看问题。他不争权夺利，他从不向至高无上的地位发起挑战。有一天动乱结束，如果他依然在位，那么一切在他手上都会好起来的。

所以，在历史的悲剧面前，周恩来的性格与品行决定了他只能忍辱负重，苦撑危局。

1966年12月，他在与并肩战斗了几十年的老战友李富春的一次交谈中，倾吐了内心深处的这一信念：“我不入虎穴，谁入虎穴？我不入地狱，谁入地狱？在‘文革’中我只有八个字：鞠躬尽瘁，死而后已。”

“鞠躬尽瘁，死而后已”，这八个字最能表达周恩来在“文化大革命”期间的内心活动与动力。

林彪叛逃事件，给了周恩来阻止“文化大革命”狂乱脚步的机会。他希望通过批林整风达到彻底批判极“左”思潮，以挽回“文革”造成的不利影响。在可能的情况下，一步步地把被打倒的老干部扶起来，把五年计划重新制定起来，把规章制度恢复起来，到最后重新再提出实现四个现代化的目标。

周恩来高举反“左”大旗，开始抽薪止沸，纠正“左倾”错误路线。然而他纠“左”能够如愿吗？他的使命能够实现吗？

以后的事实告诉人们，这是一次不容易到达目的地的政治苦旅。

因为林彪集团已导致全国各行各业“左”倾泛滥成灾，长期在这样的环境下生活的人们，他们的生活轨迹或多或少都打上了“左”倾色彩。宁“左”毋右，是大家求平安的普遍心理状态。

周恩来作为这次关乎他纠“左”成败的会议主持人，不仅需要政治勇气，也需要艺术方法，更需要智慧谋略。他清楚地认识到，纠“左”，必须得到毛泽东的认可与支持。于是他提出了将毛泽东六年前写给江青的信件作为这次会议的重要文件下发。

此信既能表明毛泽东“文革”初期对林彪是有戒备的，甚至是怀疑的，同时也是对江青等人不能再继续走“左”倾道路的一种阻止与暗示。

历史往往是一面镜子，可以照见现实。为了让“左”倾思潮得到更扎实更有力的批判，周恩来用了三个晚上的时间，即 1972 年 6 月 10 日至 12 日，在中央批林整风汇报会上作了《对我们党在新民主主义革命阶段六次路线斗争的个人认识》的报告。

报告依次就大革命时期的陈独秀右倾投降主义、土地革命战争时期的瞿秋白盲动主义、李立三冒险主义、罗章龙右倾分裂主义、王明“左”倾教条主义和张国焘右倾分裂主义，以及抗日战争时期的王明右倾投降主义的历史过程、错误危害等，详加论述和说明。在谈到王明“左”、右倾错误的问题时，他结合个人亲身经历，对自己作了严厉的剖析乃至过分的检讨。

为准备这三天晚上的发言，周恩来用了一个多星期时间。

周恩来在追溯党的历史与自己走过来的足迹时，心情是沉重的。他难忘腥风血雨、艰难困苦的征战岁月，更难忘失去鲜活生命的战友们。他对与会各级高层领导们说：“我入党五十年，没有离开党的队伍。经过长期的复杂而又激烈的党内外、国内外的阶级斗争和革命战争的考验，我还在为党工作，继续坚持对敌斗争；年老了，也还有些革命朝气。”他希望现在凡是在林彪反党集团的阴谋活动中沾了边甚至陷得深的同志，都应该得到启发，不应该有任何顾虑。要彻底交代，认真改正，改正得越迅速，越彻底，越好。

批“左”在周恩来的主持下，收到很好的效果。

这段时间，周恩来似乎忘记了医生们在他体内密集取“血、便、尿”标本送往医院检查的事情。他甚至连多问一句检查结果的想法都没有。他心情振奋而昂扬，好像获得一次大展身手的机会，开始大批特批极“左”思潮了。

会议接近尾声，毛泽东突然对周恩来提出了一个要求，就是请周恩来将五年前写给中央的《关于国民党造谣污蔑地登载所谓“伍豪启事”的真相》的报告，在这次大会上公布于众，似乎是对他写给江青信件公布于众的一次回应。

应该说，毛泽东当时的愿望是善意的，是出于保护周恩来的。他想让党内高级干部了解周恩来一段被误解的历史真相，以防今后有人在这个问题上再做文章，诬陷周恩来。

然而，周恩来《关于国民党造谣污蔑地登载所谓“伍豪启事”的真相》与毛泽东《写给江青的信》无论是内容，还是出发点都是不一样的。一个是澄清自己政治上的清白，一个是担忧林彪心术不正。但是周恩来还是根据毛泽东的指示，于6月23日在批林整风汇报会结束那天会议上作了题为《关于国民党造谣污蔑地登载所谓“伍豪启事”的真相》的报告，为此中共中央还发出文件予以说明，并附若干原始材料传达至高级干部。

这件发生在1932年的“伍豪启事”事件，对于经历过“文革”的人来说，可能并不陌生，但对于当下的年轻人就不一定熟悉了。这里不妨多费一点笔墨说说这段尘封的历史。

“伍豪”是周恩来一生用过的很多化名和笔名中的一个，是从“五四”时期在天津成立和领导觉悟社时开始用的。当时，社员为了便于进行革命活动，一律用化名。于是，大家用号码抽签，所抽到之号数，则各自照号数取一谐音为代名。周恩来抽到的是“五”号，所以就取“伍豪”作为化名，发表文章也署“伍豪”之名，并曾较长时期在党内使用。他在上海领导中央特科时，进行营救同志、铲除叛徒等行动，代号即为“伍豪之剑”。为此国民党对周恩来的“伍豪之剑”恨之入骨。1932年2月，由中统特务张冲、黄凯等人牵头，密谋制造新闻，以此来瓦解共产党、污蔑周恩来。1932年2月18日至21日他们在《新闻报》《申报》《时事新报》相继刊登了《伍豪等脱离共党启事》：

> 敝人等深信中国共产党目前所取之手段，所谓发展红军牵制现政府者，无异消杀中国抗日之力量，其结果必为日本之傀儡，而陷中国民族于万劫不回之境地，有违本人从事革命之初衷。况该党所采之国际路线，乃苏联利己之政策。苏联声声口口之要反对帝国主义而自己却与帝国主义妥协。试观目前日本侵略中国，苏联不但不严守中立，而且将中东路借日运兵，且与日本订立互不侵犯条约，以助长其侵略之气焰。平时所谓扶助弱

> 小民族者，皆为欺骗国人之口号。敝人本良心之觉悟，特此退出国际指导之共产党。

国民党特务机关正为此绝招窃喜，却不料百密一疏，那就是启事刊登前两个月，周恩来已秘密离开上海前往江西苏区。国民党竟然没有掌握这条重要的情报。

当时驻扎上海的临时中央，随即采取了各种措施反击国民党的污蔑，包括负责人康生和陈云对此事都很清楚。远在江西的中华苏维埃共和国临时中央政府主席毛泽东也就此发表政府公告，公开斥责了国民党的造谣行径，以正视听。

> 上海时事新报、时报、申报等于 1932 年 2 月 20 日左右连日刊登“伍豪等二百四十三人”的冒名启事，宣称脱离共产党，而事实上伍豪同志正在苏维埃中央政府担任军委会的职务，不但绝对没有脱离共产党的事实，而且更不会发表那个启事里的荒谬反动的言论，这显然是屠杀工农兵士而出卖中国于帝国主义国民党党徒的造谣诬蔑。

至此，国民党当局企图混淆黑白诬陷瓦解共产党的闹剧，落了个自打耳光、竹篮打水一场空的结局。周恩来原本以为此事就此尘埃落定，哪知三十四年后，一场轰轰烈烈的“无产阶级文化大革命”在中国大地再掀风暴。红卫兵“小将”们不仅“破四旧”，还“挖祖坟”。南开大学“揪叛徒”的红卫兵在查阅 1932 年的上海旧报纸时，发现了 2 月 18 日至 21 日的《新闻报》《申报》《时事新报》刊登的《伍豪等脱离共党启事》。

当红卫兵知道伍豪就是现任总理的别名后，立即将这一启事抄下来送与时任中央文革领导小组副组长江青。

如果说，年轻的红卫兵不知道国民党伪造的“伍豪启事”真相，还情有可原。那么，作为从延安过来，又是长期在领袖身边生活的江青是应当很清楚这一事件真相的。早在1943年，周恩来在延安整风审干时和中央工作会议上都做过汇报和说明。

“伍豪启事”令江青情绪大振，犹如“雪中送炭”。她太需要这个“历史污点”作为“把柄”，将周恩来一军，让这位一直与她作梗，却又打不倒的总理，失去政治清白之身，成为众矢之的。

江青在与“中央文革”一伙人密谋后，采取突然袭击的手段，于1967年5月17日突然给林彪、周恩来、康生三人写了一封信。信中阴险地说：“他们查到一个反共启事，为首的是伍豪（周恩来），要求同我面谈。”

江青此举，实际上是逼周恩来的一个通牒：你必须就此做出交代！

面对挑衅，周恩来断然予以反驳。19日，他在江青的信上写道：“伍豪等脱离共党启事，纯属敌人伪造，只举出243人，无另一姓名一事，便知伪造无疑。我当时已在中央苏区，在上海的康生、陈云等同志均知为敌人所为，故采取了措施。详情另报。”同日，周恩来查阅了上海各旧报，亲自给毛泽东写了一封信，并将1931年至1932年的有关事件编为《大事记》，一并送给毛泽东。信中说：“现在弄清楚了所谓‘伍豪等启事’，就是1932年2月28日的伪造启事”，“伪造启事和通过申报馆设法的处置，均在我到江西后发生的”。

作为当年上海中央特科负责人的康生，对国民党伪造伍豪启事是一清二楚的。1962年10月31日，康生在提到“伍豪等脱党启事”

的材料上批过："这完全是造谣诬蔑……实际上，当时周恩来同志早已到苏区去了，根本不存在这样的事。"第二年，康生再次在"伍豪等脱党启事"的材料上批示："当时在上海的同志都知道这件事。"

然而，此时的康生深知江青欲置周恩来于死地，便装聋作哑，一声不吭。

毛泽东看到周恩来送去的信和材料以后批道："送林彪同志阅后，交文革小组各同志阅，存。"并在"存"字旁边重重地画了醒目的两道杠。

1967年底，北京有一个学生写信给毛泽东重提此事。毛泽东于1968年1月16日批示："此事早已弄清，是国民党造谣污蔑。"

毛泽东一言九鼎，"伍豪启事"风波终于平息。

但毛泽东的批示只是小范围内知道，并没有传达给广大党员干部。对于非常重视自己政治生命的周恩来来说，仍然是一块心病。

这次能在中央批林整风汇报会上，面对几百名党和国家高级干部公布"伍豪启事"真相，还一个清白，也是周恩来的愿望，而且相比1967年5月那次自我辩解，又多了一个有力证人，那就是陈云。

陈云在"文革"中一直"靠边"站。1969年底又被"疏散"到江西石油化工机械厂接受"工人阶级教育"，直至1972年4月23日才得以离开南昌，返回北京。

陈云一回到北京，便参加了中共中央批林整风汇报会议。毛泽东要周恩来在会上讲一讲所谓的"伍豪启事"，他便以当事人身份，在会上为周恩来"出庭作证"：

我当时在上海临时中央，知道这件事的是康生同志和我，对这样历史上的重要问题，共产党员要负责任，需要对全党、全世界共产主义运动采取负责的态度，讲清楚。这件事完全记得是国民党的阴谋。伍豪二百四十几人的脱党声明，是在恩来同志已经到达中央苏区之后。

当天，陈云怕口说无凭，容易被人忘记，又写了一份书面证明：

我现再书再说明，这件事我完全记得，这是国民党的阴谋。

周恩来在会上作了《关于国民党造谣污蔑地登载所谓“伍豪启事”的真相》的专题报告后，他又宣布了毛泽东和政治局的意见，即把他的报告录音和根据录音整理的记录稿以及有关文献资料作为档案，

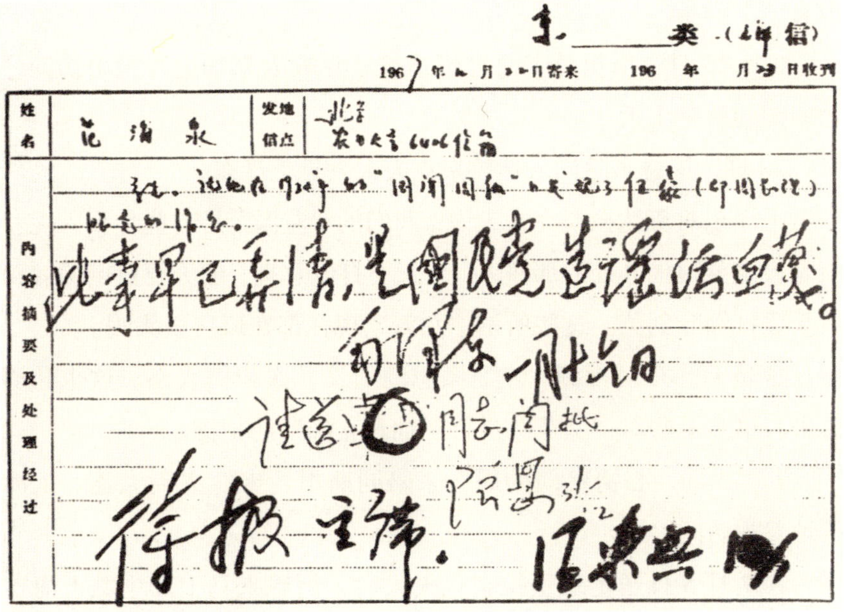

1968年1月16日，毛泽东对北京大学历史系一学生反映“伍豪启事”来信的批语。

保存在中央档案处，同时由各省、市、自治区党委各保存一份，以便党内都知道这个问题的真相，避免今后有人再利用这“启事”制造事端。

可是令人遗憾的是，会后并没有按照周恩来的要求，下发他的录音记录和历史资料。而江青在华东组和中南组会上的讲话却作为会议文件，人手一册下发了。

历史上并不复杂的“伍豪启事”事件，在现实中却变得复杂而微妙起来。从1967年红卫兵发现“伍豪启事”的报纸到现在不下发澄清事实的“报告”，这把当年令国民党恨之入骨的“伍豪之剑”似乎也刺在了周恩来的心脏上。他困惑不解，也心痛不已，更是愤慨万分，这个心病使得周恩来到死都无法释怀。不过这是后话。

“批林整风汇报会议”结束后，纠正“左倾”思潮按照计划往下走，没有停下脚步。

6月25日，斯里兰卡总理班达拉奈克夫人来华进行国事访问，这一访问就是十天。

28日，周恩来陪同班达拉奈克夫人去见毛泽东。

毛泽东对班达拉奈克夫人说：我们的“左派”是一些什么人呢？就是火烧英国代办处的那些人。今天要打倒总理，明天要打倒陈毅，后天要打倒叶剑英。这些所谓“左派”现在都在班房里头呢。

这是毛泽东对批判“左”倾思潮的又一次积极表态。这也让周恩来心里多了些对“文革”进行“抽薪止沸”的把握。

7月2日，心情爽朗的周恩来陪同斯里兰卡客人到大连、上海等地参观访问。

在7月5日送走班达拉奈克夫人后，周恩来马上和中共上海市委常委等领导就国内外形势和当前主要任务进行了一次谈话。在谈

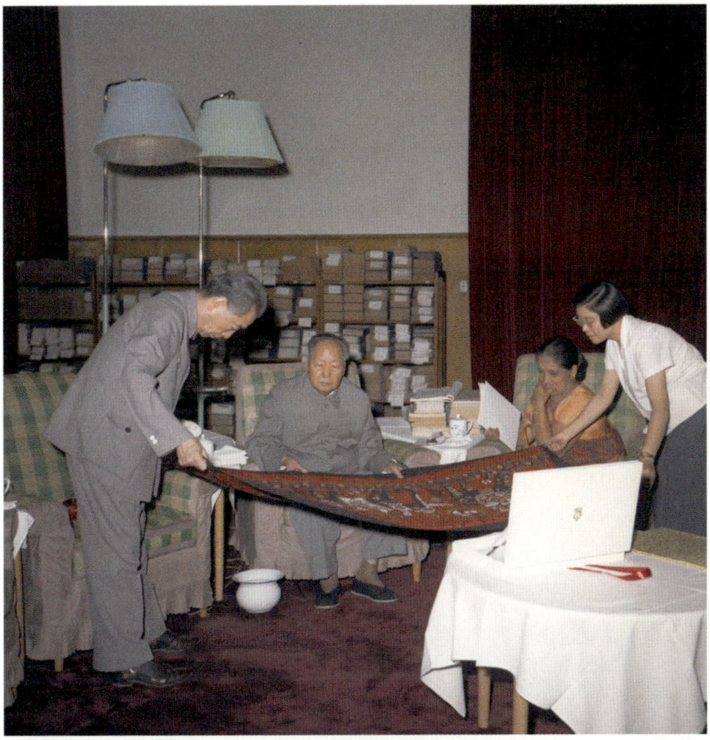

1972 年 6 月 28 日晚，毛泽东、周恩来在中南海书房与来访的斯里兰卡总理班达拉奈克夫人谈笑风生。

到林彪事件时，他说了这么一段令人深思的话：出了林彪事件，出现这么一个结局，谁也没料到，谁也无法导演。林彪之死，真是天造地合。这是必然性的结果，偶然性的出现。关于当前的主要工作，有两件事：一是专案审查，这么多人，要清查一下，排个队，要给他们政治生活、学习，不要搞政治隔绝；二是“三支两军”，军代表、军宣队问题，要肯定基本成绩，但也有许多地方风气搞坏了，要改。

“林彪之死，真是天造地合。”这正体现了周恩来巧用局势来纠正“文革”“左”倾的一种策略方法。

复出之路

周恩来夜以继日思考着国家的未来与自己的“未来”。他必须有一个可靠的人选接替国务院工作，他才能安心地躺在病床上。于是，邓小平将踏上复出之路。

这时，距离检查出患癌症已经过去了一个多月，但大家还是有信心的，只要争取时间尽快治疗，就能赢得最佳治疗效果，治愈的希望还是很大的，于是医疗专家们将治愈的希望全部寄托在早期手术治疗上。在周恩来主持“批林整风汇报会议”期间，专家们根据病情会诊制定手术治疗方案，并上报中央，等待批准。

在等待报告批复阶段，邓颖超请了中医为周恩来号脉调配方子。她希望通过中药调理，增强免疫力，对癌细胞起到遏制作用。

自从治疗方案报告递上去后，医护人员也希望西花厅的“快”效率能体现在这份医疗报告的批复上。然而，治疗报告并没有像医生们期待的那样很快批下来，这让医护人员心急如焚。他们还没有给总理作检查，连病灶部位、大小、症状，这些最起码的病情都不知道，万一有个闪失，怎么对得起总理，怎么向全国人民交代呢！医生的天职是治病救人，周恩来在医生眼里就是一个急需治疗的早期癌症病人。

心急如焚的医生们却忽视了一个天职之外的事实，那就是周恩来不仅是一个急需治疗的早期癌症病人，更是一个泱泱七亿人口大国的“当家人”。他一举手一投足都会关系到国家政局安危与国计民生进退的大局。国务院总理在中国乃至国际社会的大棋盘上，是一枚不能虚席更不能缺席的关键“棋子”。

一国总理与癌症病人在医生面前成了一对似乎无法调和的矛盾！

而周恩来本人不仅严于律人也严于律己，在治病问题上，他已完全没有私人、个体、自我的概念，将自己生死安危完全交给了党中央，无条件地听从党组织的安排。

组织、纪律、服从！在周恩来心里是一道不能逾越的底线。无论是谁都不可能打破他坚守了半个世纪的信仰底线。

医生们无法行使救死扶伤的职责，又见周总理每天埋头工作丝毫不关心自己的病情，只能想法求助外界力量，得到更多中央领导人的重视，促使治疗方案早日实施。

保健大夫抓住陪同周总理开会的机会，向能为周恩来治疗问题在中央会议说上话的人求助：“再不抓紧治疗，总理迟早会尿血的，那时再治疗就晚了，晚了啊。”

可是，报告一天批不下来，医生就一天也无法进行治疗。

保健医生只能根据国外一条“每天喝十杯水以上的人，患膀胱癌的危险性是每天最多喝五杯水的人的一半”的科学研究，建议周恩来多饮水，最好每天喝水 2000ml 以上。多喝水，这一简单要求在周恩来这里也是难以完成的。因为多喝水就要多解手，而他每天不是接待外宾，就是开会，或者看文件，常常一坐就是半天。如果多次上卫生间，他不仅觉得占用时间，也觉得在外交场合是不礼貌的行为。所以医生希望多喝水的辅助治疗也成了难以实现的“奢望”。但是医生们还是说服了周恩来，他同意从8月4日到8月9日，用一周的时间到北京西部的玉泉山边工作，边休息。

可是大家住进玉泉山才发现，山清水秀的环境对于周恩来来说只是换了一个工作地点，工作量丝毫没有减少。

卫士长的日程表上这样记载一周的安排：主持四个会议；会见两个国家元首。也就是说，休息中的周恩来六天处理了六件国事与外事。

日历翻到1972年8月9日，周恩来一天也不能在玉泉山多待了。他必须返回西花厅，因为8月10日，全国科学技术工作会议就要在北京召开。这是“文化大革命”以来第一次全国性的讨论科技工作的会议。

周恩来对此会议非常重视。几天后，会议形成的《全国科学技术工作会议纪要（草案）》，经国务院批准，向各省、市、自治区及国务院有关部门作了传达。

不管大家如何恐慌和担忧，周恩来却不断加快工作的节奏，希望全国稳定的局面能按照他的意愿而发展。

8月中旬，周恩来的日程表上多了一个熟悉且敏感的名字——邓小平。

起因是毛泽东转来一封信。

信是邓小平8月3日写给毛泽东的。邓小平在信中揭发、批判了林彪、陈伯达，并表达愿意继续为党为人民为国家再做些工作的愿望。

毛泽东仔细阅读了邓小平的信，内心受到了触动。他提笔在邓小平的来信中批示道：

邓小平在北京机场。

请总理阅后，交汪主任印发中央各同志。邓小平同志所犯错误是严重的，但应与刘少奇加以区别。（一）他在中央苏区是挨整的，即邓、毛、谢、古，是所谓的毛派的头子。整他的材料见《两条路线》《六大以来》两书。出面整他的人是张闻天。（二）他没有历史问题。即没有投降过敌人。（三）他协助刘伯承同志打仗是得力的，有战功。除此以外，也不是一件好事都没有做的，例如率领代表团到莫斯科谈判，他没有屈服于苏修。这些事我过去讲过多次，现在再说一遍。

人才难得的邓小平。

毛泽东这大段的批语也在周恩来心头滚过一股热流，他看到了越来越明朗的光亮就要到来了。

“毛派的头子”一句简单的比喻，说明毛泽东不忘邓小平在历史关键时刻，不惜遭受政治迫害，坚持对理想的信仰，与他并肩站在一起。

这是忠诚与信赖的表现啊！

毛泽东的批语也直接反映了他对“文化大革命”的看法与评价，在周恩来心里产生震动是不言而喻的。他马上意识到邓小平复出的机会即将出现，而他恰好正值身体进入“危急时刻”，需要一位理想的人选来接一国总管家的“班”。

毛泽东此时的批示无疑是“雪中送炭”。

有了毛泽东的批示，周恩来马上开始着手扫清各种“人为”障碍，为邓小平铺平通往中南海的道路。

8月15日，这是周恩来接到毛泽东批示的第二天，他就在中央政治局会议上传达了，并把这个批示印制了若干份，让与会政治局委员人手一份。会议之后，周恩来以中共中央的名义通知江西省委，宣布对邓小平解除监视劳动，恢复党的组织生活，搞一些参观访问、调查研究形式的活动，以便尽快感受外界时局的变化。

邓小平终于结束长达三年的“软禁”生活，与夫人卓琳一起走出南昌市郊区新建县望城岗的“将军楼”，顶着一路酷暑炙热，怀着同样炙热的心情，到江西瑞金、景德镇、湖南韶山等地进行参观和调查。

周恩来欣赏和看重邓小平的才干，由来已久。建国初期，在一次会议间歇聊天时，周恩来问薄一波，对刘伯承和邓小平的工作方法怎么看？薄一波更想知道周恩来的看法，就反问道：“总理，您看呢？”

周恩来认真地说：“根据我多年的观察，他们两人工作方法各有特色，邓小平同志是‘举重若轻’，伯承同志则是‘举轻若重’。”薄一波进一步又问：“那么这两种工作方法您更喜欢哪一种？”周恩来坦率地说：“从愿望上说，我更欣赏邓小平同志的‘举重若轻’。”

邓小平也同样如此，把周恩来视为兄长，终身对其钦佩和敬重。

邓小平在1980年回答意大利记者奥琳埃娜·法拉奇的提问时说：“周总理是一生勤勤恳恳、任劳任怨工作的人。他一天的工作时间总超过12小时，有时在16小时以上，一生如此。我们认识很早，在法国勤工俭学时就住在一起。对我来说他始终是一个兄长，我们差不多同时期走上了革命的道路。他是同志们和人民很尊敬的人。”

“文化大革命”开始不久，邓小平便被打成“党内第二号走资派”，遭到批判。1969年10月17日，林彪发出了“林副主席第一号令”，全军上下进入紧急状态。为配合战备需要，中央决定把现任和原中央领导人转移到外地。邓小平被安排到江西。

周恩来对邓小平的疏散动了不少脑筋。他亲自给江西省革委会打电话，告诉他们邓小平夫妇要去江西，并特意交代：毛主席在九大不是说过吗，邓小平的问题和别人不同，他下去是到农村锻炼。当然，这些中央领导同志年纪都大了，六十几岁的人了，身体也不好，不能当劳动力，要照顾一下。他特意叮嘱省革委会：现在地方上情况也很复杂。他们在某一个地方，安定下来之后，当地群众肯定会认出他们来。也许有人会找他们的麻烦。遇上这种情况，他们自己不好解释。你们省革委会要出面做做工作，保护他们的安全。你们要多关心，多帮助他们！

当时的江西省革委会主任程世清是林彪线上的红人，但是对于周恩来亲自打电话作出指示，他也不敢怠慢。程世清打算安排邓小平夫妇去赣州，装暖气，配一部小车，绝对保证安全，不准造反派和红卫兵冲击他们，等等。

周恩来在电话里听了汇报后，认为赣州离南昌较远，交通不便，而且是山区，生活条件很差，将邓小平一家安排在那里不妥，他提出应该安排在南昌附近。他说：房子应当是一栋两层的楼房，楼上为邓夫妇居住，楼下为工作人员住。最好是独门独院，这样既能在院里活动，又能保证安全。

根据周恩来的指示，江西省革委会将邓小平一家安置在南昌市郊新建县望城岗的原南昌步兵学校校长的住所、人称“将军楼”的楼里住下，并安排邓小平夫妇到离此处不远的新建县拖拉机修造厂劳动。

邓小平这一走就是三年。

三年里，周恩来没有忘记这位“兄弟”，遇到机会首先会想到他。

1972 年 1 月 6 日，陈毅元帅在北京病逝。1 月 10 日，在八宝

山革命公墓礼堂隆重举行追悼大会，病中的毛泽东亲自参加了追悼会。在同陈毅亲属谈话时，毛泽东提到了邓小平，并把邓小平和当时任中央政治局委员的刘伯承并列在一起，并说邓小平是人民内部矛盾。

在场的周恩来听到了毛泽东对邓小平的“定性”。这正是他期待已久的。他当即示意陈毅的亲属，把毛泽东对邓小平的评价传出去。显而易见，周恩来想为邓小平的早日复出广造舆论。

1月下旬，周恩来在一次会议上有意提到刘伯承和邓小平的历史功绩。他说：“这是毛主席对我们讲的。林彪一伙就是要把邓小平搞成敌我矛盾。两类不同性质的矛盾不能混淆嘛！”

这一次与半年前更为不同，因为周恩来手里有了毛泽东的亲笔批示。

邓小平踏上“复出”之路，已指日可待。

9月，北京进入了秋季，中国外交又迎来了日本首相访华的重要日子。周恩来的全部精力也转移到举世瞩目的中日关系上。

1972年1月10日下午，毛泽东身穿睡衣突然来到八宝山，抱病参加了陈毅元帅的追悼会。周恩来总理致悼词。

1972 年 1 月 10 日下午，毛泽东身穿睡衣突然来到八宝山，抱病参加了陈毅元帅的追悼会。周恩来总理致悼词。（左右对页图为局部）

一衣带水

田中角荣的“添麻烦”三个字再次伤害了中国人民的感情，也给他们自己顺利铺平道路添了麻烦。爬完长城再“吵架”，中日双方终于找到了一致接受的表达方式。

1972 年 9 月 25 日上午 11 时 30 分，白色的“道格拉斯”DC－8 型日航专机徐徐降落在北京首都机场，标志着第二次世界大战结束后，第一位日本国最高领导人踏上了中国的土地。而这片土地曾经被日本侵略者的铁蹄践踏过，被日军屠刀下的鲜血染红过，四万万中国人用生命和鲜血记住了一个刻骨仇恨的名字——日本鬼子！日本的太阳旗在中国人民心中几乎等同罪恶战争的象征。

如今，距离这段不幸、耻辱的历史，时光脚步走过了三十多个春秋。

时过境迁，新中国给予了中国人民和平与自由的生活，不仅抚平了民族感情的伤口，人们也能够用宽恕的心灵对待过去的历史。所以，中国人用一颗宽容的心迎接日本领导人再次踏上中国领土，而且让他们的首相享受了国家元首的厚遇——周恩来总理将亲自前往机场迎接！

周恩来到北京机场迎接日本首相田中角荣。

周恩来迎接日本首相田中角荣。

田中角荣走下飞机，在与周恩来握手的那一刹那间，他紧抿嘴唇，深深地低下了头，他以一个日本首相的身份，也以自己民族的方式表示了悔罪之意。

这时，田中角荣才出任日本首相两个多月，就急切地打破了1945年日本政府无条件投降撤出中国后的27年沉默，向共产党政府表达了求和的意思。

毛泽东与周恩来反复研究，觉得抓住当前有利时机，弥合中日关系，延续友好历史，才符合两国人民的共同期盼。中国有句古语："天予弗取，反受其咎；时至不迎，反受其殃。"既然国门已经向美国打开，何尝不能向日本打开呢？

中国政府正式向日本国总理大臣田中角荣发出了访华的邀请。

田中乘坐的迎宾车队驶进钓鱼台国宾馆，周恩来陪同田中在18号楼前下车的时候，笑着告诉说："年初尼克松总统来的时候，也住在这里。"

田中微笑着说："尽管美国总统来得比我早一点，但我对国务卿基辛格说，中国和日本之间的关系比美国和日本之间的关系要久远得多啊。"

这是一句大实话！

中国与日本一衣带水，有过相当亲密友好的往来，人文纽带也紧密相连，文化、习俗、宗教和人种经过数百年的交流与融合，两国文化既异曲又同工，共鸣之处颇多。

田中角荣之所以一上任就迫不及待要直接建立两国大使级的外交关系，也是源于他对中日友好历史的了解和认识。

午餐过后，没有休息，双方下午即在人民大会堂安徽厅进行第一轮会谈。周恩来高度评价了田中就任首相以来对中日邦交正常化的讲话。田中则首先对日中两国在过去有一段“不幸的时期”表示了遗憾，并诚恳地说：“过去的历史不能重演了，今后日中两国人民要世代友好相处。”

当晚，周总理在人民大会堂宴会厅举行国宴，欢迎田中角荣首相和大平正芳外相一行。席间，军乐队轮流演奏了中日两国歌曲。日本的歌曲有《樱花，樱花》，田中角荣家乡新潟县的《佐渡小调》，大平正芳家乡香川县的《金毗罗船》等，使日本客人们感到十分亲切，掌声、笑声此起彼伏。

歌声是动听的，音乐是悦耳的，宾主沉浸其间，被友好的气氛包围着，一切的一切都变得如此美好而温馨。

然而，悦耳动听的音乐无法覆盖受伤的历史，也无法填平两国间感情的鸿沟，两国间的实质性问题并不像演奏两国歌曲那么简单和愉悦。

在周恩来致欢迎词后，田中致答词。他谈到侵华历史时，说了这么一段话：“过去几十年之间，日中关系经历了不幸的过程。其间，我国给中国国民添了很大麻烦，我对此再次表示深切的反省之意。”

当翻译将“很大麻烦”翻译出来后，周恩来眉头一挑，马上沉下了脸，眼睛里露出了严肃的神情。

田中答词后，尽管周恩来也随着全场人的掌声，鼓了掌。但他习惯性地望着对方的一举一动，目不转睛。他越是不苟言笑，越是内心在剧烈地起伏……

田中角荣满面笑容走下讲台，为自己的精彩发言沾沾自喜，浑然不觉身边的周恩来情绪已经发生了变化。

所有日本客人已被日本歌曲、中国人友好的笑脸和阵阵掌声冲昏了头脑。他们晃动着因为兴奋而发红的脸庞，快活不已地不断举杯庆贺，似乎中日世代友好之路在他们脚下已经铺成……

日本人谁也没有意识到，他们的首相在答词中的“添麻烦”再次伤害了中国人民的感情！

欢迎酒会结束后，田中角荣一行回到钓鱼台国宾馆，直到走进房间，大家还兴致勃勃，觉得这个开端十分理想。田中角荣隔着玻璃仰望了一眼北京的夜空，啊——今晚夜色多美好！

可是这一夜，周恩来心里沉甸甸的，难以入眠。他不能忘记血泪交织的八年抗战岁月！如今日本首相一句轻飘飘的“添麻烦”就能让几千万不幸死难的亡灵安息吗？就能让一个遭受侵略山河破碎的国家给予谅解吗？

回答是不可能的！

第二天，即26日下午，第二轮首脑会谈开始。

周恩来一上来就谈起了昨晚致辞，他严肃地说：“田中首相对过去的不幸的过程感到遗憾，并表示了深深的反省，这是我们能够接受的。但是，‘添了很大的麻烦’，这一句话，引起了中国人民强烈的反感，中国被侵略遭受巨大损害，决不可以说是‘添麻烦’。因为普通的事情也可以说是‘添麻烦’，‘麻烦’在汉语里是很轻的。”

毫无思想准备的田中角荣一下就紧张了，他马上解释：“从日文来说，‘添麻烦’是诚心诚意地表示谢罪之意，而且包含着以后不重犯、请求原谅的意思。”“这个表述如果在汉语里不合适，可按中国的习惯改换。——马上改换！”

田中为挽回自己的失误，再次表示了自己要和中国友好的立场：“我就任首相时就立即表示，要加紧实现与中华人民共和国的邦交正常化。周总理也立即表示欢迎。这就是我们大的一致。”

当晚，周恩来来到毛泽东住处，将会谈情况汇报给主席。

1972 年 9 月 27 日，毛泽东在书房会见日本首相田中角荣。

周恩来与日本首相田中角荣会谈。

“病去如抽丝”，毛泽东从重病中慢慢地恢复了一些精气神。他只要身体好一些，就书不离手。毛泽东受历史文化传统的影响，喜欢借助历史进行反省。他熟读中国古书，通晓中国历史，并进行深刻思考，从而使得历史元素成为他思想的有机组成部分。

周恩来去的时候，毛泽东还在阅读线装古书，他拿着笨重的放大镜仔细地阅读着。

周恩来曾建议毛泽东佩戴老花镜，并亲自为他配备了一副，可是毛泽东就是戴不惯，鼻梁上架个东西，他觉得不舒服，戴一会儿就取下来，再不肯戴了，谁说也没用，宁愿拿着那个又笨又重的珐琅柄的放大镜看东西。

周恩来此行来告诉毛泽东，中日之间在战争状态怎么表述结束与日蒋条约的处置上，谈判陷入了僵局。用周恩来的话说，觉得日本哪里是来求和的，简直就是来讨价还价的，来吵架的。因为日方认为，在日本政府与台湾蒋介石签订的“和约”中，已经宣布过结束战争状态，要是这次再次宣布结束战争状态，等于内阁政府自己打自己的耳光。

毛泽东却开起玩笑，说他们日本人总是喜欢打耳光的，这次自己打自己的耳光有何不可？

毛泽东告诉周恩来，他为日本客人准备了六卷本《楚辞集注》。

周恩来会意一笑，马上明白了毛泽东的用心。

众所周知，楚辞是屈原创立的诗歌文体，屈原也被誉为“衣被词人，非一代也”的诗人。屈原是一位视祖国安危和人民祸福重于自身利害得失，宁愿舍弃生命也不愿舍弃祖国的民族英雄。他眼看自己的祖国被侵略，心如刀割，公元前278年5月5日，秦国攻破自己祖国楚国时，他悲愤难挨，写下了绝笔作《怀沙》之后，抱石投入汨罗江，以身殉了自己的政治理想。从此，阴历五月五日这一天成为中国民俗的“端午节”，以纪念屈原的爱国主义精神。

《楚辞集注》是根据刘向、刘歆父子的校定和王逸的注本，收集了屈原25篇作品，最知名的有《离骚》《天问》《九歌》和《九章》等篇章。

梁启超曾说：“吾以为凡为中国人者，须获有欣赏《楚辞》之能力，乃为不虚生此国。”《楚辞》在中国文学史上地位之崇高，可以概见。

周恩来从毛泽东处出来，想到毛泽东将《楚辞集注》送给日本人作为礼物，觉得意义非同一般，意味深长啊。从而也坚定了他赢得这场谈判最终胜利的信心……

第二天，晚上8点，毛泽东突然提出要会见日本客人。

日方从谈判中还没有喘过一口气，心理上还没有作好与毛泽东相见的准备，突然被通知要去见毛泽东，他们谁也没有料到这么快，难免有些慌张。毛泽东，这个名字如雷贯耳了几十年，毛泽东不仅率领共产党打败了他们强大的帝国军队，而且打败蒋家王朝，建立了新中国。

但无论感觉紧张还是轻松，与毛泽东会见是无法回避的。会见安排在中南海游泳池，毛泽东的书房里。

时间定为晚上8时30分开始，到9时30分结束，会见一个小时。

会见该结束时，毛泽东指着房里四处堆积的书籍，说：“我有读不完的书。每天不读书就无法生活。”他指着书橱上的六卷本《楚辞集注》说：“这套书是送给田中首相的礼物。”

周恩来马上过去将书从橱上取下，递给了田中。

田中收下书，紧握着毛泽东的手，不住地点头，说：“多谢，多谢。毛主席知识渊博，还这样用功。我不能再喊忙了，要更多地学习。那么，祝您健康长寿。”

就这样，谙熟中国历史的田中角荣接过中国文化精髓的同时，也接过了毛泽东给予他的暗示——我们中国人都是在屈原爱国主义精神滋养的土地上长大的。

田中捧着厚厚的《楚辞集注》线装本，离开了这个不起眼甚至有些破旧却全世界谁也不敢小视的特别住宅。

毛泽东与田中、大平会见，意味着日中复交谈判的难关已过。次日即9月28日下午3时40分，第四轮首脑会谈在钓鱼台18号楼进行，气氛更为融洽，双方就外长一级进行磋商的联合声明的内容最后达成了协议，并一致同意在9月29日建立两国间的外交关系。

周恩来说：“我们重建邦交，首先要讲信义，这是最重要的。

毛泽东将《楚辞集注》送给日本首相田中角荣。

我们同国外交往，讲话一向是算数的。”接着，他来到事先准备好的桌边，那上面有已备好的文房四宝。周恩来在铺开的宣纸前思索了一下，在上面题下了六个大字“言必信，行必果”，赠给田中首相。这是《论语·子路篇》中的一句话。

田中接受之后，也铺开一张纸，挥毫写下了“信为万事之本”几个大字，赠给周恩来。

书法是两国相通的艺术，这一往一来，一纸一墨，马上体会到两国之间一衣带水的玄妙和统合，也印证了田中角荣对基辛格说的中国和日本之间的关系要比美国和日本之间的关系久远得多的历史性。

此时无声胜有声，书法有道，它是连通两国共同艺术和爱好的语言。熟悉与亲切的感觉回荡在两国人员心头，大家不分国界，都看懂了书法的含义，随着田中角荣落下最后一笔，“哗——”掌声响了起来。

9月29日上午10时18分，《中日联合声明》签字仪式在人民大会堂西大厅举行。在茶色封面的联合声明文本上，先由姬鹏飞外长、大平正芳外相签字，再由周恩来总理、田中角荣首相签字。

签字仪式结束，大家举杯共同庆贺这个历史性的时刻。不善饮酒的田中角荣，因为高兴和激动，与周恩来碰杯后，一饮而尽。红葡萄酒的作用马上显现在他的脸上，连脖子也跟着上了红葡萄酒的颜色。

中午，日方在民族文化宫的大厅举行记者招待会。大平正芳严肃地宣布，9月29日这一天，是中日两国建交、两国关系掀开了新的一页的一天……

记者招待会一结束，中午1时许，周总理陪同田中首相飞往上海。

1972 年 9 月 29 日，周恩来与日本首相田中角荣签署两国建交协议。

周恩来与田中角荣共同庆祝中日建交。

周恩来与日本首相田中角荣干杯，两人一饮而尽。

1972 年 9 月，周恩来陪同田中角荣、大平正芳在上海市郊马桥人民公社棉田参观。

当晚，在上海举行的告别宴会上，周恩来在这中日建交的第一个夜晚，也动了感情，流露出“文革”以来少有的喜悦。他与田中、大平碰杯的时候说：“我真希望同你们通宵畅饮啊！但是，我还必须为你们的下次访问留有余地……”

为了这一天，谁能说得清周恩来付出了多少心血？

周恩来对日民间外交思想大致萌芽于1952年。那时正是中日关系的坚冰期，周恩来提出了“民间先行、以民促官”的对日民间外交方针，并制订了“民间先行、贸易入手”，“民间来往、官方挂钩”，“渐进积累方式”和“备忘录贸易”等发展中日关系的具体外交策略。

1956年，一个大规模的日本商品贸易交流会在北京展览馆举行，周恩来不仅亲自组织，而且前去参观。毛泽东也为“民间先行、以民促官”的外交方针身体力行，也亲自前往展览馆参观。整个参观过程毛泽东都非常专注，在每个展品前都要仔细观看，认真听取讲解。参观结束后，毛泽东对主办方日本贸促会主席兼日本商品展览会总裁村田省藏说：“日本民族是一个伟大的民族，日本人民是勇敢的、勤劳的、智慧的人民。我们希望同日本建立正常的友好关系，也希望同世界各国包括美国在内，建立正常的友好关系。中日两国的人民是友好的，只是政府关系不好。”他还幽默地表示当他上“西天”以后，儿子的一代可能会好起来；再不好，孙子的一代总会好起来的，总而言之，中日两国人民要友好。

在当时，日本的政界对待新中国，对待中日贸易有着很大的分歧。毛泽东这番话令日本主办方受宠若惊，但让很多中国人难以置信，他们认为无论抗日战争时代还是在朝鲜战争之后，日本政府对中国都是敌对的，极大地伤害了中国人民的感情。日本人在中国办工业展览，中国领导人参观就参观吧，为什么还要赞扬日本人呢？

1956 年 10 月 6 日，毛泽东到北京展览馆观看日本商品展览会展品。

周恩来在上海机场送别田中角荣。

其实，毛泽东就是想用这一举动告诉国内的人民，他是寄希望于日本人民的。

正是毛泽东、周恩来倡导并大力推行的民间外交，使得两国民间不断地交流、往来与接触，到“文革”前，中日民间往来已经十分频繁而亲密，使得中日关系从无到有，从民间到官方，直到发展壮大成要求中日邦交正常化的洪流……

《中日联合声明》签字仪式成为这一历史洪流的结点。

田中角荣素不擅饮酒，就是喝两口啤酒都要脸红，但听了周恩来真挚的话语，心中也难以抑制住激动，想到自己刚刚就任首相两个多月，就顺应潮流、顺应民心，顶住右翼的威胁，亲手完成了中日邦交正常化之大业，来之不易啊！他情不自禁地离开座位，向周总理、姬外长等祝酒，也特别向大平、二阶堂进等鼎力支持的日本官员祝酒，一连喝了好几杯茅台酒。

大平正芳悄悄告诉周恩来：“我还没有见过首相离开座位去敬酒哪，这是破天荒哟。”

然而，人们不会知道，在周恩来和田中角荣会谈的日日夜夜里，保健大夫每一天都是把心提在嗓子眼里度过的，就在总理会见外宾最为紧张的时候，医生们依然坚持给他尿检，每一次出化验报告，医生们的心理都要承受一次考验。他们最怕总理出现血尿，那样就意味着癌细胞已形成了病灶，并开始扩散。

到这一年的年底，周恩来期望以釜底抽薪的方式来降低“文革”热度的努力被打断了……这对周恩来是一个不小的政治打击。

起因还要从8月初周恩来对外交人员作的一个长篇报告说起。

南辕北辙

纠“左”途中杀出一匹黑马，将周恩来与江青等“文革”干将之间的窗户纸给捅破了。毛泽东道出内心担忧。周恩来纠“左”被迫停止。

外交部一直是周恩来高度重视、时刻不能放松的部门，不仅因为他是国务院总理涉及外事活动最多，还有新中国成立以来他心里时刻紧绷“外交无小事”这根弦的缘故。

周恩来利用中央开始纠“左”的机会，重点整治外交部，理顺外交工作，使之在国际环境中正常运转。8 月 1 日和 2 日，周恩来抽出两天时间，在外交部向回国述职的大使和外事部门的负责人作了一次长篇报告。报告包含了阐述国际形势、内外政策、批林整风、政治与业务关系等当下亟待搞清楚的问题，同时他也毫不保留地谈了自己的看法。

他的报告始终围绕极“左”思潮对外事、宣传工作方针的影响和危害，他认为极“左”思潮有世界性，与国际形势有关。如果在驻外使领馆现在还有人搞极“左”，就把他们调回来学习，不要妨碍我们的对外工作。

周恩来在这次讲话中特别强调解放老干部这个问题：各部门应该把老干部解放出来。有些地方解放老干部的工作做得不够好，你们应该好好想一想。

周恩来这次讲话显然触动了“文革”派的敏感神经。不到一周的时间，“文革”一派人对周恩来不满的情绪便显露出来。虽然张春桥、姚文元被迫处于守势，但并不甘心极“左”路线就此偃旗息鼓。8月8日，他们召见人民日报社负责人，针对周恩来的批评说，“在批林时要动脑筋，划清界限，不要过头”，批判“精神万能论”“唯意志论”都是“过头”的例子。

9月底，周恩来主持起草国庆社论，社论中提到：“要批判右的和‘左’的倾向，特别要批判极‘左’思潮。”姚文元在审稿时有意删去了这句话，并意味深长地说：“全国形势如何，还要再看一看。”

周恩来并没有被反对的声音吓住，也没有改变策略，他依然希望他的“纠左”能在毛泽东支持下顺利展开。

10月14日，根据周恩来关于极“左”思潮要批透的思想，《人民日报》以一个版面发表了三篇批判无政府主义的文章，即龙岩的《无政府主义是假马克思主义骗子的反革命工具——学习笔记》，纪众言的《坚持无产阶级铁的纪律——读〈共产主义运动中的“左”派幼稚病〉的一点体会》和李定的《一个阴谋家的丑史——读〈巴枯宁〉》。这些文章虽然难免带有某些历史局限性，但在当时却以鲜明的立场、犀利的语言，尖锐地批判了“文化大革命”中盛行的“打倒一切”“砸烂一切”等谬论。特别是文章告诫人们要警惕现存的极左思潮“重新表现”，实际上已把揭发、批判的矛头指向了江青集团。

这是自林彪事件以来在党报上首次发表的集中批判极“左”思

潮的一组文章，其深层意义在于它对“文化大革命”的基本理论和实践提出了质疑和否定。正因为如此，这组文章犹如巨石击水，激起了层层巨浪，在全国引起了强烈反响，某种程度也打破了以江青为首的“文革”派与老干部阵营的相对平衡。因此，江青等人必须为自己的利益“挺身而出”了。但他们还不愿与周恩来发生正面冲突。因此自己不出面批评《人民日报》，而是通过大本营上海向《人民日报》发出质疑。上海市委控制下的《文汇报》连发 2 期内参《文汇情况》，说上海工人座谈，批评《人民日报》文章是“否定文化大革命”，是批判到了群众头上。《文汇报》的公开报道则把林彪在“文革”中的所作所为定性为“右倾机会主义路线”，一贯是右的，只是在“有的时候，有的问题上”搞一点形“左”实右的东西。

这是继 1965 年“海瑞罢官”事件后，地方报纸挑战中央党报、上海北京之间的又一次南北对抗。

这些内参周恩来都是一一过目的，对方既然没有点破，他也就不受异样声音的干扰。他继续着他的未竟事业。11 月 30 日，周恩来审阅并同意中联部、外交部《关于召开外事会议的请示报告》，将报告送毛泽东及在京中央政治局成员传阅。

12 月 1 日，张春桥阅后对报告中批判极“左”思潮的内容画了两个大问号：“当前的主要问题是否仍然是批极左思潮？批林是否就是批极左和无政府主义？”

江青紧随其后，在 12 月 2 日也阅批：“应批林彪卖国贼的极右”，“同时也应着重讲一下无产阶级文化大革命的胜利”。

12 月 3 日，外交部经张春桥和江青这两大棒迎头一击，不堪重负，对原报告作了修改，删去了“批极左思潮和无政府主义”等内容。

南辕北辙，明争暗斗。反左反右，众说纷纭。但周恩来与江青一伙的斗争始终有一层窗户纸隔着，属于看得见影子摸不着真人的那种皮影戏。因为党内高层在“九·一三”事件后，尽管怀抱各异却能暂时相安无事。这次反“左”还是反右风波再起，双方虽说都心知肚明，但没有撕破脸，各自都有周旋迂回的余地，不至于枪抵胸口双方搞僵。

却不料两天后半路杀出一匹黑马，将这层窗户纸给捅破了，把尖锐的矛盾直接端到毛泽东面前——

这一下暗中博弈的双方谁也无法回避了……

这匹黑马就是人民日报社理论部编辑王若水。

这位北京大学哲学系的高才生，从1950年进入人民日报任理论编辑，就喜欢用哲学方法思考问题。林彪机毁人亡后，46岁的王若水以党报编辑和哲学家的敏锐发现，对于批“左”，中央领导人之间存在区别。因为他是周恩来纠“左”的支持者，希望自己在“中国政局面临一个转折点”时有所作为。于是他按照周恩来的讲话和自己的理解，趁10月14日张春桥、姚文元都不在北京之际，推出一块反无政府主义的专版，发表了三篇文章，为全党全国营造纠“左”的舆论氛围。这也是《人民日报》从“文革”爆发以来第一次公开反“左”和为“文革”纠偏的尝试。

当然，这个尝试马上遭到上海舆论的“压制”。王若水的性格并不像他的名字，他对来自上海的批评很不服气，对中央的不同声音暗自着急，“位卑未敢忘忧国”，希望以一己微薄之力影响高层。虽然有人在现实权力的高压下不得不保持沉默、委曲求全，内心备受煎熬；但也有一些人，他们总要喷薄而出，表现出“泰山崩于前而色不变”的胆识。尽管他们的行为在党内民主机制不健全的情况下，犹如飞蛾扑火、以卵击石，但也不失为一种党性责任的提醒。

12 月 5 日，王若水没跟报社任何人打招呼，斗胆给毛泽东发出了一封信，汇报了《文汇情况》对《人民日报》的批评和《文汇报》对林彪路线性质的提法。这时的王若水和所有人一样，没有想到的是“文革”的“左”不是林彪和“中央文革”的工作偏差，恰恰是来自毛泽东本人的思想！

王若水的信很长。他在信中将自己的观点表明得非常清楚，表示同意周恩来关于要批透极左思潮的意见，反对张春桥、姚文元提出的林彪是形“左”实右的说法。而且还反映现在报纸宣传面临一个困惑，就是反“左”还是反右，因为领导人的这两种截然不同的看法，已经造成《人民日报》编辑部人员思想的混乱。

王若水的信写到最后有点刹不住车了，越写胆子越大：

> ……只有克服了“左”的倾向以后才能有力地反对右的偏向。林彪煽动极左思潮，流毒很广，“批林”就要批极左思潮。中央所批发的好几个省的批林整风文件中，也是强调无政府主义，无政府主义就是极左。因此，我认为批“左”是中央的精神。但是，《文汇报》的观点是不是有什么“来头”呢？如果不是中央精神，《文汇报》怎么会有那么大的胆子？反过来说，如果是中央精神，为什么《人民日报》不知道？
>
> 我不相信《文汇报》的观点是来自主席，因为我想，主席如果有什么新的指示的话，是不会不向《人民日报》传达的。正因为这样，我才向主席写这封信，希望能得到您的指示。

毛泽东接到这封信，是不是也和王若水站在一起支持周恩来呢？从 6 月 23 日批林整风汇报会议结束后，周恩来就一直是在自己力所能及的范围内反对极左，不断加大纠“左”的力度。他在出版、科学研究、高等教育、文艺、农业等一系列全国性专业会议上，旗帜鲜明地反击极左思潮。而 8 月 1 日对驻外大使和外事单位负责人讲话，只是他无数个纠“左”会议中的一个罢了。

毛泽东不是没有看见周恩来这一系列大刀阔斧的纠“左”举动，也一直默许。但王若水的信把周恩来和张春桥、姚文元之间的矛盾挑开了，逼迫毛泽东表态。究竟林彪路线的实质是极左还是极右？这个问题正好触动了他的心结。其实，毛泽东并不关心两种倾向谁对谁错，他注意到党内外怀疑和否定“文化大革命”的声音在不断升调。他对“文化大革命”被否定的忧虑与日俱增。

恰好，王若水的来信将他内心的担忧给撕开了。

第二天，即 12 月 6 日，毛泽东约见江青，要她将王若水的信转给周恩来、张春桥、姚文元等，提出由他们一起找王若水谈话，解决一下这个问题。

《人民日报》的领导与王若水当晚被叫到大会堂谈话。这次谈话时间很长，直到次日凌晨2时才结束。分手时，领导们与《人民日报》同志一一握手。王若水把周恩来的手紧紧握住，努力想从他的脸上看出一些表示。可是周恩来的脸却没有任何表情。这让王若水不解其意。

毛泽东前思后想了 10 天，在 12 月 17 日的中央政治局会议上，与周恩来、张春桥、姚文元、纪登奎等人进行了一次谈话，谈话中毛泽东对林彪路线的实质究竟是极左还是极右表了态：“那封信（王若水的信）我看不对。是极左？是极右。修正主义，分裂，阴谋诡计，叛党叛国。”

毛泽东的结论成为“九·一三”事件后周恩来领导批判极左思潮、

纠正“左”的错误的转折点。这也意味着周恩来釜底抽薪降低“文革”温度，打方向盘纠正“文革”车轮继续往“左”前行的计划，因为毛泽东一脚刹车而停止了。

《人民日报》社内部也按照张春桥、江青的要求，展开对“一股邪气，一股势力”的批判，受冲击的不仅有王若水，还有理论部党支部书记胡绩伟。令王若水始料不及的是，一次勇敢的犯颜直谏，换来的却是江青为首的极“左”派彻底攻占《人民日报》。当然他更没有想到，他的一封信也打乱了周恩来纠“左”的步伐，让他再次承受政治重压。“王若水事件”后，周恩来就不再过问《人民日报》的事了。

停止纠“左”对周恩来来说，是一个不小的打击。但历史上也曾有过类似这样的“刹车”事情。

毛泽东曾经对自己的性格有过剖析，说自己兼有“虎气”和“猴气”两种性格，“虎气”为主，“猴气”为次。

新中国成立后，毛泽东的“虎气”有时“猛”得惊人。分管经济的领导人，常常被毛泽东的“虎气”逼得无法喘气，甚至被逼上了“梁山”。在总路线号召下，全国经济建设进入了史无前例的高速“新干线”。中国建设一时间展现在人们面前的是欣欣向荣、日新月异的局面。

毛泽东同他的战友们看到国民经济在短短几年里得到恢复，真是笑逐颜开。但是，由于毛泽东、中央和地方不少领导同志在成绩面前开始滋长了骄傲自满情绪，急于求成，夸大了主观意志和主观努力的作用，在事前没有对国家面临的形势作深入调查和认真分析的情况下，轻率地发动了“大跃进”运动。

也就是在这次“大跃进”中，周恩来受到了毛泽东的严厉批评。

一次是杭州会议，另两次是南宁会议和成都会议，“八大二次”会议受到的批评也不轻。批评的原因就是周恩来在 1956 年曾开展了反冒进。

1958 年 1 月 11 日至 22 日中共中央在南宁召开了有部分中央领导人和地方负责人参加的工作会议，简称南宁会议。

南宁会议的气氛并非如某些人想象的那么紧张压抑，那次会议的主要气氛是热烈激昂的。

毛泽东面对九省二市和中央各部负责人讲话，与其形容为“嬉笑怒骂”，不如恰当地说是像三军统帅在激情澎湃地作战前动员。

“不要提反‘冒进’这个名词好不好？这是政治问题。一反就泄了气。六亿人，泄了气不得了！”

会上，毛泽东批周恩来批得很厉害，认为反冒进是犯了政治方向的错误。

“这三年有个曲折。右派一攻，把我们一些同志抛到距离右派只有 50 米远了。右派来了个全面反‘冒进’，什么‘今不如昔’，‘冒进比保守损失大’，研究一下，究竟哪个大？反‘冒进’六亿人民泄了气。”

毛泽东还拿着当时任中共上海市委第一书记柯庆施的《乘风破浪，加速建设社会主义的新上海》的文章，对周恩来说：

“恩来，你是总理，这篇文章你写不写得出来？”

周恩来在会上没有同毛泽东争辩，而是作了自我检查，说反冒进是一个“带方针性的动摇和错误”，“是一种右倾保守主义思想”，“是与主席的促进方针相反的促退方针”。

周恩来在会上表示：“反冒进的错误，我要负主要责任。”

1958 年 3 月初，毛泽东乘专列进入天府之国四川。

3月9日至26日，中共中央在成都召开政治局扩大会议，简称成都会议。

毛泽东在这次会议上，对反冒进进行了再次批判。

“在领导方法问题上，有两种方法，一种是马克思主义的‘冒进’，一种是非马克思主义的反冒进。究竟采用哪一种，我看应采取‘冒进’。”为了批判反冒进，毛泽东还重印了他为《中国农村的社会主义高潮》一书所写的部分按语，并在说明中把反冒进说成是“打击群众积极性”，“给右派猖狂进攻以相当的影响”的事件。

这样，毛泽东批判反冒进的调子又高了一拍。

据周恩来的秘书范若愚回忆：周总理以前总是高高兴兴的，从成都回北京后真像生了场病，前后判若两人。

有一天，周恩来在西花厅的办公室对范若愚说：过去起草文件，是由我先谈内容，你记录下来整理成书面材料。这次发言，不能像过去那样，因为这次发言，主要是作“检讨”，不能由别人起草，只能我讲一句，你记一句。关于我这次“犯错误”的问题，我已经和毛主席谈过了，主要原因在于我的思想跟不上毛主席。这说明必须努力学习毛泽东思想。

平时周恩来思维敏捷，表达力很强，文章要点准确无误。可这一次他讲一句，秘书就记一句。一句和一句之间，周恩来往往要思考好大一会儿，才能憋出一句来，有时连一句完整的话都凑不齐。这说明他的内心是十分复杂的。

就这样搞了半天，检查稿还是没有写出来……

这时已经很晚，都到午夜时分了。范若愚意识到，周恩来内心在反冒进这个问题上有矛盾，因而找不到恰当的词句表达他想说的话。在这种情况下，范秘书建议总理暂时离开办公室，如果老是在

1970 年 5 月，周恩来、邓颖超与身边工作人员在西花厅合影。

办公桌旁想问题在精神上会有压力和负担，这样不利于构思和措辞。周恩来同意了秘书的建议，决定今晚先到此，明天再继续“检查”。

范秘书离开总理办公室去自己的宿舍休息。不一会儿，大概凌晨两点，范若愚被邓颖超电话叫醒。邓颖超不知之前发生了什么，对秘书独自离开十分不满。她问范秘书：“恩来独自坐在办公室发呆，怎么你却睡觉去了？”

这时范秘书才知道周恩来还呆坐在自己的办公室里。他赶紧将之前两人如何写检查的情况告诉了邓颖超。邓颖超十分了解自己的丈夫，她知道今晚周恩来不完成这个任务是不会去睡觉的。于是她对范秘书说：“走！我带你去和他谈。还是由他口授内容，你整理成文字材料。”

范若愚赶紧起床，随着邓颖超来到了周恩来的办公室。

邓颖超劝说周恩来还是按照以前的办法，说一个提纲要领，由秘书整理完成。开始周恩来不同意，想还是他说一句秘书记一句，但是邓颖超十分担心他的身体，因为周恩来已经快 24 个小时没有睡觉了，而且天明后还有很多事情要等他去处理。在邓颖超坚持下，周恩来勉强同意，由他口授内容，范秘书回到宿舍去整理记录成文。

在整理到学习毛泽东思想问题时，范若愚引了一句成语说：“我和毛主席‘风雨同舟，朝夕与共’，但是在思想上还跟不上毛主席。……”这句并没有别的意思的话，范若愚却被周恩来好一顿批评：“你对党史知识知道得太少！关于和毛主席的关系上，在整风以前，还可以引用这句成语，但是在整风以后，就不能引用了。”周恩来讲这些话时，几乎流出了眼泪。

最后，周恩来又逐字逐句亲自动笔修改了一遍，补充了几段，才打印出来，送交政治局常委和书记处传阅。

后来稿子退回，周恩来看过以后，又要范秘书把批在稿子上的话誊写清楚，再打印一次。范看到政治局常委和书记处提的意见，把“检讨”部分中的一些话删掉了，有些话都是周恩来批评自己批得很重的话。连大家也看不过去了，帮着修改，改成分量较轻的一些话。

范秘书看了之后，心里的紧张情绪才缓和了下来。

但是，周恩来从起草这个发言稿到政治局“过关”，不过十多天的时间，两鬓的白发陡增，一下苍老了许多。

因为正确地反冒进而受到毛泽东的严厉批评，进而真心地自我检查这件事情，比较典型地反映了新中国成立后周恩来如何对待党内分歧，特别是如何对待他同毛泽东围绕某一件事而出现分歧时的态度和方式。反冒进的思路无疑是正确的，但周恩来放弃了。这里有迫不得已的一面，也有诚心诚意的一面。

毛泽东在南宁会议上对周恩来的严厉批评，使会议气氛异常紧张，一些反对过冒进的领导人坐卧不安。由于周恩来顾全大局，隐忍为党，对毛泽东当时不符合实际的错误批评没有作任何辩解，并且还承担了主要责任，在很大程度上缓和了会议的紧张气氛，避免了在极端的情况下，可能出现的某些冲突。故而，在这次会上周恩来再次作检讨后，毛泽东在会上公开宣称：“反冒进的问题解决了，现在中央是团结的，全党是团结的。”

1973 年——

1 月 5 日　尿血
3 月 5 日　毛泽东批准“先检查、后治疗”两步走治疗意见
3 月 10 日　第一次手术治疗，一步完成
10 月底　再次尿血，癌症复发
11 月 21 日 –12 月 5 日　化疗因故中断

1974 年——

3 月 11 日　再做电烧手术
4 月　大量尿血，尿潴留
4 月 28 日、5 月 19 日、5 月 23 日、5 月 25 日　发生缺氧病状
5 月初　出现癌症扩散症状

1 9 7 3 - 3 >

1973 年——

3 月 9 日　邓小平复出已成定局
4 月 12 日　邓小平亮相人民大会堂
4 月 19 日—24 日　陪同墨西哥总统访问大寨
6 月 9 日　陪同越南领导人访问延安
7 月 5 日　为保护外交部同志违心地做检讨
8 月 24 日—8 月 28 日　“十大”召开
9 月 13 日—9 月 17 日　陪同法国总统去大同、杭州、上海等地
10 月 14 日　陪同加拿大总理访问洛阳（最后一次外出视察）
11 月 10 日—11 月 14 日　基辛格再次访华
11 月 21 日—12 月初　政治局扩大会议“批周”
12 月 9 日　毛泽东制止了批斗会议

1974 年——

3 月 20 日　毛泽东对江青再次发出严厉警告
5 月中旬　毛泽东批准周恩来治疗方案

第　二　章

病魔缠身

周恩来的治疗终于提到议事日程。这让西花厅所有的人都感到欣慰，因为命运为周恩来和所有热爱他的人，打开了一扇希望的窗口。人民的总理会重新获得健康吗？未来岁月里，还能笑声朗朗地和大家生活在一起吗？然而，事实并非如此，“四人帮”利欲熏心，权利之争暗流涌动，周恩来的治病历程尤为艰难。

柳暗花明

1973年3月，玉泉山迎接了一位特殊的病人，他就是周恩来。手术中，主治大夫见机行事，将“两步走”的方案，改为“一步走”，手术取得成功，周恩来获得了短暂的轻松。

周恩来在失意与郁闷中，迎来了1973年的元旦。

从毛泽东前一年年底为林彪事件定性之后，也许是心情不佳的缘故，周恩来再没有露出过笑容，也听不见他朗朗的笑声。而且新

周恩来曾治疗休养的地方——玉泉山。

年初始，工作人员发现周恩来越发地消瘦。大家都觉得这个新年格外地寒冷与难熬，一点儿喜庆的感觉都没有。

新年年历才翻过 5 天，这天一早，天色还没有亮透，周恩来结束一夜的伏案工作，从办公室走了出来，他已经整整工作了 20 多个小时，如果抓紧时间，还能睡上几个小时。

值班的同志见总理走进卧室去休息了，才松了一口气，急忙回到自己的房间，赶紧也睡一会儿。

不知过了多久，朦胧间，医生张佐良突然听见警卫秘书变了调的喊声："张大夫，张大夫，快起来，快起来。"

他被某种不祥之兆撞击，顿时清醒了过来，一跃而起，跑向门口……只见警卫秘书张树迎手里端着盛满鲜血的尿壶，"尿……都是红的……全是血……"

警卫秘书的脸色都变了，双唇直哆嗦。

张医生看见这个触目惊心的颜色，再看看警卫秘书惊恐的神色，不用问，他什么都明白了。

血尿。日夜提心吊胆的事情终于来临了！

张医生赶紧一路小跑，跑进总理的卧室。

一进卧室，就见总理仰面躺在床上，脸冲着房顶，一声不吭。

张医生连忙跑进卫生间，再看抽水马桶，里面鲜红鲜红的。他目测，这流血量不下 500CC。他这时首先想到的是周恩来的心脏病，千万不能让总理承受这血尿的刺激。张医生大口地喘了几口气，平静一下自己紧张的情绪，想了几句能让总理稍微宽心的话。

"总理……"他才开口，周恩来扭头朝他直摆手，叫他什么也不要说。

跟随总理多年的张医生突然明白，一个对周围非常敏感，对事物掌握极其细致的人能不察觉自己身体发生的变化？能没有充分的思想准备吗？难怪他极力回避这个话题，只是一味工作、工作。原来他是在用有限的生命争时间，抢时间，用自己的血肉之躯填写每一天。

张医生和几位知情的医护人员，心里都很苦涩，也很茫然，不知道应该向谁去求援。去找主席？可他们也知道，毛泽东此时也重病在身啊，日夜被心肺病纠缠着、苦恼着，双脚肿胀得十分厉害，几乎隔几天就要换双布鞋，鞋子越穿越大，行动越来越困难，再也没能恢复他硬朗的身板和健康的体魄。

大夫们又想起了那些和周恩来熟识的老将帅们，可是再仔细一想，不免唏嘘，老将帅们基本都被打入了冷宫，既不在职也不在位，自身都难保，更无法为周恩来分忧了。当时还不叫“四人帮”的几个人对周恩来一直是横加刁难，他们更不会帮助总理渡难关的。

猛然，大家想起了叶剑英元帅，对，叶帅！

大家都知道叶帅和周总理个人感情不错，在中央会议上又能说上话，那几个人也不敢怎么样他。

他一定能起作用的！

叶剑英当时住在北京的西山。医生们马上驱车去他那里求援。一见叶剑英，医生们竟然有一种见到亲人的感觉，长时间的委屈和害怕好像找到了可以依靠的怀抱，他们的泪水再次夺眶而出，还没开口却先哭出了声。

叶剑英一见医生这般伤心，估计总理发生了严重的事情。他听完保健大夫的讲述，愣怔了许久说不出话来，他也没有意识到有这么严重，不相信似的望望这个望望那个。

叶剑英到底是一位见过世面，经过大风大浪考验的革命家，他马上控制住自己的感情，极力宽慰两位泣不成声的大夫，理解他们孤立无援的苦楚，并鼓励保健大夫挺住，把握住感情，不让总理察觉病情的严重性。

“别着急，你们别着急。我想办法报告主席，向主席说明情况。”

有了叶帅这句话，医生们心里才感到好受些。

就在医生们四处张罗着周恩来治疗事宜的时候，周恩来却在忙着一件“千秋大业”般的事情。他从2月开始，一边忍受尿血的痛苦，输血维持身体体征，一边拖着病体连续主持政治局会议，专题讨论邓小平的问题。在会上，周恩来毫不犹豫也不容置疑地提出，要恢复邓小平的党的组织生活，恢复国务院副总理的职务。

叶剑英以刚柔并济、大智若愚和荣辱不惊的品格彪炳于世。

邓小平不仅要重新工作，还要官复原职！这对于江青、张春桥等中央文革小组那些大员来说，无疑是不好的信号，意味着他们的政治仕途上又多了一个对手，而且是一个强硬的对手。于是他们千方百计从中作梗，找出许多理由说明邓小平是一个不折不扣的走资派，就算能重新工作，那也不能一步到位。

政治局会议上，双方就邓小平是否官复原职，斗争十分激烈，看不见硝烟的战场却让人感到火药味十足。

周恩来对此已经习以为常，毫不动摇斗志。

自从林彪事件之后，“解放老干部”便成为周恩来重中之重的工作。患病后更是时不我待，经常连续主持政治局会议，讨论对老干部的审查结论和重新安排工作的问题。会上，江青等人肯定会百般挑剔、阻挠。每解放一个老干部都很不容易。会上争论之激烈、时间之漫长，令人难以忍受。

疲惫不堪的叶剑英对此就深有感触，他把这样的会议比作当年红军长征中牵骡子过河，十分形象也暗含深意地作了一首《过桥》的打油诗：“一匹复一匹，过桥真费力。多谢牵骡人，驱骡赴前敌。”

一般情况下，周恩来总是让江青他们把话说够了，说足了，说累了，说烦了，他才开口表态，此时他对到会的每个人的态度已经了如指掌。说话不多，只在要害处说一两句。常常是他的一两句话一出口，江青一伙就争不起来了，事情也就定了。如果遇到江青他们胡搅蛮缠，死活不让老干部“过桥”的时候，周恩来会非常及时地点将：“剑英，你说呢？”

叶剑英也绝不含糊，旗帜鲜明地支持周恩来的意见。

就这样，一大批在“文革”中被审查、靠边站的老干部获得了“解放”，从监狱、从“牛棚”中走出来，重返工作岗位，其中不少人在与“文革”派的斗争中发挥了很大作用，成为后来邓小平推行“全面整顿”的中坚力量。

可是眼下，周恩来这个“牵骡人”快要不行了，在他倒下之前，必须硬撑病体，送邓小平过桥！因为他心里明白，有些时候他为避开锋芒，可以做些妥协，但这一次不行！因为自己一旦上了手术台检查，也许就是永远的倒下。

机会只有这一次，他不能让步，要尽快让邓小平复出！

当然，在邓小平的问题上，周恩来表现得如此针锋相对，寸步不让，也有一个重要原因，那就是毛泽东的明确态度。

邓小平在三年多“流放”岁月里与毛泽东间接或者直接地不断沟通，毛泽东对邓小平的不满，也因为不断面对“文革”的挫折而逐渐淡化，转为反思，而邓小平的多次来信“洗心革面”，也维护了毛泽东至高无上的尊严。进入1973年，周恩来病情突然加重，毛泽东的心理活动也随之加剧，国务院由谁掌管？文革小组那几个人喊喊口号，造造势，可能还是块料，可让他们中间任何一个人挑起主管国民经济的重担，那绝对是糊不上墙的烂泥。数来数去，也只有原国务院副总理，长期抓政务工作的邓小平能够胜任了。

共和国命运再次到了困顿时刻，打倒在地的邓小平转而成了毛泽东需要启用的一个重要棋子。

政坛风云如此变幻无常，高层人际关系错综而复杂，此刻表现得更为鲜明。

邓小平即将复出，已经不是周恩来单方面的意愿，而是毛泽东力挺的结果。

毛泽东从年前开始，不断地布置大字体古籍书的注释，他在1972年12月31日布置的是《史记·项羽本纪》，他试图通过阅读这本书，表达他一个重要意图：项羽之所以在楚汉战争中失败，原因之一，是他在战争中不断地杀降，失掉了人心。争取敌人营垒中的人，团结一切可以团结的人，是取得胜利的重要保证。

毛泽东布置古籍书的注释，被今天的人们理解为是专门用于为邓小平复出铺路的。毛泽东用这些史例昭示那些反对老干部复出的“文革”派们：要争取和团结曾反对过自己的人，这样才能取得胜利。

江青等人见状，也知道一时难转局面，只好将满腹不满埋藏起来，等待时机再出击。

进入3月，周恩来见邓小平复出基本定局，他才将自己的治病提到议事日程上。下面是当年他治疗前几天的大事记：

3月2日，约叶剑英、张春桥、汪东兴谈自己的病情及检查治疗问题。

3月5日，叶剑英向毛泽东反映了周恩来病情发展、急需检查治疗的情况。毛泽东立刻批准了“先检查、后治疗”两步走的治疗意见。

3月6日，周恩来去毛泽东处开会，听取姬鹏飞有关外事情况的汇报。他利用会前的空隙，将自己的病情及检查治疗安排等向毛泽东作简要报告。

医生们见周恩来的治疗提到议事日程上来，心里石头总算稍稍落下一点。可大家没有想到，毛泽东批准了专家们的医疗报告，周恩来却不肯马上躺到手术台上。因为他必须看见邓小平复出的红头文件，才能完全放心地去治病。

3月9日，周恩来致信毛泽东，汇报中共中央政治局几次讨论关于恢复邓小平党的组织生活和国务院副总理职务的情况，提出：政治局认为需要中央做出一个决定，一直发到县、团级党委，以便各级党委向党内外群众解释。毛泽东批示“同意”后，周恩来即批告汪东兴，将中央关于邓小平复职的文件及其附件经邓小平本人阅，并对有关内容提出意见。

这一天，周恩来手上有一份文件让他心情格外沉重，不由得触景生情。这是原教育部部长何伟因北京医院救治不力突然病逝的报告。他马上严肃批评北京医院等单位未落实好老干部的医疗保健工作，提出：国务院有关部门和卫生部要对党内老干部以及全国人大、全国政协常委中的爱国人士进行一次全面体检，具体工作由北京医院负责。

也是周恩来临上手术台的这个批示，使得“文化大革命”中一度废止的党内高级干部和爱国民主人士的医疗保健制度得到恢复。

3月10日，周恩来主持了治病前的最后一次中共中央政治局会议。他向政治局简要说明自年初以来病情发展的情况。为防止病情恶化，按照检查治疗的具体步骤，他正式向政治局请假两周，并将这一情况以写信的形式向毛泽东做了汇报。

会议一结束，周恩来便放下手里所有工作，离开西花厅，来到玉泉山接受检查。这是周恩来从去年5月发现4个红血球以来，患病将近一年之后，第一次接受专项检查。

这之前，医生们已经确定了好几种治疗方案，其中一种是“一步走”，即如果检查发现癌症病灶很小，就一次烧掉，检查治疗一次完成，不让周总理多受一次罪。但“一步走”的方案只能根据检查的情况灵活掌握。那么“两步走”的方案是针对癌症病灶较大制定的，先检查，后治疗，分了两步实施。这两种方案，在周恩来没有躺到手术台上之前，都无法确定。医生们3月初就在玉泉山布置了一间手术室。3月8日这一天晚上，医生们在临时布置的手术室

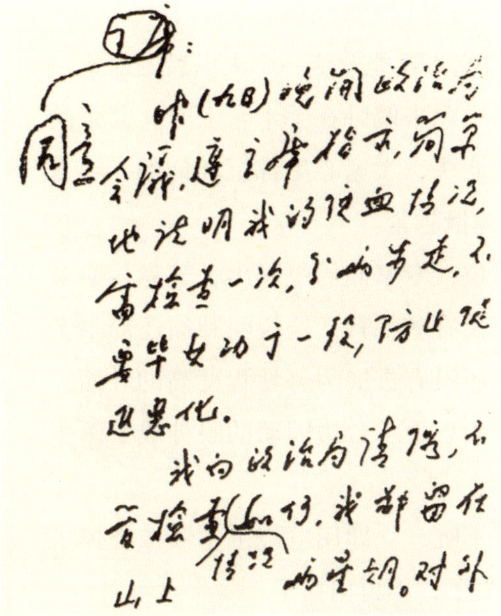
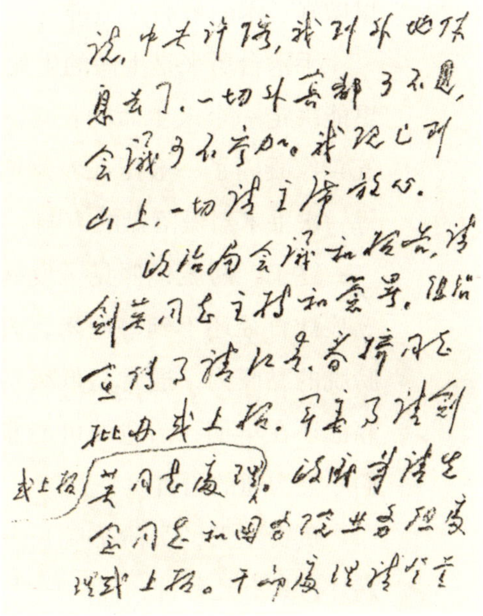
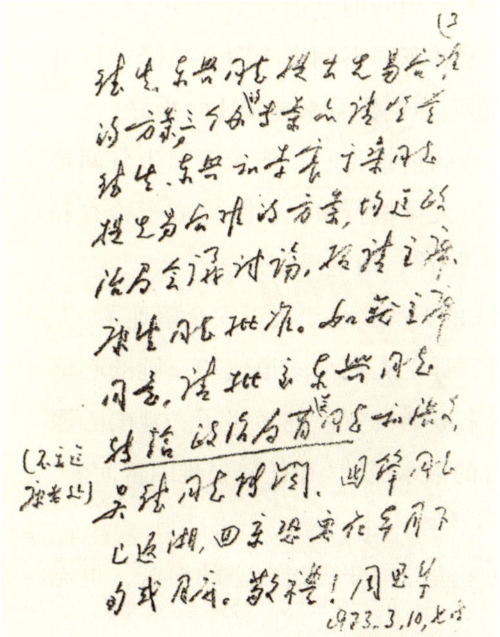

主席：
昨（九日）晚间政治局会议，遵主席指示，向常委也说明我的便血情况，需检查一次，以明病变，不要毕其功于一役，防止便血恶化。
我向政治局请假，不管检查如何，我都留在山上两星期。对外说，中央许假，我到外地休息去了，一切外宾都可不见，会议可不参加。我现已到山上，一切请主席放心。
政治局会议和指示，请剑英同志主持和签署。涉外事项请江青、春桥同志批办或上报。军委可请剑英同志处理（或上报）。政府方面请先念同志和国务院业务组处理或上报。干部处理请登奎、东兴同志提出名单和准备的方案；三个部的方案，请登奎、东兴和华国锋同志提出名单和准备的方案，均送政治局会议讨论，报请主席、康生同志批准。如蒙主席同意，请批示东兴同志转给政治局同志和洪文、春桥同志传阅（不送康老处）。国锋同志已返湖南，回京恐要在本月下旬或月底。敬礼！周恩来
1973.3.10，七时

1973 年 3 月 10 日，周恩来关于自己病情及工作安排给毛泽东的信。

里做好了术前最后一道准备。

手术台历来是生命的生死台，它不仅能改变一个人以后的命运，更能决定一个人生命的长短。当周恩来躺卧在手术台上时，紧张的气氛像凝固了一般压在专家们的心头，大家心里都沉甸甸的，随着每一次手术器械落盘的声响，心越揪越紧。

终于，膀胱镜照见了发病部位，专家们眉眼露出了笑意。原来癌症灶直径还不到一厘米，表面仅有些毛茸，这说明肿瘤还局限于膀胱的黏膜内，通常是低级别，还没有进展为恶性程度高的肿瘤。癌症还在早期，治愈的可能非常大！手术台边闪动的眼神成了医生们心灵沟通的语言。

负责主刀的吴阶平院长一声不吭，立即用电烧手术器械烧掉了病灶，只有几秒钟，癌的病灶消失了，不再出血了。

医生们欢欣鼓舞，连忙把手术成功的消息报告给门外等待的领导人，同时也将手术情况汇报给毛泽东。不到半小时，毛泽东住处就回电话过来：医生们做得好！感谢他们！看来一步比两步好！

原来在毛泽东审批周恩来检查病情报告时，他希望医生分两步走，先检查后治疗。可是吴阶平大夫见机行事，一次完成了检查和治疗，没有分两步。大家还捏着一把汗，怕毛泽东怪罪。

毛泽东的电话让悬在大家心头的石块，终于可以完全落地了。

等待在手术室门外的邓颖超，听见丈夫手术很成功，她的心情并没有完全轻松，但听见毛泽东来电话祝贺，她却哭了。她内心深处的担忧和多日的紧张，随着无言的泪水流淌。在任何艰难困苦面前，坚强的邓大姐都没有落过泪，可这次她泪水沾襟，无法自制。

在场的人都知道，他们谁也无法分担邓大姐内心的痛苦，更无法用语言去宽慰她。

求贤若渴

1973年4月12日晚，手术后的周恩来在人民大会堂举行盛大的招待会，他特意让邓小平出席这次招待会。在政坛沉寂了6年之久的邓小平第一次公开露面。

周恩来躺上手术台的同时，中央《关于恢复邓小平同志的党的组织生活和国务院副总理的职务的决定》的文件也正式签发。

邓小平复出，已成事实！

就在邓小平正在为复出作着紧张准备时，他又喜出望外地迎来了邓颖超的拜访。

原来邓颖超受周恩来委托，来告诉邓小平夫妇他本人的病情及检查治疗情况。邓小平夫妇万万没有想到，等待了7年，竟然得到的是半个世纪相知相伴的兄长与战友罹患重病的消息！

邓颖超和邓小平同岁，但因为邓颖超生日大邓小平几个月，所以邓小平一直称她大姐。这个大姐，与一般人称的“大姐”意义又有所不同，不仅因为他们同姓邓，而且彼此间生死相知半个世纪。邓小平还是一个少年的时候，就与兄长周恩来在法兰西的土地上为争取“自由解放”而并肩“战斗”了。

“文革”爆发后，两家人中断联系将近7年。再度重逢，邓小平都有了第三代。这使得邓颖超感慨万千。

几天后，3月28日晚上10点，周恩来、李先念和江青约见邓小平。

这次约见等于是邓小平恢复职务后的第一次正式谈话。

这次周恩来因为除去了病灶，不再出血，加上是怀着求贤若渴的心情，他与邓小平谈话时，情绪明显高涨，气色也不错。但邓小平见到周恩来的第一眼，内心还是禁不住大吃一惊。他的兄长如此之消瘦、苍老而憔悴。

因为有江青在场，加之又是工作谈话，周恩来与邓小平纵有千言万语，此时也只能默默相望，无法表达，但他们在一见一别的两次握手中，彼此感受到了久违的力量与亲切。

第二天，毛泽东在他的书房召开政治局会议。周恩来抓住机会，约邓小平在开会前先去毛泽东那里，与毛泽东单独见个面。

毛泽东与邓小平在经历一场政治大风浪后再度见面，他们的内心是一番怎样的感受，没有人知道，但是邓小平被毛泽东留下来参加了这次政治局会议。会上，由毛泽东提出，政治局当场做出决定，邓小平正式参加国务院业务组工作，并以国务院副总理身份参加对外活动。遇到政治局讨论重大问题，邓小平要列席参加讨论。

这次政治局会议后，邓小平正式恢复了国务院副总理的工作。

从工作谈话到恢复国务院副总理，仅为两天。第三天，已经身为副总理的邓小平与妻子一起来到玉泉山，看望正在治疗休养的周恩来夫妇。

邓小平夫妇看着周恩来消瘦的面容，心中说不出的悲伤。多年后，邓小平回忆起当时的情景，还不胜伤怀。他说：“我们去看总理，看到他瘦得不成样子了。我们相对无言。”

此时邓小平能说什么呢？“文革”中经历的风风雨雨、辛酸苦辣，岂是言语所能表达。见到邓小平前来，周恩来很是高兴。他历来严谨，对事物从不妄加评论，更不会随便议论，这次却把蓄积在心中多年没有倾吐的话都讲了出来。他和邓小平聊了很久，直到夜幕降临，共进晚餐时，他们还在交谈。

一转眼，周恩来已在玉泉山休养沉默了20多天，外界很快敏感起来，放出五花八门的传说，什么中国总理已被停职，什么周恩来身患重病……那个年代，中国高层领导人总是频繁被打倒，周恩来一有风吹草动自然会牵动外国新闻界的敏感神经。

4月8日，日本相扑团首次来中国表演访问。周恩来借此机会向外界亮了相。活动后，他直接回到西花厅，又开始了日理万机的工作，在这些繁忙而紧张的日程中，他在寻找让邓小平公开亮相的机会！

1973年4月12日晚，人民大会堂一楼的宴会厅里灯火通明。

几十张摆着鲜花和佳肴的餐桌旁，坐满了中外来宾。大厅首端的主席台上，数百盆红、黄两色的牡丹组成四个鲜亮的大字：“团结，友谊。”正中的紫绒帷幕上悬挂着中国共产党主席毛泽东和柬埔寨国家元首诺罗敦·西哈努克亲王的巨幅画像，画像两侧张挂着中、柬两国国旗；在主席台上方凌空横展一条巨幅，红底金字，光彩夺目：“热烈欢迎柬埔寨国家元首、柬埔寨民族统一阵线主席诺罗敦·西哈努克亲王和夫人视察柬埔寨胜利归来！”

7时整，宴会厅正中的枝形吊灯蓦然发出光亮，工作人员缓缓打开大厅的两扇玻璃门。

乐队奏乐，来宾起立。

记者们纷纷举起照相机、摄像机……

在欢快的迎宾曲和热烈的掌声中，中华人民共和国国务院总理周恩来和柬埔寨国家元首西哈努克亲王及夫人带领几十位中、柬领导人，缓缓步入宴会厅。

突然，参加宴会的人们发现，随同领导人和贵宾一道出现的，有一位个子不高却极其眼熟的人，大厅里所有的目光都投向同一个方向，都固定在同一个人身上："那是谁？——邓小平？……是邓小平！"

"邓小平也来了！"

"邓小平解放了！"

是邓小平！就是那个曾经被打倒了的"党内第二号最大的走资派"。

他仍旧穿着"打倒"前那身合体的灰色中山装，仍旧留着挺拔的寸发，脸上仍旧泛着安详而自信的微笑。他神情自若地环视着大厅，随着乐曲有节奏地鼓着掌，步履稳健地走向宴席桌旁那个属于他的位置……

应邀前来参加宴会的一位匈牙利作家注视着眼前发生的戏剧性场面，14 年后，他在自己所著的《邓小平》一书中对此作了如下的描述："他（指邓小平）孤独一人站在大厅里，他个子明显矮小，但体形宽阔，显得刚毅有力。身着深色的中式干部服，但袜子是白色的。此刻，他当然知道，从远处，从人民大会堂的许多圆桌旁边，数百双眼睛正好奇地注视着他，因为他是在消失之后又从被遗忘的角落里突然出现在人们眼前的。在那些七年前被'伟大的无产阶级文化大革命'这一政治地震压倒在地，尔后又恢复名誉、重新出台的人中间，他是地位最高的一个……在那次令人难忘的招待会上，等待着宴会开始的中国人，正在三五成群地寒暄交谈，而他却只身孤影，缄默无声。然而，他那大而近似欧洲人的眼睛，正扫视着所有在场的人，似乎这孤独丝毫没有使他感到难堪不安；相反他正在察看地势，端详同伴，准备迎接新的任务和斗争。”

这位匈牙利记者的洞察力是深刻的。

参加此次宴会的外国记者宴席未散就纷纷抢先走出宴会厅，直奔近旁的邮电大楼，竞相向全世界发布这一重大新闻——邓小平复出了！

一时之间，邓小平复出成为海外人士评论中国问题的一个“热点”话题。有一家外国媒体形象地将邓小平称为“打不倒的小个子”。

邓小平的复出，让周恩来了却了一个心愿！他的心情略显轻松。

4月19日—24日，墨西哥总统刘易斯·埃切维里亚来华进行国事访问。周恩来陪同客人前往山西省昔阳县大寨访问。这一次，为了照顾总理的身体，邓大姐也随同一起来到大寨。

细心的大寨人也发现了周总理身体的变化，他明显地衰老了，很消瘦，就连精气神也不如以前那样饱满了。

但周恩来不顾身体患病，坚持要去看一看狼窝掌。他说：“到大寨来，不去看狼窝掌，就不能算来过大寨。”

当周总理陪同外宾要步行上虎头山视察时，陈永贵关心地说：“总理，可以坐车上山了，山上已修了盘山路。”总理说：“不坐车了，到了大寨就得有大寨精神，发扬大寨精神爬山哪！”

周恩来伫立山头上，被这眼前美景陶醉了，七沟八梁一面坡上长起了成片的果树，苹果、葡萄、梨、桃……酸枣树上嫁接的大红枣。周恩来沉思了一会儿，转过身来嘱咐大寨的领导：不要停步，还要多种树，要大力发展林业。如果水果销不掉，你们可以想办法加工成罐头出口嘛。

1973 年 4 月 23 日，周恩来陪同墨西哥总统到大寨。

周恩来第三次来到大寨，这也是他最后一次到大寨。

1973 年春天，周恩来再次到大寨在郭凤莲家里作客，怀抱她的儿子合影。

周恩来第三次访问大寨。

也是当年周恩来远见卓识的一席话，使得今天的大寨变成了花果山，大寨人出的水果罐头，行销全国各地，远销海外，就连广告也登上了中央电视台。今天大寨人的幸福生活也包含着周恩来当年的心血！

5月，心情舒畅的周恩来又去了一趟广东。在回来的专机上，身边的工作人员遇到了一件他们想也不敢想的事，那就是周总理主动提出和他们合影留念。

周恩来的摄影记者杜修贤记得，那一次他上飞机，刚卸下沉重的摄影箱，坐在舒适的座位上，飞机起飞后，睡意袭来，正在迷迷糊糊之中，突然张佐良跑过来，使劲地推他："老杜，快起来，总理要和我们合影！"

这怎么可能？总理一般是不轻易与身边的工作人员合影的。杜修贤以为张医生逗他，是想把他骗到他们那里打牌。可是张医生神情特别认真也非常着急："真的，总理真的要和我们合影！"

杜修贤提着相机跟张佐良来到周恩来的后舱。进去一看，周恩来身边已经聚集了不少人，有陪同出来的中央警卫局局长杨德中，还有总理身边的警卫、秘书，就连机组的乘务人员也在场。

大家一见杜修贤进来，马上让他拍照。杜修贤用眼神请示总理，是否可以？周恩来坐在座位上，手里拿着画报，他微微向杜修贤点点头。看来这次是周恩来主动提出的。

杜修贤马上放开手给大家拍合影，先是周恩来和杨德中合影，后是专机的女同志，再是男同志，最后才是身边的同志。杜修贤看看拍得差不多了，准备收机器，周恩来朝他招招手，"老杜，你还没有照呢？"

杜修贤心头一热，不由得回想起了第一次和周恩来合影的情景，

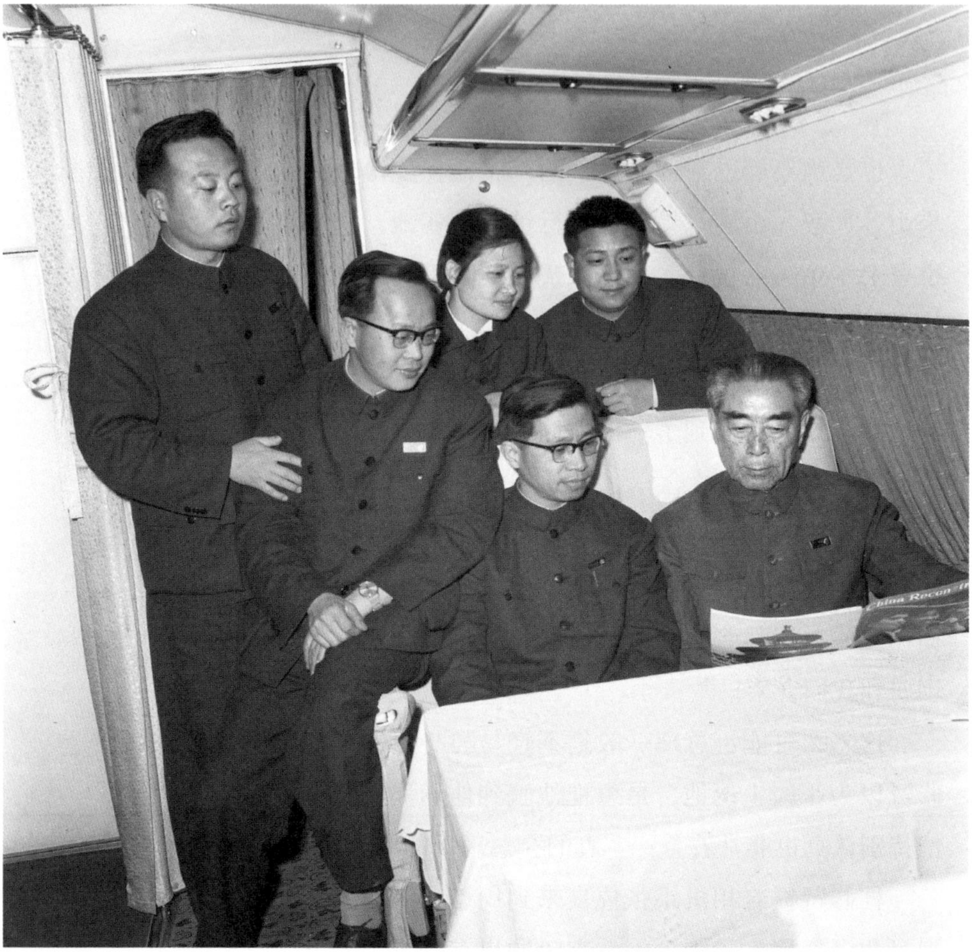

1973 年春，周恩来经过治疗，病情得以控制，在外出的途中与身边工作人员合影。

周恩来和中央警卫局局长杨德中在飞机上合影。

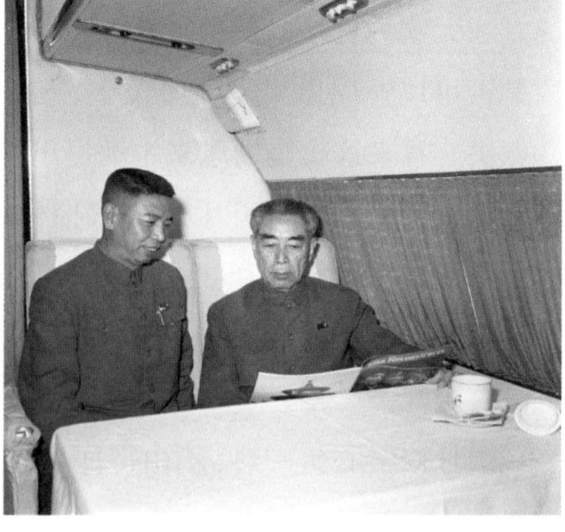

周恩来与摄影记者杜修贤在飞机上合影。

1960年夏天，杜修贤刚到周恩来身边成为周恩来的专职摄影师，与周恩来合影。

1963 年，杜修贤在中南海为领导人接见会议代表拍摄照片。

也是拍到最后，总理的提醒才使得他这个从不在镜头中出现的人有了一张与总理握手的合影。今天能有这样的机会，实在难得，他当然不能放过，赶紧把光圈、快门、焦距调好，交给卫士高振普，请他代劳。他毕恭毕敬坐在了总理身边的座位上，只听见“咔嚓”一声，快门开启，让他最幸福、最难忘的瞬间被定格在了胶片上。

这是杜修贤跟随周恩来 16 年里，第二次和总理单独合影，也是最后一次合影。

后来大家才知道，周恩来估计到自己所剩时间不多，以后坐专机的机会很少了，有意识地提出和大家合影。因为西花厅有个不成文的规矩，任何人不得提出和周恩来合影，更不能为他人提出这个要求。跟随周恩来多年的卫士只出现在工作镜头中，而没有一张单独与周恩来的合影。这一次，周恩来主动满足了大家想和他合影的愿望。

这张意外得来的合影成为每一个工作人员一生中最为宝贵的纪念。

直到今天，大家一想到周总理自己身患重病，却对大家心里的愿望体察入微，都忍不住要落下眼泪。

日理万机

1973年6月，周恩来因为30多个小时没有睡觉，疲劳过度的他第一次在卫生间里睡着了，手里还握着沾有肥皂沫和胡子茬的刮脸刀。

周恩来身边的工作人员分好几个行业，有秘书，有卫士，有服务员，有司机，有厨师，有内勤，有外勤，有警卫与医护。他尿血与患癌症的情况，只有医护人员和贴身卫士知道，其他工作人员并不知情。他们只是看到周恩来和以前一样没日没夜地工作。每天睡眠多则三四个小时，少则一两个小时，甚至几十个小时不合眼的时候都有。

自从周恩来从玉泉山治疗回到西花厅后，他回到了原来的工作状态，这让张医生也回到以前提心吊胆的状态中。当时纪东在秘书里是年纪最小的一个，他老是看见张医生劝总理作全面检查，而总理每次听到医生的好言相劝，眼神里都会透着不情愿，低声恳求医生："你们先不要忙，先让我忙过这一段。再说，查出癌症又有什么办法？我这么大岁数了，能多忙几天，多处理几件事就可以了。"

这个时候，往往都是以周恩来胜利告终。但是没两天，张佐良又来“拉锯”了，拉来拉去，磨来磨去，周恩来实在忍受不住反复“拉锯”，不得不去接受一次复查。

1973年6月，北京天气渐渐热了起来。从3月作了治疗，到6月夏天来临，几乎每一次复查，都是在“拉锯”中完成的。然而好景不长，5月从广州回来不久，周恩来尿液里又出现了红血球。如果这个时候能得到充分的休息还要好一些，病情也许能够逆转。可周恩来一如常年以往，日复一日地操劳，就在查出红血球不到一个月的时间，他多次连续工作20多个小时没合眼。有时候第一天和第二天连轴转，究竟处理了多少文件，接待了多少人，连秘书都糊涂了，算不清楚了。

6月初的一天，夜里一点多，秘书纪东忍不住走进总理的办公室。他看着手表提醒：“总理，时间不早了，还有14分钟。”因为越南外宾已经来华，要求马上就见周恩来，外事活动安排在半夜两点。周恩来似乎也累得不行了，觉得该歇口气了，很听话地站起了身子。

“唔，你们作准备，我刮个胡子。”周恩来身体微微一晃，又迅速恢复了以往那种快速敏捷的步伐。

只要刮胡子，就说明周恩来马上有外事活动，这已经成为习惯。周恩来在各种场合非常注重仪表整洁。他也要求身边工作人员这样做，说这是对人尊重，也是中国礼仪之邦的礼貌行为。

秘书一看所剩时间不多，看来周恩来又顾不上吃饭了。他马上给负责招待工作的领导打电话，让在会谈场所准备一点吃的东西。

秘书刚打完电话回来，就见客厅里人来人往的，大家都很着急地在找总理。

纪东一惊，这怎么可能呢，刚才还说去刮胡子，怎么会“失踪”了？

大家这才想起来去卫生间里寻找。

门推开的一刹那，所有人都怔住了，天哪！周总理真的就在卫生间！但是他已经没有力气刮胡子洗漱了，而是左手拿着毛巾，右手握着沾有肥皂沫和胡子茬的刮脸刀,歪着身子,倚在镜子前睡着了……

瘦削灰黄的面孔上是一双深深凹陷下去，紧紧闭着的眼睛。这是大家曾常常引以为荣的俊朗总理吗？知情的保健医生最为惊诧，这次复发，发现红血球才一个月，周恩来竟然如此快速地苍老，并且一眼就能感觉出这是一种病容。

大家站在门口，谁也不愿意上前叫醒总理。相互看看，感觉到每一个人的眼睛里就一个愿望——不要出声！

可是，不一会儿，周恩来双肩一动，睁开眼睛，他意识到自己睡着了，“哎呀”叫了一声，一脸愧疚，他赶紧迈腿就往外走，一边走一边抬手看表：“糟糕，我睡着了呢，迟到了，迟到了，这次怪我……”

“总理！”秘书小声地叫着追了上去，可又不敢追到他面前，像尾巴一样跟在他身后。因为秘书生怕自己走快了，会让总理更加着急。

周恩来来到钓鱼台，他将在这里会见越南外宾。外交部副部长韩念龙已经等候在那里，神情也有些着急了，迎上来就向周恩来汇报情况。

此时周恩来已经不分白天黑夜工作了30多个小时，怕周恩来太劳累，秘书刚想劝总理休息一会再工作，话没有出口，却发现周恩来那灰黄的脸色奇迹般地焕发了容光，正如他自己所说的那样：只有工作能够使人显出年轻。

接待人员轻轻走到周恩来身边，让他吃碗面条。

周恩来看看手表，觉得自己没时间吃饭，就没同意吃面条，但他提出能不能给他来两块咖啡糖？一来抵御饥饿，二是抵御疲倦。

1973 年夏，毛泽东、周恩来在中南海书房会见越南客人。

会谈开始，越南总理范文同是带着要求来的，会谈中越方不停地提条件，又不时出尔反尔，好像中国对他们只能是无条件无限制地提供援助，必须满足他们的一切要求才行。

因为他们为中国政府 1974 年向越南提供无偿援助方案的一封信，再次来华“讨价还价”。

这封信也经毛泽东、叶剑英、李先念等中央政治局成员审阅了。

周恩来在信中提出：这几年由于越南抗美救国战争规模扩大，我国援越的物资和外汇，也随着扩大。这次，越方提了一个估计值为 81 亿元人民币的大计划。这个计划太大了，也不切实际；不仅我们做不到，也不合他们急需。我们从越南实际出发，告以恢复和发展经济不是一年做得到的，要用几年时间计算。故现在先定金额为 25 亿元（包括外汇 1.3 亿美元在内）援助计划，然后再分类计算。

毛泽东批准并修改了这个援越方案。

一个要81亿元，一个只能给25亿元，可见距离之大，所以会谈进行得十分艰难。

周恩来饿着肚子，与越南外宾周旋谈判，只能不停地喝茶，但是随着时间推移，极度疲惫的神态越来越掩饰不住了，怎么办呢？周恩来想了一个办法，他借服务员上水的机会，小声吩咐："给我送条湿毛巾。"

服务员很快就用托盘送来了凉毛巾。周恩来拿过毛巾，在额头和眼窝的部位反复擦拭按摩，然后放回托盘，哑声说："谢谢。"

可是不到10分钟，周恩来又用眼色讨毛巾。女服务员上毛巾时，他小声请求："要热的，热一点。"

周恩来一边倾听范文同的喋喋不休，一边将热毛巾用力按在额头上。也许是热毛巾起了扩张血管的作用，大脑得到充分的供血，很快，周恩来恢复了谈判的睿智与敏捷，与范文同会谈句句反应敏捷，字字切中问题实质，迅速而有力地阐明道理，回答问题。

会谈从夜里两点一直进行到旭日东升。其间，每隔10分钟服务员便送上一次开水涮过的毛巾。

天色放亮，周恩来完成了谈判任务，要走了，两位递送热毛巾的女服务员却没有像往常那样丢下手里的活儿来送总理，而是默默地站立在放开水瓶的地方远远地望着。

接待的领导奇怪了，你们今天这怎么啦？个个像被霜打过的，蔫了。

原来两位年轻姑娘的手掌心在绞开水毛巾时，烫起一串晶明透亮的水泡，一碰就痛得钻心，她们生怕送总理时，与总理握手会被发现。

凭借两位服务员源源不断地送来滚烫的毛巾，周恩来艰难且顺利地拿下了这"一局"。

如愿以偿

1973年6月9日这一天，周恩来在阔别延安20多年后，终于又回到了曾经和毛泽东等领导人帷幄运筹、主宰中国命运、不是故乡却胜似故乡的黄土地！

与越南达成援助协议后，在京举行了签字仪式。按照惯例，外宾到北京后总要安排去祖国各地看看。这一次，周恩来决定安排越南客人到延安看看。两个目的，一是让“狮子大开口”的越南领导人看看我们还处于贫穷不发达的西部地方，我们的国际主义援助都是老百姓勒着裤腰带，从嘴里省出来的；第二个目的，全国解放以后周恩来一直没有回过延安，此时他也特别想去看看。他是从延安走出去的高层领袖中唯一回来看过的。

去延安，周恩来总是喜欢用“回”这个字眼，好像人们常说回家看看一样。

跟随前往的摄影记者杜修贤也是从陕北绥德参加革命的，后来到延安，因此他对延安也是充满了深厚的感情。那里的一草一木，都会激起许多革命者对延安岁月的回忆。

能和总理一起回延安，杜修贤心里别提多高兴了。

周恩来陪同越南客人访问延安。

1973 年夏天，周恩来陪同越南客人来到延安访问。

周恩来陪同越南外宾回到了阔别 20 多年的革命摇篮——延安。

在飞机的机舱里，周恩来一边和外宾交谈，一边倾了倾身子，双眼紧紧贴着机窗，忘情地凝视着这片特殊的土地……当一个呈Y形的山沟展现在飞机的机翼下时，他的眼睛不禁一亮，这个Y形的山沟就是共和国神圣的诞生地——延安。这也是周恩来日夜思念的“故乡”！

周恩来神情十分激动，这是他阔别延安20多年后，第一次回来看看，这片土地在毛泽东这一辈老革命家心中有着不是故乡胜似故乡的分量！

延河水、小米饭养育了革命的成功，也养育了共和国第一代的领袖们，可是却养育不富今天的延安人。这里仍然是一个十分贫穷的山沟沟。

周恩来与外宾在延安交际处住下。他顾不上休息，叫来警卫局的领导，无比深情地说：“延安，我已经20多年没有回来过了，这次回来，我要多看看。午饭吃了，我们就去宝塔山。”

跟随而来的警卫局局长，知道周恩来身患绝症，就劝他午饭后休息一下再去。可是他心情急切，摇摇头，执意不肯休息。警卫人员只好放下饭碗，就跟随周恩来一起来到宝塔山。周恩来围着斑驳陈旧的古塔细细地

办公厅

周恩来与越南外宾在延安与当地群众交谈。

周恩来与越南外宾在延安观看当地群众表演。

周恩来登上了宝塔山。

端详，他一圈一圈地走着，一会儿又转到一块红色木牌前，他停下脚步，微微眯起眼，一个字一个字地读，身后跟着的人觉得有趣，也凑到跟前看，原来是党中央在1949年从北京给延安政府的复电全文。

他边看边说：“党中央在延安13年啊，我这次要好好看看延安啊！”

周恩来转到山崖边时，远远眺望延安城，感叹道：“延安变化不小啊！1938年底，日本帝国主义的飞机开始轰炸延安，连续轰炸了两天，后来经常来轰炸，想炸平我们党中央的机关。我们那时住在凤凰山，没有炸到。可是延安城里损失非常严重，几乎不剩一间房子，满地碎砖烂瓦，只有山坡上的窑洞还能住人。不过敌人越轰炸，我们越强大，不仅学会了怎样防空，还用敌人的炸弹皮造武器。你们说，这不是我们的钢铁公司吗？”说到这，大家都笑了。

周恩来上宝塔山时，越南外宾正好被安排去其他地方参观，没有同来。周恩来就不让惊动延安保卫部门，宝塔山上也就没有实行警戒。周恩来和大家一起犹如旅游，十分自由。大家上山时，还不断遇到来宝塔山游玩的游人和老乡，也可能谁也没有想到一国总理会出现在这里，好几个老乡和周恩来擦肩而过，只顾埋头走路，也没有认出来。还是一个学生模样的后生眼尖，认出总理，兴奋地大叫：“总理来了！总理来了！”

一语惊四方！人们“哗”地拥了过来，越拥越多，他们都想亲眼看一看总理，和总理说说话。后面的人不断往前挤，前面的人谁也不肯后退。周恩来一下被人群“包围”。身边警卫人员拼出浑身的力气，好容易挤出一条通道，让周恩来上了汽车，可是周恩来上车后，却不让关车窗，他将手伸出窗外和群众握手……因为群众一

周恩来在延安对乡亲们谈如何发展生产。

周恩来在延安倾听农村社员的心里话。

周恩来和延安群众交谈。

周恩来在延安会见劳动模范。

周恩来在延安与当地老乡举行座谈。

直跟着周恩来的吉普车后面跑。周恩来就让司机开慢一些，车子开到延河边，因为不在汛期，河里只有涓涓细流，吉普车可以直接从河床上开过去，来的时候，汽车就是这样开过来的。没料到回去就不容易了，车子开到一半，车轮陷进了河床里，几次发动，车子都没有出来，警卫们和群众一起在车子后面推，但是只见车轮转，不见往前走。这时只见几个年轻汉子一挽袖子，弯腰一起使劲抬汽车，愣是将一吨多重的车子从泥潭里抬了出来，为防止汽车再陷泥潭，警卫人员和群众干脆一起将吉普车一直抬到了河的对岸。

周恩来感动地下车和大家一一握手、致谢，然后才依依不舍地开回驻地。到驻地后，周恩来见他的警卫们有的把鞋都挤掉了，浑身是泥水，连忙走过来，拉起一个战士的手说：“对不起，我给你

周恩来观看毛泽东旧居简介。

们闯了祸。”

解放前，周恩来在延安枣园住过很长时间，这次他陪外宾来枣园故地重游，情绪格外兴奋，走了一路说了一路，几十年前的事记得一清二楚。

当年毛泽东、周恩来、朱德、刘少奇等领导人在枣园上面的窑洞，一人一个院子，周恩来一一地看着保存完好的窑洞。当他走到一片杂草丛生的窑洞前，发现这曾是刘少奇居住的院子，窑洞前也没有牌子，也没有说明，更没人养护，与相隔不远的其他领导人院落相比，这里没有参观的人群，没有讲解员的介绍，只有荒芜与苍凉。周恩来走到这里，停了下来，久久地看着那个结了蜘蛛网的窑洞门窗，刚才的兴奋情绪一点点地消失了。他解开衬衣的纽扣，喉结滚动了

在延安，周恩来参观毛主席旧居。

周恩来与外宾在延安毛泽东旧居前留影。

几下，想说什么但咽了下去，没有说出来。

他沉闷地跟着大家走到枣园下面的平房前，这是红军到延安后盖的，是中央的办公用房。讲解员指着两间房子说："这里是周恩来秘书居住的房间。"

"不对，这是陈伯达住的房间。"周恩来当即更正讲解员的介绍。"是谁住过，就是谁住过！要尊重客观历史。"他终于忍不住了，说出了想说的话。

后来在延安革命纪念馆里，周恩来将纪念馆的负责人叫到跟前，对他们说："你们纪念馆里陈列的只有毛泽东、朱老总、任弼时、陈云和我的照片，这只是中央领导人的一部分人，还有许多当时领导人，如刘少奇、邓小平，还有许多老帅都没有。纪念馆是历史的记载，要符合客观历史。今天上午，我看见枣园里刘少奇的窑洞没有牌子，为什么不挂个牌子？现在不能连历史都不要了嘛！"

在场的人好像有点不敢相信自己的耳朵，这是总理讲的话？他们犹豫地问："可是这些人现在是被打倒的……"周恩来表情异常严肃："现在是现在，过去是过去。共产党人要尊重历史！"

刘少奇曾经住过的窑洞没有挂上牌子，周恩来说要尊重历史。

周恩来在延安大礼堂。

往事历历在目。

周恩来在延安纪念馆里参观。

周恩来在延安革命纪念馆里参观。他对纪念馆负责人说：纪念馆是历史的记载，要符合客观历史，不能连历史都不要了。

周恩来在延安纪念馆里观看当年的作战地图。

周恩来到延安后，一直在打听当年的邻居们现在都在什么地方，想看看他们。后来，周恩来听说一个邻居住的地方不远，就叫当地接待的人带他去看看。他走进这位老邻居的窑洞，一下沉默了，老乡家里一贫如洗，一看就知道日子过得很苦。尽管老乡拉着周恩来的手一再说，他们的日子比以前好过多了，能吃饱饭了。可是周恩来心情很沉重，一直没有松开他的眉结。

周恩来离开老乡窑洞时，一定要请老乡到他住的地方吃饭。

老乡一家人跟着周总理来到交际处宾馆，和周恩来一起吃了饭，端上来的主食是小米饭，当黄澄澄香喷喷的小米饭一端上桌，周恩来便让老乡一家人先吃。老乡一家也实诚，马上大口大口地咀嚼香甜的小米饭，吃到最后，老乡要了一碗白开水，将碗里的小米粒冲着喝了下去。周恩来看着眼眶红了，他吃不下饭，一颗泪珠从消瘦

周恩来在延安见到了当年的老邻居。

周恩来与当年的老邻居合影。

周恩来在延安邀请老邻居来吃饭。

的脸颊上滚落下来，滴在饭桌上。他怕被老乡发现，连忙擦去，埋头吃饭，但这滴泪珠没能瞒过老乡，他看见总理落泪了，心里发慌，悔不该大口吃饭，让总理知道他们的生活贫困吃不上细粮。老乡惶惶不安起来，不敢再添饭了。可周恩来却坚持为他们添了饭，让他们再多吃一点。这一回是老乡含着泪吃完了总理为他添的这碗饭！

当晚，周恩来在自己的房间和延安地区革命委员会的领导谈话，从晚上 10 点一直谈到 12 点，还没有结束。卫士长和卫士还有秘书都心急如焚，总理的病情经不起这样熬夜啊！

一直到深夜 1 点多钟，才见人陆续走出房间。大家赶紧进房间，想安顿总理睡下休息。摄影记者杜修贤也悄悄跟了进去，一进门，不由得停下脚步……只见周恩来沉着脸，眼神发直，情绪十分低沉，呆呆地坐在沙发里一动也不动。杜修贤情不自禁抓拍了一张周恩来神情凝重的照片，快门的咔嚓声，竟然都没有惊动他……

共和国的总理用什么报答养育过他们的延安父老乡亲？热情？讲话？指示？不。周恩来知道，延安的发展需要中央给政策，给优惠政策！可是，全国经济建设处在无序的混乱之中，中心工作不是搞经济，而是搞运动。这政策从何而来呢？难怪周恩来心事重重，非常不安。在不能给政策的情况下，他只能给延安当地领导立军令状，压担子，鼓励他们埋头苦干实干，千方百计带领群众改变贫穷落后的面貌。

那天夜里，周恩来究竟在沙发里坐了多久，谁也不知道。招待所值班的服务员只知道鸡都开始打鸣了，周恩来房间的窗户上还亮着灯，直到凌晨 3 点多，灯才熄灭。

6 月 10 日上午，周恩来带着依依惜别之情，告别延安。

招待所的服务员们知道周恩来要离开延安了，一早就来到了招

周恩来在西安与延安领导同志谈话后陷入了沉思。

待所，在门口不约而同地自动排成队，为周恩来送行。没有人要求，没有人通知。周恩来亲切地与每个服务员握手告别。

就在周恩来与服务员们握完手后，准备登车的一刹那，突然一个服务员噙着激动的泪花喊着：希望总理再回延安！

周恩来转身走回来，紧紧地握住这位服务员的手，再也抑制不住自己的感情，眼泪掉了下来。

1973 年夏天，周恩来在西安参观。

周恩来离开延安，没有直接回北京，而是到了西安，外宾已经先行离开回北京了。周恩来没有了接待任务，可他心情却没有轻松起来，依然心事重重的。原来他心里一直放不下延安。在西安这几天，又将延安地委书记叫到跟前，与省委书记一起开会，谈到延安农业生产落后时，他内疚地说："我们在中央，对延安工作关照不够。"接着他又提出延安三年改变面貌、五年粮食翻一番行不行？负责人

周恩来在西安。

周恩来在西安招待所前与人交谈。

回答：可以。他激动得一下子站了起来，竟然伸出手和地委负责人击掌。

周恩来十分激动也很动情地说：“五年粮食翻一番，我一定来！我一定来！只要我在世就一定来！”

就这样，周恩来一直反复叮咛，反复交代，直到他将所有能够想到的办法都一一说到，才稍稍有些舒心。

这次周恩来在西安住了好几天，跟服务员们结下深厚情意。服务员们用他们优质的服务赢得了周恩来的赞扬。当周恩来就要离开西安时，服务员们提出一个愿望，就是想和总理合影。于是他们找杜修贤，可是杜修贤也感到为难，他也清楚周恩来的“家规”，是不能随便提出合影要求的。没想到服务员们自有他们的办法，说他们就在周总理出门吃饭时，事先在门口台阶上排好队，不占用总理的时间。杜修贤觉得可行。果然总理一走出来，见大家错落有致整齐排在三个台阶上，不由得停下脚步，这时杜修贤就见机行事，告诉总理：他们想和你合影。

周恩来一听，爽快地答应。就这样，仅用两分钟便了却了大家的心愿。周恩来和宾馆服务员合影的消息传到在宾馆担任警卫的西安公安战士那里，他们羡慕得不得了，于是他们也如法炮制，用同样的办法，也得到了一张珍贵的合影。

在西安，周恩来与西安宾馆服务员合影。

在西安，周恩来与西安宾馆警卫人员合影。

再度受挫

一篇内参文章惹了祸，引发毛泽东对外交部的不满。周恩来作为主管，成为众矢之的。他不得不中断化疗，召集如此规模的会议来专讲“党内路线斗争”，并作自我检讨。

1973年6月，不能出远门的毛泽东依然沉浸在阅读古书的乐趣中。当然，毛泽东阅读已经不是一般意义的一阅一读而已，而是为了从历史中得到启发，并且运用在现实领导中。他以前提到过司马迁的《报任少卿书》，6月中旬专门布置了注释。

毛泽东和以往一样，总是喜欢正反手同时“出击”，在教育文革派“不戮一人”、“使之不疑”的同时，也要求曾在“文革”中受到冲击和磨难的老同志，要正确对待“文革”中所受到的打击，以司马迁含冤忍辱的史实安慰曾受到严重迫害的老同志，希望他们振作精神，重新投入革命。

就在毛泽东阅读古书、周恩来在延安故地重游时，远在美国正进行着一桩国际大事情，那就是苏联的勃列日涅夫访美，同尼克松签订了《美苏关于防止核战争协定》《美苏关于和平利用原子能协定》《关于进一步限制进攻性核武器谈判的基本原则》等13个协定。

周恩来从西安一回到北京便得知此事，如果美苏两个大国打破“冷战”状态，对中国是不利的。于是他与毛泽东紧急商量，并遵照毛泽东的意见，约见美国驻华联络处主任布鲁斯。

周恩来对布鲁斯说：“我们对美苏签订核协定等持怀疑的态度。历史表明，签订这类条约是靠不住的。现在苏联领导人访美，给人以两个大国主宰世界的印象。我们不怕孤立，首先不丧失立场。”

第二天，即6月26日，周恩来将谈话记录送与毛泽东，毛泽东看后呵呵一笑，他十分赞同周恩来的表态，说“这下腰杆硬，布鲁斯舒服了”。

但是外交部由此产生的一篇调研文章却让毛泽东不舒服了。因为文章调研的看法与他对形势的看法相差甚远。

外交部美大司主管与苏欧司主管为更好地研究苏联与美国签订条约的动向、意图乃至对世界的影响，他们根据周恩来“美苏关系问题是个大事，要注意分析、研究，提出看法”的要求，写了一篇调研文章，题为《对尼克松—勃列日涅夫会谈的初步看法》，6月25日刊登在外交部的《新情况》153期上。文章简要介绍了美苏会谈的情况并分析和评论了美苏签订协议后的国际形势，认为美苏会谈的“欺骗性更大”“美苏主宰世界的气氛更浓”。文章最后指出，美苏两家欺骗不了世界人民，要想主宰世界也做不到。

《新情况》是外交部新闻司编印、评述当前重大国际问题的内部刊物，供中央领导和外事部门参考。周恩来看到这篇文章后，觉得写得不错，高高兴兴地表扬了几句，令主笔人满怀欣喜。

他们哪里想得到，这篇分析世界形势的调研文章却为日后挨批埋下了祸根。几天后，这份影响面并不大的内部刊物引发了一场轩然大波。

推来大波浪的是毛泽东。

这期《新情况》到了毛泽东手里。他对文章中提到的“美苏会谈欺骗性更大”“美苏主宰世界的气氛更浓”的提法，特别不舒服，他虎下脸，严厉批评了这篇文章。

“外交部有一个什么《新情况》，先说大事不好，一说欺骗性更大，又说美苏主宰世界的气氛更浓。中央总是说国内外形势大好。一个大好，不是中好，也不是小好。而外交部说大事不好，欺骗性更大。”

“美国究竟重点东移，还是西移？我看多少西移一点吧！”

“我们经常说什么大动荡、大分化、大改组。忽然来一个大欺骗、大主宰。总而言之，思想方法上是看表面，不看实质。”

于是，毛泽东对这份与他分析国际形势不一致的文件，产生了抵触情绪，这情绪中也包括对周恩来纠“左”的不满。他没有约周恩来来谈话，却找来了张春桥、王洪文等谈话，以非常严厉的口气，指着这些小字辈们说：“你们年纪还不大，最好学点外文，免得上那些老爷们的当，受他们的骗以至上他们的贼船。结论是四句话：大事不讨论，小事天天送，此调不改动，势必搞修正。将来搞修正主义，莫说我事先没讲。”

当时外交部的人都喜欢戏称乔冠华和姬鹏飞为“乔老爷”“姬老爷”，毛泽东也经常在公开场合这样称呼他们。久而久之，只要一说“老爷”，大家就会想到这二位。但是大家没有想到“老爷们”这三个字也印在后来下发的正式文件上。

谈话中，毛泽东还没有忘记最近阅读的古籍，讲到批孔（丘）问题，表示不赞成骂秦始皇。认为林彪和国民党一样，都是“尊孔反法”。

张春桥一离开毛泽东住处，立刻打电话给周恩来，要求马上召开政治局会议，传达毛泽东的谈话内容。周恩来这时正在玉泉山定期作化疗。每次化疗，他都脸色苍白，一连几天吃不下饭睡不好觉，好像大病一场似的。可他接到电话没有丝毫犹豫，立即采取措施，让姬鹏飞外长在周恩来给毛泽东的检讨报告上再加了一句——“这些错误与我的政治认识和工作方法有关”，以减轻外交部的压力。第二天，即7月5日，周恩来按时到人民大会堂参加政治局会议，而且还要在会上做检讨，并主动承担责任。当天周恩来就将他的检讨和7月3日他为外交部领导主动承担责任的信一并送给毛泽东。

这一次，周恩来和以往一样，依然全力保护外交部领导的政治生命，不惜自己多受些委屈，多说一些违心的话。在后来的一个多月时间里，作为主管外交部的周恩来自然而然成了政治局会议上被江青等人重点攻击的对象。即使是这样的人身攻击也披着一个动人的外衣，美其名曰——“帮助恩来同志”。

被“帮助”的周恩来不得不中断正在进行的化疗，整日闷在办公室里写“大文章”。

他的保健大夫张佐良是这样回忆这段日子的：

我见他整日紧绷着脸，沉默少语，郁郁寡欢地思考着问题。在那些日子里，他很少到户外散步，乒乓球也不打了。身边人员常提醒他到户外呼吸新鲜空气，活动身子，他均未予理睬。

一向很注意修饰的周恩来，这期间，不理发，也不刮胡子。往日，周恩来起床后必定要正规地穿上中山装，不单扣好每一个纽扣，连领口也扣紧；即使不外出，在家里办公也如此。可是，他在写“文章”的日子里，成天穿着那件淡蓝色条子的毛巾睡袍坐在办公室里，这种不修边幅的样子是我来到西花厅后没有见过的。他不再神采奕奕、精神矍铄、步履矫健，而是失去了往日周恩来特有的风范。

大家心里都很难过，不知道总理为什么心情如此沉重，究竟发生了什么事情？对于周恩来的事，我们不知道就只能是不知道，有谁敢去打听个究竟？当然，我们即便是知道了些什么，肯定亦帮不了他的忙。

8月的北京正是酷暑难当，一天下午，周恩来在人民大会堂东大厅召集了中组部、中联部、中宣部、中调部、新华社、《人民日报》社等中央直属机关负责人开会，由他给大家讲建国前的“党内六次路线斗争史”。

那次会议允许中央负责同志的随员旁听，我亦有机会听了总理的讲话。我对党内多次“路线斗争”的历史不太熟悉，加之，会议中间我要去为总理做事，周恩来讲话时间比较长，讲了好几个小时，所以，给我留下深刻印象的是他那开场白的大意。

“今天，我请大家到这里来，是想跟你们讲讲我们党内在历史上几次重要的路线斗争。有‘左倾’错误，也有‘右倾’错误。这个问题，不久前，我在京西宾馆已经讲过一次了。”在长达三个多小时的讲话中，他不断地作自我检讨与自责。

参加会议的人中有不少老革命，他们熟悉党的历史。可以看得出来，他们在这长达三个多小时的会议中对周恩来的检讨、自责甚至自贬过多感到不甚理解，心里也不好受，因而会议开得较沉闷。我在那个会场里只不过是个小字辈，更理解不了周恩来花了那么大的精力作准备，召集这样规模的会议来专讲“党内路线斗争”，且主要是自我检讨，……心中不甚了了。

从张佐良这段文字可见，此时的周恩来背负着多么沉重的精神压力，心里该多么的悲凉与痛楚啊！

就连人民大会堂的服务员都看出了周恩来在挨整。他们私下议论：“他们明明是整总理嘛！”

其实，如此两难境地，周恩来经常遇到。他在1970年夏天曾经在办公室用铅笔写了几句戏文：做天难做二月天，蚕要暖和参要寒，种菜哥哥要落雨，采桑娘子要晴干。写下这几句戏文的时间正值庐山会议之前，可见他当时遇到困难有多大，内心是怎样的苦闷！这些苦闷与煎熬，周恩来从来都是一个人默默承受着。

但他就是在这样的“二月天”中，努力做到既要“下雨”又要“晴干”，直到将自己累病困倒。

如果说“文化大革命”给全国人民带来了深重的灾难，那么，周恩来在“文革”期间拼命工作、苦撑危局，也已经到了心力交瘁的地步。

委屈自己，痛苦自己，这并不是每个人都能做到的。有些人有健康的心脏，却包裹在狭小的胸膛里，有强壮的身体却没有硬朗的脊梁。然而，周恩来有病的心脏却在顽强不屈地跳动，虚弱的身躯坦然地承受起莫须有的屈辱！

周恩来在癌症与挨整的双重打击下，失去了最佳治疗时期和与之配合的良好心态。

今天的人们一定会思考，为什么毛泽东对一位处级干部写的内部调研文章，会表现出如此严厉的不满？并且是避开周恩来，首先找张春桥和王洪文谈这个事？原来，毛泽东认为，《对尼—勃会谈的初步看法》其实就是周恩来的看法，而毛泽东正好与周恩来在对美苏争夺与勾结问题的看法上是有所不同的，也触动了毛泽东心底的积虑。周恩来在“批林整风”运动中不懈地批判极“左”思潮，纠正某些“文革”错误，至今让他耿耿于怀，担心外交部在周恩来领导下会“右倾回潮”。

所以毛泽东要借此事给周恩来敲一下警钟。

迂回作战是毛泽东的性格特点，从他借古喻今搞运动就能说明这一特征。而今，这篇调研文章给他一个借题发挥的机会。

1973年8月5日，火热的夏天里，毛泽东用已经有些枯涩的情思，写了平生最后一首诗——《七律·读〈封建论〉呈郭老》：

劝君少骂秦始皇，焚坑事件须商量。祖龙魂死秦犹在，孔学名高实秕糠。百代犹行秦政法，《十批》不是好文章。熟读唐人《封建论》，不从子厚返文王。

这首最后的诗有幸写给了郭沫若，但不幸的是，最后一首诗同样带给了郭老一个黑色的记忆。

也就在同一天，毛泽东布置了《封建论》的注释任务。

从1973年8月至9月底，毛泽东相继布置的章炳麟的《秦献记》《秦政记》，王夫之的《读通鉴论·秦始皇》、韩愈的《石鼓歌》、柳宗元的《咏荆轲》这些要注释的古文，都是为了肯定秦始皇统一中国的历史功绩和“焚书坑儒”的必要性。

1973年9月23日，毛泽东在接见外宾时又说：我赞成秦始皇，不赞成孔夫子。

不久，中国大地上就掀起了一股批判孔子的政治旋风。

周恩来度过这场危机之后，他依然要工作，要在全国这盘棋上走好每一步。大事小事国事外事，样样都要过手处理。眼下，周恩来还有一件大事要办，那就是党的第十次全国代表大会即将召开，而周恩来要在大会上作政治报告。据说，这是周恩来入党半个世纪以来，第一次在党代会上作政治报告。

翻开党的十次代表大会记载，“政治报告”这一词在1946年党的第七次代表大会上才第一次使用，而毛泽东是第一个作政治报告的领导人，1956年召开的党的第八次代表大会上，作政治报告的领导人是刘少奇。“文革”期间，国家主席刘少奇与大批领导干部蒙冤被整，党的组织生活也陷入无序与停滞状态。到了1969年第九次代表大会才在北京召开，距离八大整整相隔了13年，这一次站在主席台作政治报告的人是大红大紫的“接班人”林彪。可是有谁会想到，距离九大才两年多时间，党的“接班人”一下子就沦为摔死在外蒙古大草原的叛逃者。1973年到了，按照党章规定，四年一次的党代会又要召开了，而这一次又是提前召开，那么谁担任政治报告的“主唱”者，也就成了高层的一件大事。毛泽东尽管年事已高，但他清楚代表中央作政治报告，不是政治局常委就能胜任的，无论是职位还是资历或者是权威都要是稳如泰山，无人可比的。那么符合这些条件的人，只能非周恩来莫属了。于是，周恩来这位入党半个世纪的开国总理，在刘少奇、林彪相继离开政治舞台之后，不得不用自己重病之躯承担起特殊时期的政治报告的宣讲。

大会召开的前两天，周恩来还遇到一桩似乎与大事无关的“小事”。

党代会在即，周恩来几乎天天要在人民大会堂参加会议。8月21日这天凌晨，周恩来从大会堂出来，他十分疲倦，坐在车里眯缝着眼睛想休息一会儿，但闭着眼睛的他对四周依然十分敏感，迷蒙中他发现长安街有些路段路灯停电。这让他不安，党代会召开在即，通往人民大会堂的大马路上的路灯怎么可以不亮呢？他一到西花厅，顾不上已经20小时没有休息，赶紧打电话召集时任中共北京市委书记、北京市革命委员会副主任的万里和北京市电力、公用、建设部门负责人开会，要求把首都供电系统建成一个安全、稳定的电网。在听取汇报时，他向万里询问北京淘粪工人、全国劳模时传祥的近况。得知时传祥因江青点名而受到迫害，已“遣送”回山东老家，周恩来难捺内心愤怒：“难道‘文化大革命’要打倒一个淘粪工人吗？”

周恩来内心这份严重的不理解由来已久，但将组织原则视为生命的周恩来只能委屈自己，理解的要执行，不理解的也要执行。如果可能，他就不会放过任何可以补救“文革”过失的机会。

万里有了周恩来的指示，马上让有关部门将时传祥接回来，并代表北京市革委会给他平反、道歉、治病。

一个停电事故，周恩来还给了北京一个光明之夜，也给一个清洁城市的老劳模清洗了冤屈。其实，像周恩来这样处理所谓的“小事”，却关系千家万户的大事，不知其数。

毛泽东所说“大事不讨论，小事天天送，此调不改动，势必搞修正”，在周恩来这里只能一笑了之，因为他的工作无法回避“天天送”，也是他的“不改动”，越往后，他被定位“搞修正”的可能性就越大。年底，周恩来又遇到更为严重的“危机”，毛泽东对周恩来的警钟再次“长鸣”。此事件不仅让周恩来遭受精神折磨，也使得身体受到重创，癌症再度复发，而且这一复发，就预示着周恩来再不可能成为一名幸运的癌症治愈者。不过这是后话。

忍辱负重

1973年10月，病情复发，出现尿血，意味着周恩来再没有治愈的可能。化疗中断，癌细胞再度抬头。血淤成块造成潴留尿。周恩来痛苦地翻滚。沉重的精神压力不期而至。

1973年8月24日至28日，中国共产党第十次全国代表大会在北京人民大会堂召开。

“十大”是因林彪集团的崩溃而被迫提前举行的。林彪死后，六位政治局委员被判定为反党集团的主要成员，很多的中央委员也被牵连进去，高层政治舞台上留下了许多空缺。如何填补这些高级领导留下的空间，显然是众人关注的。所以提前召开党代会势在必行。于是从1971年9月“林彪事件”发生后提出到召开，经过了两年的筹备。

因为这次大会是在非常复杂的政治背景下召开的，“文化大革命”以来的“左”的错误，自然要引起党内很多代表的不满。在“十大”预备会期间，有的代表对揪斗“走资派”的错误作法提出批评；还有的代表不同意将大鸣、大放、大字报、大辩论写入党章；老干部代表建议删去党章中“红卫兵”等一些名词；更为胆大的代表直

1973 年 8 月，毛泽东走进人民大会堂参加中国共产党第十次全国代表大会。

1973 年 8 月，毛泽东在中国共产党第十次全国代表大会上。

周恩来在整个大会过程中几乎没有笑脸，消瘦的脸庞上始终神态凝重。

复出后的邓小平和邓颖超坐在一起，参加党的第十次全国代表大会。

接质疑：究竟有没有真正的“死不改悔”的“走资派”？……这些来自代表的声音本来是正确的，但这些忧国忧民的心声却被王洪文、张春桥当作“不正确意见”印成会议通报，进行舆论宣传，敲山震虎，达到排除异己，压制不同声音的目的。

在这种政治高压态势之下，“十大”只能是重复“九大”的调子，沿着“九大”的路子往下走。无法也不可能深入地、具体地分析“林彪事件”发生的原因，更不要说同“文化大革命”联系起来进行经验教训总结了。

“十大”政治报告是张春桥负责主持起草的，由周恩来出面宣读。这之前，张春桥等人借口周恩来身患重病，想让他逐步边缘化，曾提议“十大”政治报告由王洪文宣读。毛泽东得知，马上大手一摆，没有同意。38 岁、还显得一脸稚气的王洪文才没有一步登天，登到

毛泽东与周恩来在大会上交谈，这也是他们最后一次一起出现在人民大会堂。

75岁、担任国务院总理长达24年的周恩来的前头去。

然而，王洪文步入中央政治局，与张、江、姚逐步形成政治团伙——也就是毛泽东后来所称的“四人帮”。身兼要职的王洪文无疑是江青一伙政治博弈中的一名重量级选手。

可见当时周恩来不仅身患重病，而且政治处境也很恶劣，在病魔与“人害”的挤压中，他一直坚挺着自己的身躯。周恩来在整个大会过程中几乎没有笑脸，消瘦的脸庞上始终神态凝重。可以想象，他很难很累也很憋屈，但他自始至终都是以无怨无悔、勤勤恳恳、绝不懈怠的姿态站立在中国的政坛上。如果说身患重病是身不由己，无法掌控的，那么政治处境的“重病”他是可以由得住自己，把得住舵的，更能镇得住的。“十大”后周恩来遇到了更大的政治风浪，江青一伙目的很明确就是想让周恩来“政治翻船”，但刮起十二级台风之后，发现周恩来依然不屈不挠，挺立船头。最后毛泽东发现了江青一伙的真实目的，指示“不能干扰总理工作”，张春桥等人只好草草收场。

可见，无人可以替代周恩来一国总理的位置，更无人可以随便将他置于“死地”。

“十大”与“九大”有一个共同的“亮点”，那就是“副主席”问题。“九大”林彪成为在党章中规定的副主席，而这一次主席台上出现了一个年轻的身影，那就是38岁的副主席王洪文。他不仅坐在毛泽东右侧，而且登台作了修改党章的报告。这是张春桥要求王洪文作政治报告遭到拒绝后，退而求其次，为王洪文争取来的政治“高度”。

8月23日，大会的前一天，周恩来主持由中共中央政治局召集的各省、市、自治区和中央党政军机关负责人协商中央领导机构成员的会议。这次会议就产生的新一届中央委员名单统一思想。

周恩来为让大家能够接受王洪文，说明自1971年“林彪事件”后，毛泽东多次表示要培养工人出身的王洪文做中央领导工作，让大家重视选拔青年干部，不能看不起“儿童团”的意愿。

经过周恩来反复做工作，这次会议通过新一届中央委员会委员、候补委员，以及中央领导机构成员名单。

所幸，周恩来寄予厚望的邓小平也在“十大”有了重要的位置。他被选为中央委员。这在中国政坛乱云飞渡的情况下，不能不说是一个不小的胜利，为后来党和人民危中取胜奠定了正义力量的基础。

“十大”与“九大”相隔4年，这次会议所有代表的目光都期待着再次看见伟大领袖毛泽东。

从“林彪事件”之后，毛泽东整整两年没有跨入人民大会堂。大会开幕那天，他在工作人员搀扶下，步履缓慢地登上了大会堂的主席台。他的身影刚一出现，全场与会代表马上起立，拼命地鼓掌，这种热烈而感人的掌声长时间在大会堂上空回荡。毛泽东不由得动情了，笑容漫上了面颊，他微笑着点头致意，在主席台中央属于他的位置上坐了下来……

这一次，毛泽东没有神采奕奕出现在全体代表的眼前，他日渐苍老的身影让代表们有些吃惊与意外，但在如此激动人心的时刻，大家没有时间去研究毛泽东的身体情况，更不可能去想象毛泽东会有老的一天，会有病入膏肓的临终日子。大家和以前一样，将对领袖的热爱全部融进了自己的巴掌，用尽全身的力气，拼命地鼓掌。

可能所有的代表谁也不会想到，此时此刻将是人民大会堂从1959年建成后，最后一次迎接毛泽东的到来。“十大”开幕式之后，毛泽东再没有到过人民大会堂。而周恩来与毛泽东同时出现在人民大会堂，这也是最后一次。

掌声平息后，毛泽东清了清喉咙，用大家熟悉的湖南口音，高声宣布大会开始。但他就说了“会—议—开—始”四个字便戛然而止，不再多说一个字。这与他以前主持任何一次会议都是不同的。毛泽东宣布完，代表们在下面敛声屏气，还仰着脑袋，眼巴巴地望着主席台，显然巴望许久的时刻，毛主席只有这四个字，实在是太少了，大家还在期待毛主席再讲几句。

坐在毛泽东左边的周恩来见状，没有马上起身作政治报告，而是扭脸先问毛泽东：“主席讲几句不讲？”

毛泽东摇摇头，他对着话筒说：请周恩来作报告和请王洪文讲话。

在周恩来与王洪文作报告时，毛泽东只是简单地插了一些话。

周恩来和王洪文的讲话用去了整整一个上午。主持会议的毛泽东依然没有开口讲话，而是简短地宣布：“报告完毕，今天就到此为止，散会！”

毛泽东虽然宣布了散会，他自己却坐着不动。

后来，毛泽东的护士长吴旭君就散会时的情况，作了这样的回忆：

> 宣布散会了，我看到主席两只手扶着椅子使劲往下压，他想让自己的身体能够支撑着站起来。于是我马上叫人过去搀扶他，并把椅子往后挪，好让他站稳。这时，台上台下长时间地鼓掌欢呼，持续了十分钟之久。我估计是总理发现主席的腿在颤抖，他让主席坐下，主席也就毫无顾忌地一下重重地坐到椅子上，一动也不动。而台下的代表仍一个劲地向毛主席欢呼。尽管总理打手势要大家赶快退场，代表们还是不肯离去。在这

种情况下，毛主席只得向代表们说：“你们不走，我也不好走。”根据我的判断，再让主席站起来是很困难了，但这时又不能让代表们知道主席身体的真实情况。于是我建议总理当场宣布：毛主席目送各位代表退场。总理采纳了我的建议。

在周恩来说完：请各位代表先行退场，毛主席要目送大家。

这一招果然有效。代表们这才依依不舍地离去。

毛泽东在台上和台下的人退场之后，才在工作人员搀扶下，吃力地站起身离开了会场。

毛泽东可能也意识到自己无法再出席这样隆重的大会。他也不希望自己以老态龙钟的模样出现在众人面前，下面几天的会议他再没有参加。

“十大”开幕式实际是毛泽东与人民大会堂的最后告别会。

8 月 28 日“十大”闭幕式上，周恩来宣布：“今天大会，毛主席请假，委托王洪文同志代表他投票。”

当上了党中央副主席的王洪文此时此刻似乎更为踌躇满志。

这次大会上，周恩来宣布了一个人们盼望已久的消息：“同志们，最近我们还要举行第四届全国人民代表大会。全国人民和各国革命人民对我们党、对我们国家寄托着很大的希望……”

因“林彪事件”整整中断了两年的四届人大筹备工作，再一次被提上了议事日程。然而，随后四届人大的筹备工作，仍然是风雨交加，阻力重重。

改弦更张

欢迎法国总统蓬皮杜的文艺晚会上，结束曲由“文革”以来一直使用的《大海航行靠舵手》临时改为《我们走在大路上》。对此改变，江青大为不满。

“十大”闭幕不久，法国总统乔治·蓬皮杜 9 月 11 日应邀来华访问。这也是中国外交活动中的一件大事。

1973 年 9 月 13 日——林彪坠机整整两周年的日子，当选中共中央副主席才十几天的王洪文与毛泽东的合影，第一次出现在了《人民日报》头版头条上。照片上可见毛泽东那间堆满古书的书房里，毛泽东、蓬皮杜居中，两侧为周恩来、王洪文。这样的外事安排，最清楚不过地向全世界表明了王洪文的接班人地位。

《人民日报》同时还刊登了新华社 9 月 12 日所发出的电讯，标题为《毛泽东主席会见法国总统乔治·蓬皮杜》。

> 毛泽东主席 9 月 12 日下午五时会见了法兰西共和国总统乔治·蓬皮杜。双方在无拘束的气氛中，就共同关心的问题广泛地交换了意见。

1973 年 9 月 11 日，周恩来在首都机场欢迎来中国访问的法国总统蓬皮杜。

法国外交国务秘书让·德利普科夫斯基参加了这次会见。

贵宾们由周恩来总理陪同来到毛主席住处，首先在门口受到王洪文副主席的接待。

毛主席、蓬皮杜总统见面时，双方长时间地握手。毛主席对蓬皮杜总统前来我国访问，表示热烈欢迎。蓬皮杜总统说：我为有机会同你见面，感到非常荣幸，因为你使世界改变了面貌。他还转达了戴高乐将军生前怀有的同毛主席会见的愿望。毛主席在随后的谈话中回顾说，十年前在戴高乐将军的推动下，法国在西欧国家中第一个同中国建立了完全的外交关系。他请蓬皮杜总统回国以后向所有他见过的法国朋友问候。

会见时在座的有王海容、唐闻生、齐宗华、罗旭。

这是王洪文有生以来第一次参加重大的外交活动；同时也是第一次走进毛泽东位于中南海游泳池的书房里。

王洪文当上中共中央副主席之初，毛泽东确实把这个年轻人当作助手培养，寄予了厚望，让他一次又一次参加会见外国首脑。每一次参加会见外国首脑，都是对王洪文的一次大宣传，他的名字出现在众多的电讯中，他的身影出现在照相机、电影摄影机、电视摄像机镜头前。那一段时间，他和毛泽东、周恩来、外国首脑的合影，印在中国的大报小报上，印在世界各国的报刊上。

王洪文一下子如日中天，在全世界享有了颇高的知名度。

按照惯例，外宾来中国，不分国家大小，只要是元首一级的，都要举行欢迎宴会和文艺晚会。法国总统更不会例外了，到达的当晚，周恩来在人民大会堂为蓬皮杜总统举行了欢迎宴会，他在讲话中说：中法两国社会制度不同，但是我们都愿意在和平共处五项原则的基础上发展相互关系，因此我们可以交朋友。又说，我们之间还有另一个重要的共同点，这就是我们都爱护自己的独立和主权，都不允许世界上有哪个超级大国来控制、干涉或侵犯我们，都反对超级大国垄断国际事务。

欢迎宴会之后是文艺晚会。

忙碌了一天的周恩来还要继续陪同蓬皮杜去出席专场文艺晚会。那个时候基本都是八个现代“样板”戏为主的内容，因为法国是一个艺术水准很高的国家，于是决定《红色娘子军》芭蕾舞剧作为演出的节目。江青作为“样板戏”的培植者，这样的专场绝对是要到位的，她既是主人身份也是艺术总监身份，和外宾一起欣赏的同时也是在一起分享她作为文艺旗手的辛苦与光荣。

但是，这次晚会结束时，发生了一件让江青恼火的事情。

晚会临近结束的时候，外交部礼宾司过来请示周恩来，是不是将原拟奏乐曲《大海航行靠舵手》改为由李劫夫谱曲的《我们走在大路上》？周恩来一听，几乎没加思索，便点头同意了。因为他认为，《大海航行靠舵手》与《我们走在大路上》旋律很近似，都很昂扬，但内容却有区别，同是对毛泽东的歌颂，但一个是崇拜，一个是热爱。所以周恩来非常赞同换一首结束曲。

晚会结束了，乐曲响起，对音乐十分敏感的江青立刻驻足倾听，她的脸色大变，马上追问为什么换曲子？毕竟《大海航行靠舵手》已经在中国大地上回响了七年之久，从中央到地方，只要是集会、演出等活动，结束时必放《大海航行靠舵手》，这个旋律响起就意味着活动的结束。早成铁律的曲子，突然更换，必然会引起江青的敏感。

参加当晚文艺晚会演出的是中国舞剧团，其负责人就是江青的亲信刘庆棠。他也很意外，当了解到是周恩来同意的，马上向江青汇报。江青这下可是气不打一处来。14日，法国总统还没有离开中国，她的长信就写好了，迫不及待向张春桥、姚文元和北京市市长吴德“告状”。她在信里强烈地表达了自己的不满与气愤：“在这样场合下犯这样的错误，实在令人气愤”，“这是为林彪一伙翻案的行为”。

当然，更换一首曲子还不足以掀起什么巨浪，再说《我们走在大路上》也是歌颂毛泽东的。因为江青不喜欢作曲者李劫夫，按照“江氏定律”——“封资修黑文艺战线”的艺术家，创作的作品必然也是“封资修”的毒草。好在“文革”已经进行了7年之久，因噎废食的举动不再时髦。江青想全盘否定一首内容健康旋律昂扬的歌曲，并不是一件很得人心的事。就连张春桥、姚文元也没有热烈响应，只是轻描淡写说了几句，算是安抚一下有些气急败坏的江青：息怒消气，此事不是原则大事。

江青发了一通火，见没人理睬这事，自己也就没什么劲了。

江青那边的愤怒并没有影响周恩来的心情。对于江青的为人，他太了解，遇到她不满意，让她发泄，可以完全装作没有听见。这一次，周恩来也是如此，你发你的火，我办我的事。

9月13日，周恩来与蓬皮杜在北京就广泛的国际问题举行会谈。会谈结束的第二天，周恩来陪同蓬皮杜一起乘坐专列前往山西大同参观访问。

周恩来毕竟是一国总理，他一旦离开北京，一定要对工作上作出安排。他和以前一样，行前，致信毛泽东，提出自己不在京时“拟请剑英同志代理我的工作”。

9月15日，周恩来陪同蓬皮杜前往大同市西北武州山南麓的云冈石窟参观。周恩来青年时代曾在法国留学，他会说些法语，当他

1973 年 9 月，周恩来陪法国外宾参观山西大同华严寺。

周恩来被华严寺的石碑深深吸引。

周恩来在大同华严寺观看经书。

周恩来在山西大同云冈石窟前与法国总统蓬皮杜进行交流。

1973 年 9 月，陪同法国外宾到山西大同云冈石窟参观。

周恩来与山西大同民众交谈。

周恩来聚精会神观看山西大同九龙壁。

周恩来在山西大同九龙壁前。

和蓬皮杜不是进行正式外交会谈时，不时会冒出一些法语，这让蓬皮杜感到很亲切。他们一路上谈笑风生，有时都不需要法语翻译齐宗华帮忙了。张医生在一边看见总理这样开心，心里也觉得一些宽慰，毕竟快乐是可以忘记病痛的，也可以减轻病情。

可是周恩来来到云冈石窟，他的心情一下子就沉重了，他看到石窟内一些佛像破损、风化严重，他不由得眉头紧锁。他顾不上参观，而是询问有关部门的修补规划。在得知详细修补规划后，为对外国记者有个交代，他特意将修补规划告知随行的中外记者：云冈石窟艺术，我们一定要想办法完好保存下来。刚才得知对此有一个十年修补规划，时间太长了。我们要在三年内把石窟修好。三年以后请你们再来这里参观。

当天下午，专机从厚重黄土上的北方城市山西太原机场起飞，飞往山清水秀、享有“上有天堂，下有苏杭”盛誉的浙江省省会杭州市。离开了山，来到了水边，这里是不是能让周恩来心旷神怡呢？

然而，周恩来陪同蓬皮杜游览西湖时，发现这个历史悠久的美丽湖泊上漂浮着大片的油污，就像美人脸上布满了雀斑。乘兴而来的周恩来此时很败兴，他痛心疾首地对陪同的当地领导说：“为了我们的子孙后代，留下一个风景如画的西湖吧。也为了让更多外宾在这胜似天堂的湖光山色中一饱眼福，今后西湖内不要再用机动船了，你们能不能做到？”直到大家一再表示一定保护西湖，让总理放心，周恩来这才不再念叨。

大家从西湖回来已经是中午。王洪文陪同外宾用餐。

周恩来便吩咐秘书：“今天中午，我请大家到‘楼外楼’去吃便饭。”

“楼外楼”菜馆是杭州西湖边著名的老字号餐馆，主要经营杭

周恩来陪同法国总统蓬皮杜游览杭州西湖。

州名菜，经常接待党和国家领导人。作为祖籍浙江绍兴的周恩来，“楼外楼”也是他经常光顾品尝家乡菜的地方。他们的经理、厨师和服务员一听到周总理要来请客的消息，都非常兴奋。服务员忙着把面临西湖的餐厅打扫得窗明几净，经理和厨师忙着商量菜单。11时左右，周恩来和随行人员谈笑风生地踱过西泠桥，漫步白堤，来到了“楼外楼”。

大家见周恩来好容易放松了，便在饭桌边争先恐后与总理碰杯。但是张医生知道总理的病情，他悄悄劝阻大家不要和总理多喝酒。哪知总理不答应，他主动与大家一一碰杯，一边碰杯还一边感谢他们完成了这次接待任务。

当周总理看到服务员端上一盘盘他最喜爱的家乡菜时，一边举筷品尝，一边又向大家介绍说：“好久没有吃到家乡菜了，大家也来尝尝，这是绍兴霉干菜蒸肉，豆芽菜，霉千张，味道不错的嘛！”

每上一道菜，周恩来便兴致勃勃地向大家介绍：这是杭州名菜，活杀活烧的西湖醋鱼；这是产自西湖的油爆大虾；这是叫化子鸡，都是北京人难得吃到的西湖佳肴哎。

饭后，周恩来叫秘书去结账。陪同一起来的省领导出来阻拦，说：“不必总理付了，由我们地方报销吧！”

这话不说还好，一说就让周恩来十分不高兴。他问省领导：今天我请大家，这钱怎么让你们去报销？当然由我付钱啰！

省领导知道周恩来的脾气，便示意店里的经理按照周总理的意思办。

店经理就收了10元钱。谁知周恩来还是不肯，当即对一位服务员说：“这许多菜十元钱怎么够呢？你们一定要按牌价收足。”

服务员只好又和经理商量，他们又收了5元钱。不料，又被周总理看到了，生气地说：谁请客吃饭谁付钱。总理请客吃饭，也要和一般顾客一样付钱嘛！

楼外楼的经理没办法，只好又收了5元钱。这样共收了20元钱。

大家离开后，经理和厨师还有服务员都感慨万分，深深为总理的这种廉洁奉公的精神感动得热泪盈眶，特别是从旧社会走过来的老厨师，他们哪里见过大官掏腰包自己请客这等事情的？

周恩来离开“楼外楼”后，心里老是不踏实，担心中午的饭钱支付不足。谁也没有想到他已经到杭州笕桥机场后，还是不忘这件事，硬是让秘书给机场值班人员再留10元钱，让他们转交给“楼外楼”，算作午餐的费用。

又是杭州笕桥机场，此情此景，让秘书不由得想起了不久前也是发生在杭州笕桥机场的一杯茶的故事。那是1972年2月27日，周恩来要陪同美国总统尼克松乘机离开杭州去上海访问。在美国客人到来之前，周恩来独自先到机场，了解飞机起飞前的准备工作，看望机场工作人员。周恩来来到停机场，同在场的机务人员一一握手，问寒问暖。回到候机大厅时，一位服务员给周恩来端上一杯热茶：“总理，请喝茶。”周恩来笑着接过茶，暖暖手。

当服务员转身欲走时，周恩来叫住了她，原来他让随行人员付给服务员一角钱的茶水钱。

服务员不肯收钱。

周恩来说：“一角钱一杯茶，人人都这样，我也不能例外。”服务员只好接过了一角钱。

在候机厅坐了一会儿，周恩来走向楼上贵宾室，临上楼前，他指着茶杯对服务员说：“这杯茶我带上去，还可以喝。可以吗？”

就这样，周恩来捧起茶杯，一直从楼下捧到楼上贵宾室，人们望着他远去的背影，一阵阵感动在心头翻涌。作为国家总理，喝一杯茶，还要付一角钱，微小之处洁身自守，这是一种怎样的素养与品德啊？

贵宾室的服务员见总理来了，非常高兴，赶紧为他泡茶，周恩来急忙劝阻，指了指自己手中的茶杯说："不要再泡第二杯了，不然浪费了。"

"楼外楼"的一顿饭，总理三次付费，共计30元。这让"楼外楼"所有人目瞪口呆，能有这么多吗？那个时候一般人的工资在20多元，30元是一个很大的数字了。"楼外楼"经理心里也不踏实了，于是决定按总理的吩咐去做，把当天午餐的饭菜，按照牌价单算了一下，总共19元5角。既然总理要求把他当作普通顾客，那么结账也应该和普通顾客一样，多收了就是"楼外楼"的失职。

周恩来远眺黄浦江。

1973 年 9 月，周恩来陪同法国外宾到上海，在黄浦江上凝视远方。

周恩来陪同法国总统蓬皮杜访问上海外滩。

就在周恩来陪同蓬皮杜抵达上海时，楼外楼的一封信寄往了北京国务院周总理办公室，里面装着“楼外楼”的菜价单和周总理他们的点菜单以及一份详细报告，多余的10元5角也通过银行寄到了北京。

下午，上海下起了小雨，周恩来冒雨为蓬皮杜送行。他在机场坚持不打雨伞，说打伞是对客人的不尊重。王洪文原来准备打伞的，可是他见总理不打伞，只好让人将伞收了起来，陪着总理一起淋雨。飞机起飞后，周恩来才拿了一把伞，可是这时他浑身已经湿透了，这让在一边的张医生又着急又无奈，只能巴望飞机快点起飞。

外宾离去后，周恩来不忘大家与他一起雨中送客，特意嘱咐机场给欢送的群众喝些姜汤，以防淋雨后感冒。

9月18日上午，周恩来坐着游轮来到黄浦江上，他坐在椅子上，手臂支撑着椅把，眺望着江面。

上海，对于周恩来是多么的熟悉与亲切，这里有他战斗的足迹，有他难忘的岁月。他领导过两次工人武装起义，领导过党中央上海机关在敌人的白色恐怖下工作。所以这次抱病而且是不治之症的身体到上海，他的情感自然会更加细腻且深邃。杜修贤情不自禁被总理这一

和国万岁
世界
蓬皮杜总统！
AU PRESIDENT GEORG
POMPIDOU
法 国
HOTES DISTIN

总统！
S POMPIDOU
HOTES
法 国

人民大团结万岁！
PEUPLES DU MONDE ENTIER

全世界人民大团结万岁！
VIVE LA GRANDE UNION DES PEUPLES DU MONDE ENTIER

界人民大团结万岁！
GRANDE

结万岁！

民大团结万岁！

1973 年 9 月，周恩来在上海虹桥机场坚持不打伞，冒雨送别法国总统蓬皮杜。

凝神的瞬间打动，他按下了快门。那神情是不是在心里向上海默默地告别？

快门之下，周恩来最后一次的上海之行成了永恒。

同日，中法联合公报发表。当晚，周恩来飞回北京。

自从蓬皮杜走后，王洪文与周恩来开始了一起会见外宾，并一起陪外宾去毛泽东住所的外交活动历程。

今天我们打开当年的外事活动报道，从王洪文的出镜率来看，毛泽东对王洪文的器重与培养是显而易见。

1973年9月23日下午，毛泽东会见阿拉伯埃及共和国副总统侯赛因·沙菲，进行两小时的交谈。在座的是周恩来和王洪文。

1973年10月13日下午，毛泽东会见加拿大总理皮埃尔·埃利奥特·特鲁多。参加会见是周恩来和王洪文。

1973年11月2日，毛泽东在中南海书房会见澳大利亚总理爱德华·高夫·惠特拉姆。陪同会见的依然是周恩来和王洪文。

5天之后的1973年11月7日，毛泽东会见塞拉勒窝内（今塞拉利昂）共和国总统史蒂文斯。坐在毛泽东两旁的还是周恩来和王洪文。

到了1973年12月9日，在毛泽东会见尼泊尔国王比兰德拉国王和皇后时，已参加过这样六次高级首脑会见的王洪文似乎已“久经考验”，能够轻松自然面对了，坐在那格子布沙发上，不再像最初几次正襟危坐，毕恭毕敬，而是跷着二郎腿，斜倚在那里，显得很放松，而抱病的周恩来，却依然严谨、端庄，一直保持外交场合的容姿。

“毛、周、王”的阵营会见外宾模式，进行了十次，一直持续到1974年上半年周恩来住院为止。

经过如此频繁的报道与宣传，王洪文在外国人的眼睛里无疑是

1973年10月底，周恩来设宴欢迎澳大利亚总理。

1973 年，周恩来和毛泽东一起在中南海书房会见外宾。

冉冉升起的一颗政坛新星，在国内也俨然成了党中央未来的一把手。有一位英国记者是这样描绘这位中国接班人的：

> 三十八岁的上海造反领袖王洪文，已明白无疑地成为毛的继承人。毛在中共十大之后每一次会见外国首脑，坐在他的两侧总是周和王。周已七十五岁，是毛的同辈战友。因此，毛用这种特殊的方式，向全世界表明，王是他的接班人。未来的中国，是王洪文的中国。毛显然已经吸取林彪事件的教训，不再把接班人的名字写入中共党章。但是，毛仍明确地指定了自己的接班人。因为毛毕竟已是八十老翁，随时都可能发生意外。毛在生前指定接班人，为的是在他突然亡故时，可以使人口众多、派系纷争激烈的中国，有一个众所公认的领袖，避免中国的内战和混乱。……

岁月留痕

洛阳之行是周恩来和大自然进行的最后一次交流，从此他停止了视察大江南北的足迹。周恩来在龙门石窟反复看了半天拓片，最终还是因为没有凑足500元而依依不舍地离去。

转眼到了1973年10月，正是秋高气爽的季节，周恩来觉得自己的身体还不错，于是又陪同加拿大总理特鲁多一行前往河南洛阳访问。

14日上午11时30分，专列准时开进洛阳车站，映入眼帘的是五彩缤纷的欢迎队伍。自从周恩来去年查出癌症后，特别容易疲倦，身体也日渐消瘦，但周恩来向来有很强的自制力，只要在公开场合，他总是及时调整好自己的情绪，表现出良好的精神状态。这次他尽管十分疲劳，但下车向欢迎的群众挥手致意时依然笑容满面，和站在欢迎队伍前列的省、市委负责同志握手时也和以前一样，目光直视对方，手掌有力一握，让人感受到他由衷的热诚和真挚。

周恩来陪同贵宾来到洛阳友谊宾馆。周恩来按照礼节将贵宾送到房间休息后，才回自己的房间。在路过一个长廊时，见两旁花池里的花株一片枯黄，就问："这是什么花？"

身边一个同志答道："是牡丹花。"

"牡丹花，几月开？"

"四月底五月初开。"

"我来得不是时候啊，明年五一我来看牡丹。"此时的周恩来心中有着无数的明年，他哪里知道无情的病魔正在一天一天走进他身体深处……

下午，杜修贤带着照相机，跟随周恩来驱车前往著名的雕刻艺术宝库龙门石窟游览参观。

龙门在洛阳市南二十五华里的伊水之滨。青山对峙，伊水北流，远望如阙，故称"伊阙"。东西两山自北魏迄于唐宋，开凿了大小窟龛两千多个，雕造精选的佛像有十万多尊，镌刻造像题记和碑铭三千六百余品，自古就是游人荟萃的胜地。

1973年10月，周恩来陪外宾来到河南洛阳。

1973 年 10 月，周恩来来到河南洛阳，这是他最后一次外出视察。

周恩来和宾客在龙门下车后，可能是阳光太刺眼，他用手在眼眉上搭了个凉棚，环视四周风光，一边是碧波荡漾的河水，一边依山是密密麻麻的石窟。的确，这是一处少见的精美古迹。周恩来脸上露出了欣慰的微笑，这样的闲情逸致在一国总理日程中实在太少太少。往往这个时候，周恩来总是表现出流连山水的神情。

他陪同外宾顺着伊水岸旁的大路向南走去，看着碧波粼粼的河水自言自语地说："伊水，这是伊水啊！"

周恩来漫步来到禹王池旁，看到泉水涌起的涟漪在阳光下闪闪泛光，就问："这水很好吧？"

"这泉水四季恒温，常年都是 20 度。"工作人员回答道。

周恩来好奇地弯腰蹲下身子，把手伸到水里划了划，点了点头，"是，温温的。"

周恩来和贵宾走进宾阳中洞。这个石窟是北魏迁都洛阳后，宣武帝元恪为孝文帝元宏和文昭皇太后营造的早期洞窟之一，本尊雕像是释迦牟尼，窟顶刻着华丽的莲花宝盖，挺健飘逸的伎乐飞天迎风翱翔，是北魏的代表作。当讲解员讲到洞口两壁有名的"帝后礼佛图"浮雕在 1934 年被帝国主义分子普爱伦贿赂国民党政府，勾结奸商盗凿走的时候，周恩来脸上浮现了气愤神情，嘴里不断地说："可耻！可耻！"

看了宾阳洞，来到禹王台。这里正在出售龙门碑刻拓片，周恩来好奇地问："这是什么？"当他知道这是魏碑拓片时，就拿起一套散发着墨香的拓片反复地看，有些爱不释手。他问："多少钱一套？"

"500 块。"

周恩来扭头问身旁的秘书带了多少钱？秘书面露难色，轻声说带得不多。周恩来又问了几个同志，都说带得不够。大家凑了一下，

1973 年 10 月，周恩来陪同加拿大外宾在洛阳龙门石窟参观。

1973 年 10 月，周恩来在河南洛阳与当地民众交谈。

也没有凑够。于是秘书向周恩来建议："是否到北京汇钱来，请他们寄一份……"

周恩来赶紧摆手制止秘书别再往下说。"不行，那样做，他们就不收钱了。"

周恩来的举动让旁边的市委领导看见了，他的脸上有些挂不住了，心想总理喜欢我们石窟的拓片，这可是我们洛阳的骄傲，偌大的一个古都给总理送一套拓片都送不起，也太寒碜了吧？于是他向总理提出：我们送一套！

"嗯——"周恩来马上警觉地望着这位领导，口气非常严肃："怎么能这样呢？"

市委领导不好再提"送"了，因为这是周恩来最忌讳的"礼节"之一，也是他铁的纪律，更是他的原则。

周恩来反复看了半天拓片，最终还是因为没有凑足500元而依依不舍地离去。

大家心里酸酸的，却无能为力，身边的人都知道，周恩来绝不可能带走一样送的礼品，即使出访国外，外国元首送给他的礼品，回国后他也要统统上交外交部礼宾司，自己决不留一样礼品在身边。不仅自己不留，身边工作人员接受的礼品也一律上交，跟他出访除了外表风光外，实惠的内容一样没有，清白和紧张，就是那个时候工作人员最独特的感受。

石窟山壁下有一个潜溪寺，紧邻它的石壁有一块清代草书碑。周恩来在石碑前问省外办的一位同志："你知道这是什么人写的吗？"

"不知道……我不懂这方面的东西。"这位同志脸有些微红，感到不好意思。

周恩来说："这是清代一位进士写的。"

看罢潜溪寺，来到万佛洞。周恩来在万佛洞又琅琅背诵出了骆宾王的《讨武曌檄》。大家惊讶不已，心里太敬佩总理了，他学识真是太渊博了，而且有着惊人的记忆力，从古至今的事情没有他不知道的。

接着，周恩来陪同贵宾又连续看了莲花洞、古阳洞、药方洞。走累了，大家便在奉先寺下边稍事休息。

休息时，加拿大总理特鲁多高兴地向周恩来讲起他小时候的幻想，说他小时候就喜欢考古，爱好研究，曾经想从加拿大地下挖个洞到中国来。大家不由得被这个外国总理天真的幻想逗得哈哈大笑。周恩来也一阵大笑，但他毕竟是出色的外交家，话锋一转："这说明你很早就想了解中国，研究中国的历史，和中国友好往来。今天你的梦想实现了。"

周恩来在河边沉思

周恩来与加拿大客人在龙门石窟大佛前合影留念。

大家一阵谈笑后，就信步走上奉先寺的石阶。

奉先寺是龙门唐代石窟中规模最大、雕刻最精美的重要石窟。中间的“卢舍那佛”高达十七米多，一个耳朵就将近两米高。卢舍那佛的宁静庄严，弟子的虔诚持重，菩萨的端严矜持，天王力士的刚健暴烈都刻画得栩栩如生。面对历史巨匠的精美作品，作为今天的人们心情并不轻松，因为“文革”中许多文物都遭到“破四旧”的洗劫，许多佛像被打砸得面目全非，残缺不全。外宾们一边参观一边惋惜，然而他们并不知道佛像是近期被破坏的，还以为是毁于战火。

对于佛像的遭遇，周恩来心知肚明，从进入展厅，脸上就没有了微笑，神情越来越凝重，他默默站立在这些宏伟的也是支离破碎的石像前。他对文物所的同志说，古人留下的不仅是文物，更是中华民族的文化遗产，我们要精心保护啊。不然对不起先人，也对不起后人啊。

由龙门石窟回到宾馆，已是下午四点多钟。一到宾馆，一直跟在周恩来身后的保健大夫张佐良赶紧递给他一片药，请他服下。因为在这些人中间，他是知道周恩来病情的人，对于总理的身体情况，他也是最担心的，时刻记着总理服药的时间。

周恩来接过药片，没等送到嘴边，药片突然从手指缝掉在地下，不知滚到哪里去了。

保健大夫要再拿一片，可周恩来不让。他和大家一起在地毯和沙发下找，小小药片好像和大家捉迷藏，几个人一起找，就是找不到。

张医生拿着药瓶劝总理说：“别找了，还是再换一片吧。”

周恩来不肯：“不，再找找，这药是进口的，太贵了。要注意节约啊！”大家只好又找起来。突然，周恩来指着北边的沙发，高兴地说："在这里，在沙发底下。"

服务员移开沙发，把药片捡起来，周恩来伸手接了过去。服务员心想，药片已经脏了，不能让总理再吃，忙说："总理，这药……"周恩来却说："没事，没事。"用手帕把药擦了擦就放在口中服了下去。

周恩来服罢药进里面卧室休息，他坐在床边吩咐说："六点半走，提前叫我。"说了拉起被子正要躺下，看看自己的脚上还穿着皮鞋，又看看干净的床铺，犹豫了一下。服务员马上明白了总理的心思——因为时间短，穿鞋费时间，他不想脱鞋子了。机灵的服务员拿来条浴巾，垫在放脚的地方。周恩来看了觉得不行，服务员忙说："总理，放上去吧，脏了洗洗就行了。"周恩来这才小心地躺下盖上被子。他拖着病体，走了那么多路，实在太疲惫了，而这个小休，也只有半个小时。

时针走得太快了，眨眼快到6点钟。

周恩来嘱咐提前叫他。但是，大家总想让总理多睡一会儿，就眼睛一眨不眨盯着钟表的时针，静静地一秒一秒地读，当大家在外间数到6点25分时，只听见里屋一声"哎呀"，秘书进去一看，周恩来已经坐了起来，正在看手表："就剩五分钟了！让你们提前叫我，为什么不叫呢？我是来陪外宾的，外事活动我们要带头遵守纪律。以后可不要这样了。"

大家谁也不申辩理由，觉得让总理多睡了一会儿，挨点批评也值得。

周恩来和外宾就要走了，和来时一样，他和地方负责人一一握手告别，表示谢意。大家说："欢迎总理再来洛阳！"

周恩来一高兴，提高嗓门回答："明年'五一'我来洛阳看牡丹！"

然而，谁也没有想到，第二年“五一”，牡丹花期将至，周恩来却病情加重，即将住院。为中国革命奋斗奔波了一生的周恩来，把他最后的足迹留在了牡丹的故乡，“明年我来洛阳看牡丹”的承诺，也成了永远无法兑现的遗憾。

周恩来回到北京后，医生们还是和以前一样，对尿的检查十分严格，因为观察尿色是最直接掌握病情的方法，跟随身边的张医生每隔两三小时就提醒总理解手。

十月底的一天，周恩来在大会堂福建厅约人谈话。张医生发现总理已经好几个小时没有解手了，应该进去催促一下。他一进会议室，周恩来马上意识到是提醒他该解手了，所以没有等医生说话，便主动起身去了卫生间。

周恩来解手出来，看了医生一眼，什么也没有说，快步走向座位。可这一眼，却叫熟悉他的医生心跳加快，这是什么样的眼神？这么古怪？医生随后一步冲进卫生间，完了……尿血……只觉得脑子“轰”的一声，整个房间都在眼前晃动。

张医生第一反应就是赶紧给总理服镇静药，怕他心脏出问题，然后写了个条子给在场参加会见的叶剑英：叶帅，总理刚才小便出血，看来已经复发。

这一个“复发”之词，意味着周恩来很可能不再属于三分之一治愈的病例！叶帅深知其词语的分量。

不一会儿，叶帅神情紧张地走出来问张医生：“怎么回事？张大夫，总理怎么了？”

张医生将刚才发生的情况向叶帅汇报，说到总理最近心情不好，拒绝化疗，癌细胞又抬头时，只听见叶帅长长的叹气声。

“别紧张，要沉住气，我来想办法，我来想办法。”说真话，此时此刻叶帅就是他们医生的坚强后盾。如果不是这样，他们的肩膀真不知道能不能扛住这个严酷的现实。

厄运又一次降临在周恩来头上，癌症复发的痛苦远远比初期发病要严重得多，这次出血比以前任何一次都要迅猛，量也多。每天失血达 100CC 以上。这样严重的病情不要说是发生在一个七旬老人身上，就是年轻力壮的人也吃不住劲的。

按照常规，癌症病人手术后应该住院进行化疗，巩固治疗。可是医生面对的是一个特殊病人，一个日理万机的一国总理。他不仅要处理国内各行各业的大量重大事情，还要处理外交事务。只要是外国首脑来中国，周恩来必须出面接见或者亲自陪同。

从 1973 年 3 月第一次手术，仅半年时间，他陪同外宾走访了大寨、延安、西安、洛阳等地。所以医生们对总理只好破例，一切按特别情况处理，让周恩来的化疗在西花厅进行，如果遇到工作繁忙，化疗只好采用见缝插针的办法，随机进行。

风波再起

局势再次发生戏剧性变化，毛泽东由批周到惜周，进而听从周恩来建议，请邓小平回政治局。

“十大”之后，尽管毛泽东对“四人帮”的活动有所警觉，多次警告他们“不要搞四人帮”“不要搞小宗派”，并提议中央政治局多次开会批评“四人帮”，解决他们的问题；但这样的批评也只是一时管用，身患重病的周恩来，他的日子并没有因此而得到丝毫的轻松。因为“四人帮”采用阳奉阴违的方法，不断欺骗毛泽东，迫不及待借此加快权力的巩固与势力范围的扩大。

这时又发生了一个意外的事情，使得周恩来的治疗方案更加难以实现。

1973年11月10日至14日，美国国务卿基辛格再次访华，这是他短短两年多时间里第六次访华。周恩来抱病接见了他和他的随行人员，与基辛格举行了多次会谈。

在基辛格访华前，中美两国政府已经相互设立办事处，两国的国旗首次在对方首都的上空升起。周恩来就基辛格来华可能触及的敏感问题和毛泽东交换了意见，并统一了看法。

1971 年，基辛格秘密访华，周恩来在钓鱼台会见他。

1971 年，基辛格第二次访华，为尼克松正式访问中国打前站，在北京与儿童在一起。

基辛格这次到北京的第三天，毛泽东就在游泳池书房会见了他。这次会谈给毛泽东心里留下了不快，这个不快有6月25日刊登在外交部的《新情况》153期上那篇文章留下的阴影，文章中提到的美苏会谈的“欺骗性更大”“美苏主宰世界的气氛更浓”与毛泽东分析世界形势不符合，在他的心中，中国形势一片大好，在国际大家庭中，中国是站在援助者的立场上支援世界革命的，怎么能让美苏两个大国抢占了风头呢?

会谈时基辛格说：“我已经公开对你们总理和大使讲过，我认为他们（指苏联）特别要摧毁你们的核能力。”“我们已经决定不允许中国的安全遭到破坏。”

毛泽东说：“它那个野心跟它的能力是矛盾的。”按毛泽东的

1972年2月，基辛格陪尼克松访华。

理解，基辛格这番话的用意是，如果苏联要进攻中国，美国愿意给中国以帮助，而不是美国深感苏联对它的压力，需要求助于中国。这也使毛泽东感到不快。求助于人与让人求助，是不一样的。毛泽东要的是后者而不是前者。

而中国一旦同意求助美国，就意味着中国纳入美国核保护伞之下，那么已经在美国核保护伞之下的台湾也势必在内。因为两国建交的核心矛盾仍集中在台湾问题上。“一个中国”这是中国政府绝对的原则立场问题，绝不可能在这上面做丝毫的让步。所以毛泽东对此高度警觉，他在台湾问题上对基辛格说：“应把美国跟我们的关系，同我们跟台湾的关系分开。”

言下之意，我们和你们是两国关系，我们和台湾是一国关系。

你不要把水搅浑了，想借机浑水摸鱼。

的确，美国政府既想和中国建交，又不想丢掉几十年苦心经营的地盘和伙伴。但是多次与中国会谈，发现正面进攻不行，就采用迂回进击的方式，试图寻求一种中立解决的途径，于是出现了如果苏联对中国动武，中国是否需要美国帮助的问题，名为帮助中国，实为继续拉着台湾。如果此道可通，意味着中国政府在对台湾问题上做出了某种让步。

可这世上哪能都让你一个人全称心如意呢？

11月14日凌晨，周恩来、叶剑英同基辛格举行了第4次正式会谈，商定了“会谈公报”的措辞。结束会谈前，基辛格试探性地问道：“如果苏联准备对中国的核设施进行‘外科手术’加以摧毁的行动，中国希望美国做些什么？”周恩来说：“我们还要考虑。我们要报

周恩来等人会见基辛格。

1973 年 2 月 17 日，毛泽东、周恩来会见基辛格。

1973 年 2 月 17 日，毛泽东、周恩来会见基辛格。毛泽东向基辛格博士竖起食指，强调“世界上只有一个中国”的观点。

1973 年 11 月，周恩来在机场迎接基辛格。

告毛主席，一切由毛主席决定。”

因为周恩来在陪同基辛格与毛泽东会见时，深知毛泽东对基辛格暗示美国可以帮助中国对抗苏联的不快。

基辛格见在周恩来这里也是打不开缺口，就不再多说了，至此，会谈结束。14日，《中美公报》发表，基本确定了建交的日期。15日上午基辛格将离华回国。

按理，基辛格此次访问基本尘埃落定，不会再有什么大的举动了。可是基辛格却很闹心，几天的访问，台湾问题越来越棘手，丝毫没有进展，竟成了他心头日渐沉重的心病。他在多方接触试探后，不但没有找到突破口，反而被中国外交家无懈可击的“台湾是中国不可分割的一部分”的硬道理搞得无从开口。

负有重要使命的基辛格怎能甘心就这样离去？就在他要离开中国前几个小时，突然提出要拜见周恩来。得到消息，周恩来马上打电话请示毛泽东，是否可以进行这次会谈？

周恩来有点忐忑不安，不知主席睡了没有？反馈回来的答复不出他所料：“主席才睡，服了几次安眠药才睡着的，现在说什么也不能叫醒主席。”

自从毛泽东身患重病后，病情和情绪一直不稳定，睡眠对于晚年的毛泽东，是件十分痛苦的事情，也是一件重大的事情，每次睡眠犹如面临大敌，要经过一番痛苦折磨，才能入睡。

周恩来深知毛泽东的病情。他反背双手，来回踱步，沉思良久后，决定和叶剑英一起会见基辛格。

基辛格决然想不到，他的冒昧行为会给周恩来日后的工作带来什么样的被动局面和不必要的麻烦。

会见时，基辛格再次提出前述那个问题。周恩来则按照原定的会谈口径回答：此事需要进一步考虑，等以后再说，并强调一切需请示毛主席再作决定。

请示毛泽东再作决定，这是周恩来一贯遵循的原则。周恩来的上述回答在《基辛格秘录》一书中也得到了印证。书中的“会谈备忘录”一节写道：“周总理：而且因为这是一个十分具体和十分复杂的问题，在同你方协商之前，我们需要作进一步的研究。”

基辛格最后努力没有收到成效，他也无计可施了，只能带着遗憾也带着中国总理和元帅的“谢谢”外交辞令离开了中国。

上午，周恩来来到“游泳池”，将会见谈话内容报告给已经起身的毛泽东。毛泽东静静听完了汇报后，没有提出什么不妥，他收下了书面报告，和以往一样起身目送周恩来走出书房的大门。可是第二天周恩来就得到消息，外交部有人在毛泽东处说他对外谈话说错了话，接着江青一伙将问题进一步上纲上线，说周恩来自作主张接待基辛格，这不符合外交原则，再说接待计划中也没有基辛格回拜周恩来这一项活动，而且他们还对基辛格说“谢谢”之类投降性的软骨头话。

前面所说，毛泽东本来对基辛格的“求助”提议就不快，再听说周恩来私见基辛格，更加不快，于是大发雷霆：这次中美会谈公报并不怎么样，有人要借我们一把伞，我们就是不要这把伞，这是一把核保护伞。

毛泽东发话了，江青高兴了。因为她心里有更多的不快。那就是邓小平从一个“党内第二号走资派”一跃成为国务院副总理，这绝对大大地触及了江青团伙的政治利益，而把邓小平推上来的正是周恩来。就在基辛格访华期间，还发生了一件让江青不快的事情。11月13日，由对外友协编印的《外事活动简报》原来只印发周恩来、江青二人审阅，可是江青想为她的“同伙”争取“待遇”，就以批示形式向周恩来提出：“这类简报，建议也送春桥，文元同志。”

既然江青要扩大简报阅读范围，周恩来干脆借此扩大得更开一些。当日周恩来就批告外交部：“请从今起，外事活动简报，一律印送主席、政治局在京全体同志，及有关各部、委、组，望通知友协照办。”

江青“偷鸡不成蚀一把米”，原想让她的人也吃上“小灶”，结果不仅没吃上，还把她的“小灶”变成了“大灶”，心里正好窝着火。这下可好，周恩来“私见基辛格”让她知道了，这绝对是一条过硬的“小辫子”，上能通原则问题，下能揪翻在地，而且还能“株连”邓小平、叶剑英这些“老家伙”。所以这个“小辫子”在手就不能轻易放弃。

经过外交部的两位女翻译和江青反复汇报，毛泽东点头：“谁要搞修正主义，那就要批呢！”于是11月17日，基辛格离开中国的第三天，周恩来和外交部负责人及其他有关人员应召到毛泽东处开会。会上，毛泽东对这次中美会谈提出批评意见，他说：“对美国要注意，搞斗争的时候容易‘左’，搞联合的时候容易右。”他提议中共中央政治局开会，讨论他的意见，批判周恩来在外交路线上的“右倾投降主义”以及叶剑英因在同美国军方人员会谈后说了一声“谢谢”的“右倾软弱”。这统称为“周、叶的修正主义路线问题”。

当天晚上，根据毛泽东的指示，周恩来主持召开中共中央政治局会议，传达毛泽东对于这次中美会谈的批评意见，并介绍了同基辛格会谈的情况。

会上，江青自以为“倒周”时机已到，攻击周恩来是“右倾投降主义”。姚文元也从旁帮腔。周恩来忍无可忍，当场予以驳斥。

第二天，江青将对周恩来的火发泄在了对外友协关于邀请土耳其两音乐家于12月上中旬来华作访问演出的报告上，此报告之前周恩来已经批复“同意”要外交部具体办理此事了。

可是江青见该件后批道：“建议今后少接待或不接待资本主义国家的文艺团体，其后果是严重的！”

江青此举是想给周恩来一个下马威——我不同意你的“同意”。

19日，周恩来看见江青的批示后，他又批：“今后应尽可能地少接待，或有选择地接待，完全不接待不甚可能。但我事先可调查清楚，避免请来我无法接受或不了解其内情的文艺团体。”

江青见周恩来不服，还说“完全不接待不甚可能”。于是她发动同伙一齐上阵，从19日开始，江青、张春桥、姚文元继续指责对外友协的报告是宣扬“无标题音乐、无社会内容”，并在上海、天津、北京等地发起“批判资产阶级无标题音乐泛滥”活动，攻击此邀请演出是“开门揖盗”，号召“与反革命修正主义路线斗争”。在江青等人的干扰下，原定土耳其两位音乐家访华计划最终未能实现。

而周恩来也从18日之后，进入挨批写检查阶段。

周恩来向毛泽东书面报告这次中共中央政治局会议的情况，他再次忍辱负重违心检查自己在这次中美会谈中“做得不够”。

“做得不够”不是江青等人想要的结果，她们继续在毛泽东跟前“谗言”。于是毛泽东进一步指示：由王洪文主持，中共中央政治局召开扩大会议批评周恩来、叶剑英的“右倾错误”。除了政治局委员（当时与会的在京委员有王洪文、江青、张春桥、姚文元、李德生、李先念、韦国清、纪登奎、吴德、华国锋、陈永贵、吴桂贤、倪志福等人）外，毛泽东还指定了其他参加的人员，有刚刚（当年3月）复出、还不是政治局委员的邓小平，外交部的部长姬鹏飞，副部长乔冠华和仲曦东，黄镇（时任驻美国联络处主任）以及有关的翻译人员罗旭、章含之。

中央政治局会议很快就升格为有外交部、中联部等外事单位领导参加的扩大会议。

会议地点跨出中南海，在人民大会堂东大厅举行。

王洪文得到了主持批判周恩来会议的大权。毛泽东的联络员王海容和唐闻生负责在会上传达毛泽东的指示。

此时此刻的周恩来每隔几天就要作一次化疗，可化疗才进行了两次，他又一次被推到风口浪尖，面临精神的重压。无论是身体的折磨还是工作的压力，再加政治的“迫害”，都排山倒海般向他涌来。而周恩来一边要拖着重病的身躯尽快扶邓小平“上道”，为那些刚刚解放出来工作的老同志抵挡“枪林弹雨”，还要用自己的政治智慧和勇气与江青一伙斗智斗勇。

眼看自己就要“挨批”了，恰在这时，由阮友寿主席率领的越南南方共和临时革命政府代表团来到中国访问，身陷风波之中的周恩来还要履行总理职责。他在 11 月 18 日至 23 日 5 天中，与阮友寿举行多次会谈。19 日，还再次陪同毛泽东会见阮友寿和阮氏萍外长等人。20 日，中国政府给予越南南方共和无偿经济援助协定在北京签字。当周恩来放下签字笔之后，下一步他该拿起笔为自己的政治生命“辩护”了。

因为第二天“批周”的政治局扩大会议将要举行，周恩来将成为众矢之的。他只能放下国家大事，不顾自己身患重病，关在办公室里写情况，写检查。

政治局扩大会议从 11 月 21 日开始，到 12 月初，持续开了十几天。会议根据王海容和唐闻生传达的指示，对周恩来再次进行批评。第一次“过关”没有通过，第二次、第三次……也没有过关，当时到会的许多领导人都不知道周恩来作检查的内幕，但这次会议气氛异常紧张，政治压力很大。在这种情况下，与会人员都不得不发言表态。于是大家按照毛泽东指示，违心地或非违心地发言批评周恩来。

这十几天里，一到晚上，周恩来就将自己关在房间里，不见客，不开会，不化疗。一向注意仪表的他，拒绝刮胡子。他一脸苦戚，一腔愤慨，日夜趴在桌子上，长书万言，写了撕，撕了又写，熬红了眼睛，熬酸了筋骨。因为老是低着头，他的眼肿了，接着脸肿了，坐多了，腿也肿了，最后全身都肿了。

但他全然不顾，还是不断写，不断撕。

邓颖超一开始也不知道丈夫在办公室里干什么，又不能进去说服他注意休息，着急地在门外来回踱步。身边工作人员知道一点内情，可这是中央内部的事情，他们也不能多嘴。可他们看见总理这样不顾惜身体，没日没夜地写东西，心里又是着急又是难过，更多的是痛惜！

大家无奈、着急又帮不上忙。为此，卫士长张树迎哭了好几回，他恨自己文化不高，不能帮助总理代笔写一些东西。要说最着急的还是负责治疗的医生们，自从总理把自己关起来写材料起，就拒绝进行化疗。张佐良天天急得团团转，总理治病怎么这样难，竟然连一个普通老百姓都不如啊！

后来周恩来在大会堂作关于党内十一次路线斗争讲话时，身边的工作人员才明白总理为什么拒绝治疗，原来姚文元攻击他说，这次中、美会谈是“丧权辱国”“投降主义”，是“第十一次路线斗争”，周恩来就开始写历来党的斗争是怎么一回事。他是在为保护比生命还重要的政治生命奋笔疾书，也为保护安定团结的大局面不惜委屈着自己。正在忍受心灵煎熬的他，怎么有心情去治疗呢？

保健医生张佐良在周恩来去世20年时，出版了《周恩来的最后十年》一书。他在书中描写了这一段艰难时光：

> 这哪里是什么帮助总理啊？他们明明是整总理！他们是想要打倒总理啊！说话的是人民大会堂的服务员。刚刚从大厅里端着托盘出来，将盘子往桌上一放，就边说边用衣袖擦眼泪，起先只是唏嘘声，一会儿抽泣起来了。我好容易把这个抽泣的给劝住了，又来了更厉害的丫头……小赵。她眼泪扑簌簌地往下掉，也是一面哭一面气愤地说："这个老太婆成天不工作，看电影，游山逛景。总理一天到晚忙着为人民。张大夫，你还不知道呢，他们白天睡觉，晚上来开会整总理。他们开完会回去，一起喝红葡萄酒庆贺干杯呢！"周恩来挨批期间，却由王洪文主持会议。周恩来在家等候通知去参加会议，不必再提前到会场去。散会时，他亦"知趣"地即刻离开大会堂回家，因为有人留在那里商量下一步对付周恩来的办法。

江青此番批斗周恩来，醉翁之意不在酒，她是想借此捞一把政治资本。她一边诬蔑周恩来是"错误路线的头子"，要"迫不及待"地取代毛泽东，一边要求政治局会议增补她和姚文元为中央政治局常委，并提出报毛泽东。

这时毛泽东突然意识到江青一伙要"倒周"的真正用心。因为江青等提出所谓"十一次路线斗争"让他觉得有些不对头了。说得难听点，这是一个非同小可的政治阴谋——要把周恩来打入王明、张国焘、林彪等人的另册。这显然不是毛泽东的本意，他对周恩来的方针是"批评一下可以，打倒不行"。他既不能容忍周恩来持续批极“左”，也不容许江青一伙“倒周”。周恩来如果再不回到总理的岗位上来，全国就要乱套，就像下乱阵脚的棋步，再不调整，将帅难保。

毛泽东得知江青和姚文元要进政治局当常委的要求后，一脚制动，赶紧刹车。明确指出：“增补常委，不要！”

看来毛泽东发动的这场“批周”风波已经到了应该结束的时候了。于是，他在12月9日会见来访的外宾之后对周恩来说：“总理啊，你挨整了，听说他们整得不亦乐乎啊。”

马上要过80岁生日的毛泽东似乎忘记了自己做出的一系列对周恩来不利的指示，将这次周恩来“挨整”推卸到他的联络员王海容和唐闻生身上。

两个女翻译自然很是委屈，明明是按照您老人家指示办事的，怎么成了我们自己要整总理？

其实，这出带有病态的闹剧，周恩来心里有数，他第一个想到的是趁毛泽东有怜惜与悔悟之意，赶紧说出自己最为迫切的愿望，那就是让邓小平尽快回到政治局。

毛泽东没有当场表态，但他明显在给自己找台阶，好让这出闹剧尽快收场。

毛泽东也在当天找会议主持人王洪文谈话：“这次会开得很好。……就是有人讲错了两句话，一个是讲‘十一次路线斗争’，不应该那么讲，实际上也不是；一个是讲总理‘迫不及待’。不是总理迫不及待，江青自己才是迫不及待！”

很明显，毛泽东明确告诉江青等人，此事到此为止。

并非所有的事情都是对周恩来不利的。几天后，毛泽东终于下决心，接受周恩来、叶剑英等人的建议，把邓小平请回政治局，并任命他为军委委员。

毛泽东这次谈话后的第三天，即 12 月 12 日，在他的书房兼会客室召集政治局会议。毛泽东先指挥大家唱《三大纪律八项注意》歌，接着说：“步调一致才能得胜利。林彪步调不一致，所以不能胜利。什么大舰队，小舰队。”但是语气一转，接着批评说，“政治局不议政”，“军委不议军”。他说：“你们不改，我就要开会，到这里来。”毛泽东批评“政治局不议政”，显然是针对主持中央日常工作的周恩来；“军委不议军”，则是冲着“九·一三”事件后主持中央军委工作的叶剑英而去。但他的语气已有所缓和，不再带有火气。令人意外的是毛泽东此次会议的一系列讲话犹如过山车，批评话语一结束，接着又是一个重磅炸弹，他当众宣布：“现在，请了一个军师，叫邓小平，发个通知，当政治局委员、军委委员。政治局是管全部的，党政军民学，东西南北中。我想，政治局添个秘书长吧。你不要这个名义，那就当个参谋长吧。”

毛泽东吸了一口烟，继续说：“有些人怕他，但他办事比较果断，你们的老上司，我请回来了，政治局请回来了，不是我一个请回来的。”

毛泽东对邓小平说：“你呢，人家有点怕你，我送你两句话：柔中寓刚，绵里藏针。外面和气一点，内部是钢铁公司。过去的缺点，慢慢地改一改吧。不做工作，就不会犯错误。一做工作，总要犯错误的。不做工作本身也是一个错误。”

倒是江青一伙面面相觑，这个决定出乎他们意料，一时有些目瞪口呆，不知如何作答。

这个戏剧化的转折，却在周恩来意料之中，他凝神地微笑着。这是他在年根底上，用自己血肉之躯忍辱负重收获的一个重要果实，邓小平在，就有正义力量在……

随后，周恩来亲自草拟了中共中央关于邓小平任职决定的通知：

各省、市、自治区党委，各大军区、省军区、各野战军党委，军委各总部、各军、兵种党委，中央、国家机关各部委领导小组或党的核心小组：

遵照毛主席的提议，中央决定：邓小平同志为中央政治局委员，参加中央领导工作，待十届二中全会开会时请予追认；邓小平同志为中央军事委员会委员，参加军委领导工作。

特此通知。

中共中央

1973 年 12 月 22 日

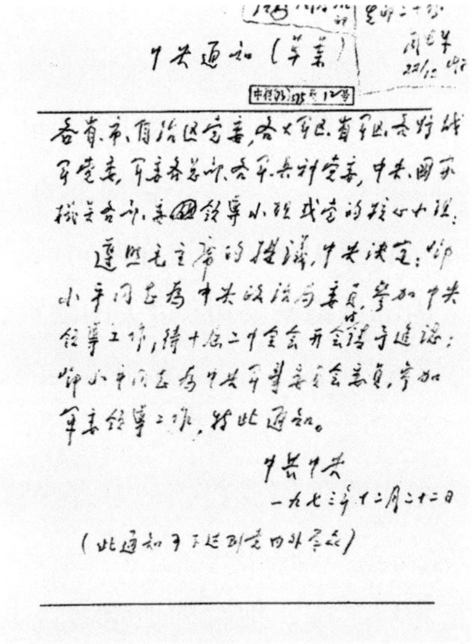
中共通知（草案）

各省、市、自治区党委，各大军区、省军区、各野战军党委，军委各总部、各军、兵种党委，中央、国家机关各部、委领导小组或党的核心小组：

遵照毛主席的提议，中央决定：邓小平同志为中央政治局委员，参加中央领导工作，待十届二中全会开会时请予追认；邓小平同志为中央军事委员会委员，参加军委领导工作。特此通知。

中共中央

一九七三年十二月二十二日

（此通知可下达到党内外群众）

周恩来起草的中共中央关于邓小平参加中共中央和中央军委领导工作的通知。

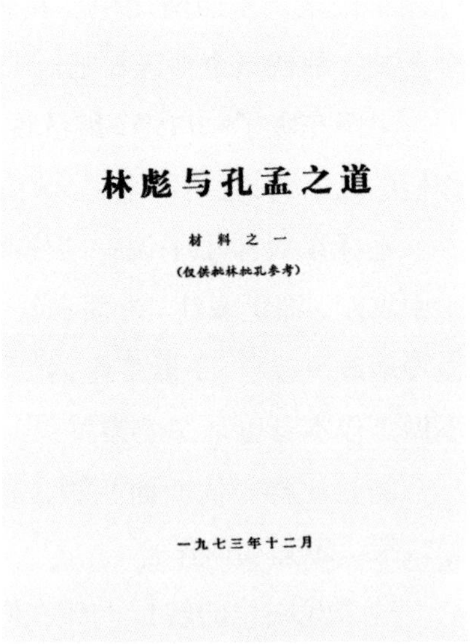
林彪与孔孟之道

材料之一

（仅供批林批孔参考）

一九七三年十二月

1973 年 12 月，经毛泽东批准，中共中央转发由江青主持选编的《林彪与孔孟之道（材料之一）》，所谓的“批林批孔”运动在全国展开。

1974 年，邓小平与英国前首相希思在机场。

1974 年，邓小平在首都机场迎接非洲贵宾。

这个由基辛格引起的批周事件，以后也影响中方对基辛格的态度。美国罗斯·特里尔著的《毛泽东的后半生》一书中记载了这样一段：

> 1974年末，基辛格在中国时，前往医院会见周恩来，当时他发现这位总理的态度难以理解。虽然周恩来身体看来显得不错，但会见仅持续半个小时便突然中止了。更糟糕的是，毛泽东拒不接见基辛格——这种情况在美国人访问北京的时候还是第一次出现。

此事在一无所知的美国人眼里像是个不解之谜。

邓小平在政治舞台上频频亮相。江青等人看在眼里，恨在心里。他们寻找各种机会，压制和刁难邓小平。从1973年底开始，一场“批林批孔”运动又在全国展开。可以说，江青在“文化大革命”期间个人野心膨胀到了极点。她又借机制造了一系列荒诞的事件：

白卷英雄上大学；

批判晋剧《三上桃峰》；

围剿湘剧《园丁之歌》；

借小学生日记批所谓“师道尊严”。

一个又一个的事件，进一步恶化了当时的政治局势，“十大”以后刚刚恢复的四届人大筹备工作，前后又被迫中断了近一年的时间。

这时复出不久的邓小平顶着巨大压力，在自己的岗位上艰难主持国务院日常的重要事务。

明火执仗

进入1974年，“批林批孔”矛头指向周恩来。王洪文突然中断周恩来输血；张春桥振振有词拖延治疗时间。5月初，病理检查发现癌乳头状组织脱落，意味着开始扩散。

这场颇为惊心动魄的风波虽然渐趋平息，渡过劫波的周恩来，凡遇有重大国事和外事活动，都有意让邓小平一起参加。

但江青一伙“批周”活动一直没有停止。他们的诸如“批林批孔批周公”“评《水浒》批宋江的投降”“评法批儒”运动中批“现代的大儒”等等，“周公”“投降派”“现代的大儒”等都是或明或暗地直指周恩来。

这些来自精神的压力和病痛的折磨，使得周恩来不堪重负，病情迅速加重，体内的肿瘤越长越大……

据此，医疗组决定对其病情作进一步检查、治疗。周恩来看了医疗组所拟《检查治疗方案》后，他不仅作了详细修改，又致信叶剑英、张春桥、汪东兴，提出：“治疗方针仍按照你们原报告在这次施行膀胱镜检查，如可能仍采用通过膀胱镜进行电灼或者电切除；如因病情变化，需采用手术切除，则此次不予考虑，以后再议。”

按照医生的建议，周恩来在 3 月份就应该住院治疗了。可他心里还记挂着一件重要的事情，那就是邓小平能否顺利担任中国代表团团长，出席联合国大会第六届特别会议。他担心若在手术中出任何意外，将会影响到这件事的顺利进行。叶剑英深知周恩来内心的担忧，他第一个表示同意。

于是 3 月 11 日周恩来到 305 医院作全面检查，尽管确诊为癌症复发，他还是坚持做了电烧手术，没有做切除手术。

15 日下午，他病情稍好，就于当天晚上出院回家，在床上批阅积压的文件达四小时之久。

江青得知周恩来的病状，要求面见毛泽东，想请他再为“批林批孔”运动作些指示，以便把运动的声势搞得更大一些。

毛泽东没有同意见她。3 月 20 日，毛泽东又对江青发出了严厉的警告：

江青：

不见还好些。过去多年同你谈的，你有好些不执行，多见何益？有马列书在，有我的书在，你就是不研究。我重病在身，八十一了，也不体谅。你有特权，我死了，看你怎么办？你也是个大事不讨论，小事天天送的人。请你考虑。

毛泽东

74．3．20

字里行间，一位八旬老人的愤懑、烦躁、凄苦之情，跃然纸上。就在这一天，外交部就我国代表团团长人选问题专门请示毛泽东。毛泽东作了一个重大的决定，他主动提出由邓小平担任团长，乔冠华当邓小平的参谋。

周恩来并没有因此而完全放下心，他知道江青一伙对由谁来代表中国参加联合国特别会议怀有一己之私，所以他千万不能掉以轻心。

随后，外交部于 3 月 22 日向中央呈送了关于代表团人选的请示报告。24 日，周恩来批示表示同意外交部的意见。周恩来同时还批示，要把他的意见首先呈报毛泽东主席，暂不送王洪文、康生；在毛泽东主席批示后再送叶剑英、张春桥、江青、姚文元、李先念、邓小平核阅，然后退外交部办。

毛泽东接到外交部的报告，没有犹豫，于当天就圈阅了周恩来的批示意见。

江青在钓鱼台住所得知毛泽东圈阅了外交部的报告，大发雷霆，打电话给外交部副部长王海容和美大司副司长唐闻生，要求她们撤回外交部的报告。

尽管王海容和唐闻生经常出入毛泽东住所，见到毛泽东要比江青容易得多，而且可以和毛泽东无拘无束地谈话聊天，在中南海一些人眼睛里，她们两人似乎有着呼风唤雨的能量。可这个时候，她们不可能将毛泽东和周恩来都做了批示的报告撤回。二人只好一再申明：第三世界国家十分重视这次会议，许多国家元首都要出席大会，由邓小平率团出席这次会议的报告毛主席已经圈阅，外交部无权撤回经毛泽东主席批准的报告。

由于江青出面发难，周恩来在 3 月 25 日下午参加毛泽东与坦桑尼亚总统尼雷尔的会见之后，曾提出与王洪文一起向毛泽东作请示。

不料，毛泽东当天会见外宾后，身体极度不适，不仅喘息咳嗽得十分厉害，连说话的力气都没有了。周恩来见状，只好作罢。

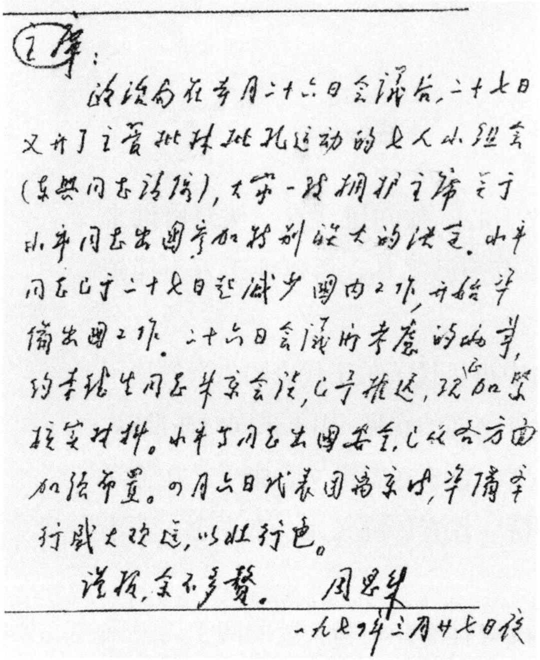

1974年3月27日，周恩来就有关邓小平出席联大特别会议问题写给毛泽东的信。

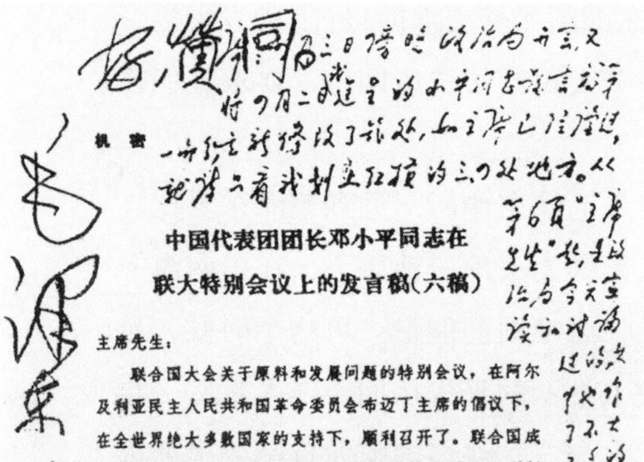

机密

中国代表团团长邓小平同志在

联大特别会议上的发言稿(六稿)

主席先生：

联合国大会关于原料和发展问题的特别会议，在阿尔及利亚民主人民共和国革命委员会布迈丁主席的倡议下，在全世界绝大多数国家的支持下，顺利召开了。联合国成立二十九年来，举行专门会议讨论反对帝国主义剥削和掠夺、改造国际经济关系的重大问题，还是第一次。这反映了国际局势的深刻变化。中国政府热烈祝贺这次会议的召开。中国政府希望会议将为加强发展中国家的团结、维护民族经济权益，为促进各国人民反对帝国主义、特别是霸权主义的斗争，作出积极的贡献。

当前国际形势对发展中国家和世界各国人民非常有利。建立在殖民主义、帝国主义、霸权主义基础上的旧秩序，遭到了日益深刻的破坏和冲击。国际关系激烈变化。整个世界动荡不安。这种状况用中国的话说，就是"天下大

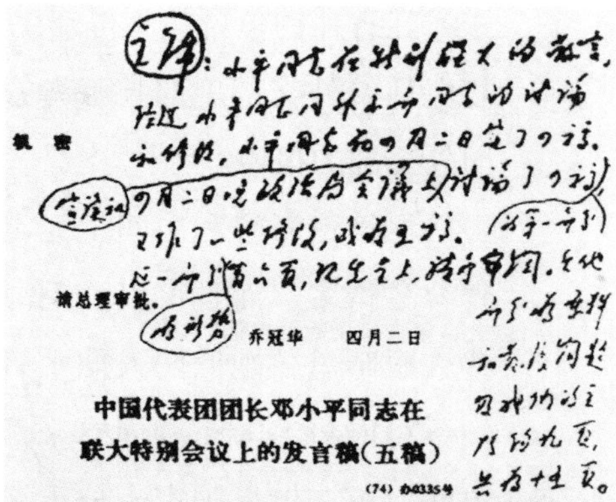

机密

请总理审批。

乔冠华　四月二日

中国代表团团长邓小平同志在

联大特别会议上的发言稿(五稿)

(74)办0335号

主席先生：

联合国大会关于原料和发展问题的特别会议，在阿尔及利亚民主人民共和国革命委员会布迈丁主席的倡议下，在全世界绝大多数国家的支持下，顺利召开了。联合国成立二十九年来，举行专门会议讨论反对帝国主义剥削和掠夺、改造国际经济关系的重大问题，还是第一次。这反映了国际局势的深刻变化。中国政府热烈祝贺这次会议的召开。中国政府希望会议将为加强发展中国家的团结、维护民族经济权益，为促进各国人民反对帝国主义、特别是霸权主义的斗争，作出积极的贡献。

毛泽东、周恩来对邓小平在联大特别会议上的发言稿所做的批示。

虽说毛泽东无法同周恩来面谈，但他心里装着这件事，等咳喘稍微平息一些，他便让秘书传话给周恩来和王洪文：关于邓小平出国的事，他是这个意见。如果政治局大家都不同意，那就算了。

周恩来当即表示，将毛主席的指示向政治局传达，并做有关同志的工作。

3月25日夜，江青又连续给王海容打电话，逼外交部撤回报告；在遭到拒绝后，竟恼羞成怒，破口大骂。26日晚，江青在周恩来主持的中央政治局会议上继续纠缠，声称她本人对邓小平出国一事“保留意见”。

江青把政治局的会议桌当成了家里的餐桌了，竟然如此口无遮拦。大家对这个有着极为特殊身份的政治局委员，有些无可奈何，谁也说不得她，也说不服她。就这样，政治局会议在江青刁蛮撒泼的反对声中暂告结束。

会后，周恩来请外交部将会议情况向毛主席作个报告。王海容和唐闻生将会议情况一五一十地告诉了毛泽东。

第二天深夜，毛泽东的信就到了江青的手里。

> 邓小平同志出国是我的意见，你不要反对为好，小心谨慎，不要反对我的意见。

迫于毛泽东的“最高指示”，江青才不得不违心地复信给毛主席，表示拥护毛主席让邓小平率团出国的提议。

当中央政治局再次开会对邓小平参加联大会议的方针问题进行讨论时，江青、张春桥和姚文元三人好像串通好了似的，都称病不出席会议。

4 月 6 日，这一天天气格外好，沿街盛开着美丽的玉兰花。邓小平精神抖擞地率代表团乘专机前往美国参加联大特别会议。

周恩来身穿深色的风衣，亲自为邓小平送行，他的脸上露出了难得的笑容。在机场举行了盛大的欢送仪式，用周恩来的话说这是“以壮行色”。

4 月 19 日，邓小平载誉归来，周恩来又亲往首都机场迎接。

这并非一般意义上的送往迎来，它凝聚着周恩来对邓小平的深情厚谊。为扩大邓小平在国际国内的影响，周恩来可谓是煞费苦心。

因为过度劳累，周恩来的病情在一步步地恶化，他以异常的速度不断地消瘦，令人心悸。3 月 11 日做的电烧手术，远没有第一次效果好，仅隔一个月，病情再度抬头，又开始大量尿血。

这次复发带来一个非常痛苦的并发症——尿潴留！

膀胱里出血一多，就会凝固成血块，堵住排尿管口，尿被憋在膀胱里出不来，肿胀、疼痛。病人这时痛苦万分。每到周恩来会见外宾或是开完会，他就要开始承受这种难以忍受的痛苦，实在肿胀难忍时，就倒在会见厅的沙发上翻滚，希望能把血块晃动开。每到这个时候，周恩来总是一声不吭，不愿意麻烦任何人，独自忍受着痛苦。

束手无策的医护人员只能焦虑万分地守护着总理，等待他能解出小便来。大家看着总理如此遭罪，却不能去帮他解除痛苦，心里像刀割一样，痛楚万分。

后来大家从西花厅搬来一张大木床到大会堂，让周恩来翻滚时有个稍微宽敞的地方。

周恩来在人民大会堂参加活动多，和大会堂的工作人员特别熟悉。大家知道总理病了，虽不知道患有如此重病，但能够感受到周恩来是带着病体来大会堂工作的。所以每一个为总理服务的工作人员就格外地小心，尽可能地减轻总理的疲劳和痛苦。可是周恩来的病情太重了，女服务员有时看见周恩来为一次解手要翻滚好久，常常满头大汗、筋疲力尽，才能解决问题，她们难过极了，常常躲在大家看不见的地方抹泪。到了给总理添茶或是送手巾的时候，她们进门前总要抹抹脸，然后强作微笑进去，一出门，眼泪又会滑落下来。

眼泪没有感动苍天，周恩来的病情一天比一天严重。可是，重病中的周恩来却像一个上了发条的陀螺，一直转着，就是停不下来。从他一页寥寥数语的日程安排上可以看到日理万机的繁忙，时间是1974年3月26日至27日：

下午三时起床
下午四时与尼雷尔会谈（五楼）
晚七时陪餐
晚十时政治局会议
晨二时半约民航同志开会
晨七时在七号办公
中午十二时去东郊迎接西哈努克和王后
下午二时休息
……

“不停转”的结果是他的身体愈加虚弱。4月28日，周恩来发生缺氧病状；5月19日、23日、25日，又相继三次发生缺氧病状。

每个星期除给总理输两次血外，其他什么治疗都没有办法实施。可就连输血，有时也受干扰。

1974年4月的一天，周恩来在西花厅输血，不一会儿，他静静地睡着了。医生望见总理消瘦、苍白的脸庞，希望他能好好睡一觉，就屏声静息地守护在床前。这时，电话铃声不识时务地猛烈响了起来。一接，是王洪文的，他通知总理去参加会议。

“总理正在输血，刚刚睡着，能不能不去？”那天正好是张医生值班，就轻声同对方秘书商量，心里却直埋怨：什么会议，总理病得不行，不去就不能自己开吗？

又过了十几分钟，电话又一次响起来。这次惊动了邓大姐，她来到总理输血的房间，为难地看看睡着的总理，又看看输血瓶，还有好大一半血没有输完呢！邓大姐想了一会儿，说：“看样子还是要叫醒总理，他们又叫……参加会议。”

张医生怎么忍心中断输血呢，可谁也无奈王洪文新官上任气正盛，惹不起他。周恩来历来注意尊重年轻干部，王洪文刚当选党中央的副主席，他自然也得同他和谐相处。周恩来在屋里似乎察觉门外有动静，睁开眼睛，望着难言的张医生：“是不是有事？”

“洪文同志通知你去开会，你正在输血，是不是……”

“去！”

“那输血……”

“不输血了，拔针头。”周恩来毫不犹豫地坐起来。

周恩来一手压着胳膊上的针眼，匆匆坐进车里，一进汽车他又疲倦地合上双眼，脸色越加地苍白。这时身边的警卫、秘书还有医生恨不得要跑到王洪文那里去骂娘，才能解心头之恨。

5月初，北京医院的病理报告更加不妙，发现有乳头状的癌组织脱落，说明肿瘤已经长大，开始脱落，这是癌症扩散的危险信号。

张医生按捺不住心中的气愤，这时他们医务人员的一腔希望已经变成了满腹悲愤。他们将这个病理报告送到大会堂的会议上。

张春桥依然一脸阴沉，慢条斯理却语气激昂，说道："总理是党内外、军内外、国内外的……主管。从现在到月底有多少外宾需要接见？嗯……现在我们正在贯彻毛主席的外交路线，最后5月30日见完马来西亚总理拉扎克后，才能考虑怎么办。病理报告上的结论可以先改一改嘛，暂时不要告诉总理，不然会分散他的精力。"

更改病理报告，这不是要医生掩耳盗铃，自欺欺人吗？张医生他们觉得脑袋要爆炸了，也不顾在什么场合和什么人说话了，嗓门也大了："春桥同志，我太不理解，总理执行主席的外交路线，要接见许多外宾，只要身体允许，这是他工作范围的事情，应该的。现在总理有病，而且是非常严重的病，不仅严重尿血，而且也尿不出来，疼痛厉害，疼得太厉害，就会引起心脏病发作。我还有一个不理解，总理迟早是要住医院治疗的，总要有人出来代替他工作的……用总理身体作代价去会见外宾，这个代价是不是……太大了？"

张春桥猛然直起身子，双眼圆睁，巴掌"啪"地击捶在案子上，震得茶杯盖叮当直响。他用上海普通话严厉地使用了几个"你"——"你张医生，你不理解？你不懂……你怎么这样说话？"

张春桥虽然没有说出"你不懂政治"的话，但是他那蔑视的表情已经把"不懂政治"的意思表达得清清楚楚。

"春桥同志，我是医生，我每天每时每刻都看见总理这样痛苦。我们着急啊，我们是有武器使不上啊！我……只想抓紧时间早一点治疗，康复的希望就增大一分，总理的痛苦就减少一点。这样还能继续为党为国家工作，对党和国家都是有利的啊！"

张春桥狠狠瞪了一眼"不懂政治"的医生，不吭声了。最后会议没有形成任何文字的东西，不欢而散。

1974年——

6月1日　正式住院，并做第一次大手术

8月10日　第二次大手术

1975年——

1月　发现结肠又长一肿瘤

1 9 7 4 - 5 >

1974年——

1月—5月　工作139天，会见外宾80多次

7月5日　第一次在医院会见外宾，开始在医院履职

9月30日　主持国庆招待会

12月19日　至此住院半年会见外宾达18次

12月23日　飞长沙见毛泽东确定四届人大人选

1975年——

1月9日　到北京医院向李富春遗体告别

1月10日　主持中共中央全会

1月13日　在四届人大上作政府工作报告

2月1日　主持国务院常务会议

第 三 章

困 顿 病 榻

1974 年，周恩来的病情已恶化，癌症转移，身体明显消瘦。可是，作为一位非凡绝伦的政治家，他十分清楚自己在中国政局中所处的重要位置。一息尚存，就不能躺下。为了不使党和国家的大权落入“四人帮”手中，他拖着重病之躯，仍然夜以继日地工作，千方百计解放以邓小平为代表的一大批被打倒的老干部，以填补自己“倒下”后出现的政治真空。

西风残照

1974年5月29日夜晚，周恩来最后一次陪同外宾走进毛泽东书房，相识半个世纪的老战友以握手的方式告别。

1974年5月中旬，巴基斯坦总理布托来中国访问。他和中国是老朋友了，每次来中国都要和毛泽东相见。

5月11日，毛泽东在他的书房里会见了巴基斯坦总理布托，他和以往一样，缓缓站起身，同老朋友紧紧握手……

自从去年8月“十大”结束后，王洪文与周恩来一直陪同毛泽东会见外宾，大概有十次之多，王洪文在电视、新闻电影纪录片与《人民日报》等报纸刊登的新闻图片上反复出现，全国人民已经习惯“毛周王”的模式。而这一次会见，陪同人物发生了变化。除了“毛周王”外，增加了邓小平。邓小平跟在周恩来身后，面带微笑，沉稳老练地走到毛泽东的面前。他还是和以前一样，平顶头，灰色中山装。

见到邓小平，毛泽东的神情迅速变化，眉宇间露出久违的笑容。

除了陪同人物发生变化外，座次也发生了变化。以前每次会见外宾，周恩来都是坐在毛泽东的右侧，这基本是“文革”以来的固定座次，而这次邓小平坐在了周恩来原来的座位上，而周恩来却坐

1974 年 5 月 18 日，毛泽东同塞浦路斯总统马卡里奥斯握手。

在了左侧，巴基斯坦总理布托的旁边。以前这应该是王洪文的位置，而王洪文以此类推，坐在了周恩来的左侧，距离毛泽东又远了一步。

按照常识，政权高层的排列顺序、讲话先后、座位格局等都有严格的划分和约定俗成的惯例，如果一旦有所变动，往往预示着高层政治人事的改变。

这之后，毛泽东又在 5 月 18 日会见塞浦路斯总统马卡里奥斯；5 月 25 日会见英国前首相希思；5 月 29 日会见马来西亚总理拉扎克，都是由周恩来陪同前去的，他都没有坐回到原来的位置上。

新闻摄影有时亦如新闻报道一样敏感。很快，外界就知道周恩

1974年5月25日，毛泽东、周恩来、邓小平、乔冠华会见英国前首相希思时的情景。

来身患重病，权力将由邓小平接替。

喜爱摄影的江青对新闻照片，天生就有一种敏感，王洪文一上任，她开始关注王洪文的画面。杜修贤记得，3月份毛泽东会见坦桑尼亚总统尼雷尔，那一次周恩来还坐在自己的右侧位置上，挨着毛泽东坐，王洪文在左侧，紧挨着尼雷尔坐。杜修贤拍摄尼雷尔时，镜头有些正，正巧把王洪文也拍成了正面。凑巧，会见结束拍摄毛泽东同外宾握手时，杜修贤发现镜头里没有周恩来。最后江青在审片时，疑惑地问了几遍摄影记者杜修贤："是不是有意安排王洪文是正面的？为什么没有总理的镜头？"杜修贤告诉他：这是由于拍摄位置不对

1974 年 5 月 11 日，巴基斯坦总理布托来华访问，从这一天起邓小平坐在了周恩来的座位上。（下二图为局部）

1974 年 5 月 18 日，塞浦路斯总统马卡里奥斯来华访问。（下二图为局部）

1974 年 5 月 25 日，毛泽东、周恩来、邓小平、王洪文在中南海游泳池会见英国前首相希思。（下二图为局部）

才造成王洪文镜头正面，当时正巧周恩来先于外宾走出书房，我无法抢下他的镜头。江青这才不问了。她是想从新闻图片的变化找出未来人事格局的变化。

5月25日这天，周恩来和往常一样，沉着地把英国前首相爱德华·希思引进毛泽东的书房，把陪见的人一个一个地介绍给毛泽东相识握手，而他自己则和以往一样，默默地站立在摄影镜头之外。

毛泽东与希思一见如故，两个人无拘无束、海阔天空地聊了起来，而且一发不可收，时间不知不觉地过了一个多小时。周恩来怕主席过于疲劳，中间看了三次表，希思意识到是在提醒他，于是他先起身向毛泽东告辞。而这时毛泽东谈兴未尽，跟着站立起来后继续与希思交谈，希思见状不好意思忙着走，用眼神请示总理。周恩来也不好扫主席的兴，站在后面不再催促，朝希思点点头。大家站着有说有笑了一会儿，情绪都显得特别高，特别是外交部部长乔冠华，只见他特有的“仰天大笑”的笑姿，一连来了好几回，他的笑声让会见场面气氛更加活跃，毛泽东也在这一情绪感染下，精神显得特别好。

他们中间只有周恩来因为病痛折磨，明显没有其他人那么开心。他见主席和希思等人开始握手告别，便先离开了毛泽东书房，到外面过厅里等着外宾，然后再一同离开。摄影记者已经习惯周恩来很少留下单独和主席握手的举动，他一般在最后都将镜头集中在毛泽东与外宾握手告别的仪式上。可他并不知道，就在会见外宾的5月19日、23日、25日，周恩来曾三次发生缺氧病状，大夫们急得直跳脚，轮番劝他必须入院动手术。可周恩来淡淡一笑说，要等会见马来西亚总理拉扎克后才能住院。

几天后，也就是5月29日，周恩来又陪同马来西亚总理拉扎克会见毛泽东。杜修贤决然没有想到这是周恩来在他的镜头中最后一次走进毛泽东的书房。更没有想到的是，这也是毛泽东与周恩来最后一次共同会见外宾。

会见结束时，邓小平、乔冠华和主席告别后就走出书房的门，杜修贤正准备离开，一扭头发现周恩来还站在门旁没有离开。

这怎么一回事？杜修贤一愣，总理今天的举动一反常态，平时总理在主席书房并不拘礼，常常会谈一结束起身就走，害得他们都“捉”不着他的镜头，可这次……只见他一动不动站在那里，似乎期待着什么。

既然没有参加大家最后告别握手，为什么不走呢？杜修贤犹豫了一下，心里的感觉一时说不清楚。他决定不急于离开，也站在靠门边的墙根默默等待着……

毛泽东送客走到门边，与站在门旁边的周恩来目光相遇。瞬间，毛泽东一脸的笑容飞逝而去，立刻忧伤地垂下眼帘，这迅速变化的表情令杜修贤惊诧不已，他第一个反应就是端起照相机，将镜头对准他们……

镜头里，毛泽东忧伤地耷拉着眼皮，头稍稍地低着，苍老的脸上布满愁容和病容。花白稀疏的头发整齐地向后披去。他迎着高悬的摄影灯，脸上的肌肉明显松弛，但很光洁，身穿浅灰色的中山装，显得淡泊庄重。

十分消瘦的周恩来用温馨睿智的双目凝视着毛泽东。摄影光从他后侧射来，脑后和脊梁犹如披着一道光束，眉毛在逆光的面部依然黝黑浓密，充满着生气。曾洋溢乐观笑影的“酒窝”虽已被岁月的刀斧凿成两道深深的沟纹，却依然显露出执着的善意。但是，一丝伤感的凝重神色却在眉宇之间徘徊。

1974 年 5 月 29 日，毛泽东与周恩来最后面对镜头握手告别。

周恩来看着携手近半个世纪的毛泽东，慢慢地伸出了手，毛泽东也把手伸了过去。两双操纵中国革命方向的巨手再次握在一起，组成了这神圣且又沉重的瞬间。

当杜修贤“咔嚓”一声按下快门时，他没有想到这是共和国第一位总理和中国共产党的伟大领袖最后一次对着摄影镜头握手道别。

后来周恩来从医院飞去长沙和毛泽东就四届人大的问题又会晤过一次，但没有带记者同往，也就再没有留下他们握手的照片。

打开历史，毛泽东与周恩来第一次见面是在 1925 年的广州。他们从 1925 年共事，到 1976 年相继谢世，并肩战斗了半个世纪之久。

1925 年，周恩来刚从国外回到广州，担任中共广东区委委员长并在广州黄埔军校担任政治部主任。而毛泽东这时也因为被湖南军阀赵恒惕通缉，躲避到了广州。于是这两个籍贯不同、性格不同、家庭背景不同甚至连成长经历也不同的人有了第一次握手。

那时的广州是国民革命的发源地，在中国近现代历史上占有重要的地位。20 世纪 20 年代中期的中国，革命形势风起云涌，发生了巨大的变化。孙中山先生接受苏联的帮助，改组国民党，实行“联俄、联共、扶助农工”的三大政策。在中国共产党的推动下，实现了第一次国共合作。毛泽东与周恩来正是在共同致力于与国民党合作的工作中相逢共事、并肩奋斗，开始了艰难的革命历程。

1926 年 1 月在广州召开的国民党第二次全国代表大会前后，他们便发现两人的思想认识竟然惊人的一致。

这次会议之前，他们都曾向陈独秀建议，在大会上公开提出“打击右派，孤立中派，扩大左派”的方针，但中共中央没有采纳他们这个计划，致使蒋介石等右派分子当选为中央执行委员会委员。

因为两人对时局认识一致，相互对话便觉得默契与投机。这一时期，毛泽东和周恩来过从甚密。毛泽东除了主持国民党中央宣传部的工作，还兼任《政治周报》主编。在他主编的《政治周报》第三期上，登了《东征纪略》，记述了国民革命军第二次东征时周恩来任东征军总政治部主任及在追悼攻克惠州牺牲将士大会上的演说。当时，周恩来派人接管的汕头《平报》改名为《岭东民国日报》，周恩来为该报副刊《革命》题写了刊头，并在这个副刊上发表了毛泽东撰写的文章《国民党右派分离的原因及其对于革命前途的影响》。

1926 年 3 月，蒋介石发动“中山舰事件”。当时蒋介石提出两个条件：第一，共产党员退出第一军；第二，退出的要交名单。

毛泽东和周恩来来到国民革命军第二军副党代表李富春家中，

同大家讨论对策。

毛泽东分析说：就广州的一个地方看，反动派的实力是大的，但就粤桂全局来说，反动派的实力是小的，只要我党坚持原则，坚决予以反击，就一定能够争取团结那些动摇的中间力量，粉碎蒋介石的反革命阴谋。后来，毛泽东在党的“八七”会议上，提出一句醒世恒言：“须知政权是由枪杆子中取得的。”

周恩来非常赞同毛泽东的分析和主张！

1927年蒋介石终于撕掉了拥护革命的面纱，发动了针对中国共产党人的“四一二”反革命政变，但以毛泽东和周恩来为代表的中国共产党人，并没有被杀绝，被吓倒。他们从血泊中、从枪口下冲杀出来，为寻找中国革命的道路，又各奔东西，继续投入新的战斗。

周恩来来到了江西，发动了著名的“八一”南昌起义；毛泽东来到了湖南，发动了震惊全国的秋收起义。两个起义都相继失败，一个退出南昌，一个退出长沙。毛泽东将秋收起义部队拉上了井冈山。周恩来在南昌起义之后，与朱德一起将部队分为两个部分，一部分由他带领去广州领导工人武装起义，但是广州起义再次失败，周恩来又不幸染重病，被陈赓与叶挺两位爱将冒死救到香港，得以生还。南昌起义的另外一支部队在朱德和陈毅的率领下也来到井冈山，从此我们党有了自己的军队。因为南昌起义是向国民党反动派打响的第一枪，所以我军的建军节定在了南昌起义的“8月1日”。“文革”中，林彪一伙为讨好毛泽东，多次想修改建军节为秋收起义的9月9日，都被毛泽东断然拒绝。

毛泽东自秋收起义之后，开始思考“农村为中心”“实行工农武装割据”的中国方式的马克思主义路线，也就是走以农村包围城市的道路，毛泽东这个理论让中央的一些人特别是从苏联学习回来的人，不以为然，甚至还理直气壮地认为“山沟沟里”出不了马克思主义。

1931年10月，上海派了一个由三人组成的“六届四中全会代表团”来苏区“纠偏”。这三个人就是党史上有名的“三人团”。他们作为“钦差大臣”在赣南会议上对毛泽东开展了一系列“高强度”的批判，给他戴上三顶大帽子：“狭隘经验论”“富农路线”和“严重的一贯右倾机会主义”。

毛泽东武装暴动之后有过三落。秋收起义后就被“开除中央临时政治局候补委员”，是他的第一落。第二落是在1929年落选前委书记离开红四军那段岁月。那么第三落就是从这次成为中央批判对象开始的。

然而，毛泽东不服输的性格决定了他顽强的意志力。不管给他戴什么大帽子，他依然我行我素。

毛泽东这一次也不服输，他戴着三顶“大帽子”领导红军取得了三次反“围剿”的胜利。

他回到了中央苏区瑞金，已从上海搬到瑞金的中央机关并没有觉得这位打胜仗的毛泽东有什么特别之处值得大家去宣传。但毛泽东毕竟是凯旋而来的将军，胜利就是他军事才能的最好证明。由于毛泽东在苏区的影响，在苏区“一大”宣告成立中华苏维埃共和国时，通过了在上海起草的《中华苏维埃共和国宪法大纲》。毛泽东在第一次中华苏维埃全国代表大会上当选为中央政府主席兼人民委员会主席，也就是现在的国家主席兼总理。“毛主席”的称谓也是从这时开始的，沿用终生。

不久，中央做出取消毛泽东红一方面军总政委名义及其组织的决定，所有部队集中统一于以朱德为首的苏区中央军事委员会。

到了 11 月，中央苏区党的第一次代表大会进一步撤销了毛泽东苏区中央局代理书记的职务。

毛泽东是个个性很强的人，他觉得自己留在前方难以发挥作用，愤而同意离开前方，回后方治病休养。

毛泽东在苏区党内、军内的职务都被剥夺了，失去军权的毛泽东耳边没有了枪炮声，顽疾疟疾又卷土重来，久久地盘踞在他的身体里。毛泽东和他的战马都停下了脚步，包括手里的那一支笔也停了下来，两年没有写诗。

这时，在上海同样受着王明排挤的周恩来，转移到瑞金苏区中央局担任书记。周恩来刚到达瑞金，就毫无顾忌地首先去看望刚刚受到“高强度”批判的毛泽东。

毛泽东理解周恩来的处境与苦衷，也非常感激周恩来对他的同情与信任。

第一次宁都会议结束后，周恩来再次来到毛泽东在小源的住处探视道别。

毛泽东向周恩来表示：若前方军事急需，何时电召便何时来。

不久，周恩来带兵去“啃”赣州城这块“铁骨头”，几次攻城都不能取胜。周恩来马上派项英去请称病“休闲”50 多天的毛泽东。这虽然不出毛泽东所料，但在他听到“恩来同志请你下山”时，便不顾自己发着高烧，甚至不顾贺子珍劝他等雨停了再走，就冒着倾盆大雨下山去助战，并且大获全胜。从这以后，无论是战火乱世还是太平盛世，毛泽东与周恩来始终共济同舟，相互倚重直至一生！

在中央苏区，任中央局书记的周恩来是毛泽东的顶头上司。在中央苏区的三年中，与众不同的是，周恩来更加欣赏身处逆境的毛泽东。他觉得自己发现了一个高瞻远瞩的天才，在这个天才的身上，他倾注了自己一腔深挚的感情。从此他们又开始了新的合作与交往。这次合作与交往，远比以前要坎坷得多，复杂得多，也艰难得多，但是两人相互信任的程度却比任何时候都要深厚与牢固。

如果提及毛泽东在中国共产党中的早期地位，可以发现历史并没有一下子就选择毛泽东。他除了在中共三大当选中央委员外，未曾担任过要职。

毛泽东在1956年9月10日中共八大预备会议第二次全体会议上，回忆往事，说过一段颇为风趣的话：

> 第一次代表大会（指中共一大）我到了。第二次代表大会没有到。第三次代表大会又到了，被选为中央委员。第四次代表大会又没有到，丢了中央委员。大概我这个人逢双不吉利。第五次代表大会到了，当候补代表，也很好，被选为候补中央委员。

尽管毛泽东在中央苏区政治命运坎坷，但作为党中央主要领导人之一的周恩来却始终是他的支持者，有时甚至是保护者。周恩来尊重毛泽东在军事上的长处，在他的坚持下，红一方面军重新恢复了毛泽东的军权，任命他为总政委。在宁都会议前后，周恩来在毛泽东危难之际周详地维护了毛泽东的威望，说服更多的人去认识毛泽东，直到长征途中周恩来力排众议，积极推荐毛泽东“出山”。

随着时间的推移和历史的发展，遵义会议日益受到国内外史学界的注目。因为它是毛泽东领袖地位的起点，随着毛泽东声望的不断提高，人们才逐渐意识到这一起点的重要，这一历史选择的重要。毛泽东在这以前曾几度被撤职，几度遭批判，几番病重，真可谓“天降大任于斯人也，必先苦其心志，劳其筋骨，饿其体肤，空乏其身，行拂乱其所为”。正是在这历史的角逐中，毛泽东以其正确的思想、策略和路线，以其卓越的才华脱颖而出，一跃成为中共领袖，从此领导中共达 41 年之久，深刻地影响了中国和世界的历史进程。

周恩来正是在这个伟大历史转折过程中起着决定性作用的人物。对此，毛泽东曾说过：“遵义会议之所以开得很好，解决了军委的领导问题，恩来起了重要作用。”

遵义会议是毛泽东和周恩来关系史上的一个重要篇章，也是毛泽东和周恩来之间紧密结合的开端，这种结合，终生未变。此后，毛泽东就在周恩来的辅佐下，成功地领导中国革命和建设的伟大事业。

综上所述，这一系列历史关头的真知灼见，使得毛泽东在风雨之中感受到患难见真情的巨大精神力量，为他与周恩来后来半个世纪的亲密合作奠定了基础。

毛泽东与周恩来，惺惺相惜，心心相印，风雨同舟，携手走了半个世纪，而立于不败之地。

毛泽东与周恩来在抗日战争时期。（历史照片）

“文革”前，周恩来凡有重要的出国访问，毛泽东总是去机场迎接。图为毛泽东与周恩来在对表。

1964 年 11 月 14 日，周恩来参加苏联十月革命 47 周年庆典后回到北京，毛泽东亲自前往首都机场迎接。

1964 年 3 月 15 日，毛泽东亲自到机场迎接周恩来访问亚非欧十四国归来。

1966年10月1日，毛泽东、周恩来走下城楼和群众共庆中华人民共和国成立十七周年。（钱嗣杰／摄）

困顿病榻

1974年5月31日夜，周恩来同马来西亚总理拉扎克签署《中马建交公报》后，直接住进305医院上了手术台。

1974年5月31日是个星期日。这一天周恩来将住进305医院，并直接上手术台做手术。他下午将自己的大侄女周秉德叫来，他想在离开西花厅之前，与邓颖超还有侄女再享用一顿难得的天伦之乐的晚餐。

周恩来和邓颖超曾经有过一个孩子，那是1927年，邓颖超由于难产，男婴生下来便夭折了，邓颖超的身体也因此变得非常虚弱。恰逢当时国内一片白色恐怖，邓颖超当夜逃难到上海寻找周恩来，一路颠簸下来，身体受到严重伤害，从此再也没有孕育孩子。

但周恩来有两个胞弟，他们均有孩子。

周恩来1898年3月5日出生在江苏淮安。周家在当地曾是大家庭，到周恩来父亲这一辈已经破落。周恩来同胞兄弟三人。他排行老大，按照家里的老规矩，如果一家没有后代，其他兄弟家应该过继一个孩子给无子嗣的这一家，也就是人们所常说的“续香火”。

周恩来的三弟周恩寿家孩子比较多，他向周恩来表达过，可以

70 年代初，邓颖超与侄儿们合影。

周恩来、邓颖超和侄女周秉建在一起。

过继一个孩子给他，男孩女孩都可以，只希望哥哥身边不要太寂寞，但周恩来还是婉拒了。他怕要了一个孩子，其他孩子心里会不平衡，觉得自己当伯伯当得不公平。于是周恩来决定将弟弟们的孩子都视同己出。他拿自己的工资供他们上学，关心他们的成长和进步。他的侄儿侄女们，一直也将伯伯、伯母当作这个大家庭的最高家长，有什么重要事情是一定要与伯伯、伯母商量的。

周秉德是周恩来三弟周恩寿的大女儿，在嫡亲侄辈中年龄居长，12岁那年，在周恩来夫妇与家人商议之后，她就住进了中南海西花厅，和周恩来夫妇一起生活了15年，直到有了自己的小家庭，才离开中南海。她在亲属中，与周恩来夫妇来往最为密切，邓颖超也曾说过，周秉德是所有亲戚中和他们夫妇感情最深的人。

这次周恩来要住院，而且是得了重病，他百忙之中想到了要和大侄女再见一面。

对伯父病情一无所知的周秉德接到让她去伯伯家吃晚餐的电话，自然是很高兴，心想伯伯终于有时间可以在家里吃顿饭了。周秉德一进西花厅后院的客厅，就看见伯伯穿了一件衬衣坐在沙发里看报纸，神情比平时放松多了。她记得以前来，伯伯不是在办公就是说几句话匆匆离开，很少见他能在沙发里坐一会儿的。

这一次，周恩来不仅坐住了，而且还与大侄女拉了好一阵子家常话。

周恩来在餐桌上，将自己即将去住院的事情告诉了周秉德："你不是看我很清瘦吗，我现在也确实有点病，要去医院住些日子。明天我去住院，以后我们见面机会少了，你自己要好好工作，教育好孩子，回家问你妈妈、爸爸好。"

也许是周恩来语气轻松，或者是对病情的轻描淡写，周秉德听到这消息不仅不担心，反而觉得是个好事。她觉得伯伯这些年太劳累，人瘦了不少，而且也76岁了，这次肯去住院治疗，就是一次疗养休息的机会。她高兴地对伯伯说："这太好了，您工作总是那么忙，身体也吃不消。现在您能想通了去住院，好好休息一段时间，身体肯定能恢复起来。"

周恩来愣了一下，说："我争取吧！"

过了一会儿，周恩来拿出两张早已准备好的7寸彩色照片递给侄女。周秉德接过去一看，是伯伯和伯母在大寨虎头山上拍的照片。

周秉德高高兴兴地收好照片，她以为伯伯这次住院和以前外出视察、出访那样，很快就会回到西花厅，回到原来的生活轨道上，医院只是一个小小的驿站而已。

可后来不久，周秉德就有了疑问。她要求去医院看望伯伯，伯母却对她说："不行呀，中央有规定，为了保证他的治疗，除中央政治局委员外，只有我可以去看他，我会把你的关心和问候带给他的。"

伯伯到底得的什么病？去看望就会影响治疗？难道……尽管周秉德有不祥之感，但她也没有敢往"癌症"二字上想，更不敢想象伯伯会永远离开他们！

她对伯伯如此明显的告别举动竟然没有丝毫察觉。她一向觉得伯伯身体没问题，任何时候见到他，他都是精神饱满，笑声朗朗，走路脚下生风似的，非常快。别说侄女周秉德没有察觉，就连整天跟着周恩来后面摄影的杜修贤也没有察觉，事先一点儿也不知道周恩来总理要住院的消息。他7月5日接到去305医院拍摄周总理会见外宾的通知，犹如劈头一棒。他一下子联想到5月29日晚，总理和主席握手道别的场景！他觉得自己真粗心，事先怎么就一点儿也没有察觉总理生了病呢（到这时他还不知道总理得的是不治之症）？这简直是不可原谅的粗心大意！

周恩来这几年明显消瘦苍老，大家是有目共睹的。但是大家都以为他是由于工作繁忙，大事小事，国事外事日夜操劳造成的；再加上他乐观的情绪常常“蒙蔽”了大家，使得总理身边许多人在感觉上造成了偏差，都不知道他已是身患绝症两年多的病人。

杜修贤听说总理在医院里，先是一惊，接着和周秉德的想法一样，住院对于总理来说，也许是一件好事，有了休息的环境，说不定休息治疗一段时间，再回到西花厅工作和生活，身体就会好起来。这样一想，杜修贤心里反而觉得愉快起来。

事情真是如此吗，只有当事人周恩来与医疗组的医生心里最清楚，重回西花厅几乎就是天方夜谭。周恩来在这年的 4 月 22 日会见日本朋友，当客人再次邀请他访日时，他沉沉地叹了一口气：我欠的账太多了。所以我跟人家说我出不去了。我东边不能超过日本、朝鲜，西边不能超过巴基斯坦、阿富汗，南边不能超过越南、缅甸，北边不去了。再往西、往南、往东走还有很多国家，我都欠账了……

侄女走后，周恩来到办公室整理了一会儿文件，向秘书交代了一些工作，然后穿上中山装，来到这个工作和生活过 25 年的院落里，怀着诀别的心情，凝视着眼前熟悉的环境，伫立良久，默默地在心里跟这所院落挥手说再见。

周恩来离开西花厅并没有马上去医院，而是先去了人民大会堂，他去医院前还要处理一件公务活动，那就是要同马来西亚总理拉扎克签署《中马建交公报》。这是中马两国之间的一件大事，周恩来十分重视这次公报签署仪式。这一天在杜修贤的镜头里，总理脸色苍白，显得神情疲倦，精神状态已经不像原先那么焕发，眼睛也不

西花厅周恩来的办公室。

如原先那么有神了。杜修贤心里滚过一阵心酸，只以为总理又因为熬夜，没有睡好觉，累成这个样子了。

尽管周恩来拖着重病的身躯，在强打精神，勉强支撑着主持外交活动，但他是自始至终都在认真地履行总理的职责。

现在打开周恩来 1974 年 1 月至 5 月 31 日的工作日程，我们可以看到，不到半年里，周恩来是怎样在用自己的病躯承担起党和国家的重担。除了几次病重不得不卧床外，工作达 139 天。每日工作 12 至 14 小时的有 9 天，工作 14 至 18 小时的有 74 天，工作超过 18 小时的有 38 天，工作 24 小时以上的有 5 次，连续工作 30 小时的有 1 次。

在这 5 个月中，周恩来接见外宾达 80 多人次，仅 5 月份就接见外宾 20 多人次。光亲自接待、会谈的外宾就有坦桑尼亚总统尼雷尔、柬埔寨副首相兼国防大臣乔森潘、塞内加尔总统桑戈尔、巴基斯坦总理布托、塞浦路斯总统马卡里奥斯、英国前首相希思和马来西亚总理拉扎克。

1974 年 5 月 1 日，周恩来在北京中山公园音乐堂。

这哪里是一天一天的记载，也不是一字一字的记录，分明是一滴血一滴血的流淌，一步一步地走向生命的终点。

然而，这就是“我不下地狱，谁下地狱”的周恩来，也是性格、使命与无奈并存的周恩来。

他在公报上落下“周恩来”三个字，身后宾主一片欢呼，纷纷举杯庆贺。

仪式结束，宾主离开人民大会堂，此时已近午夜。周恩来才在邓颖超以及保健医生、护士等的陪同下，前往解放军305医院。他一到医院，日历翻开了1974年6月1日的凌晨……

为什么周恩来住院的准确记载时间为1974年6月1日，也是源于此。

自此以后，周恩来再也没有离开305医院的病床，这里成为他生命历程的最后驿站。

周恩来在305医院这间病房里度过了生命的最后岁月。

为什么会选定一所战备医院为周恩来的治疗医院呢？原因有二，第一，305医院位于北海公园西岸，与西花厅只有一墙之隔，距离近；第二，这栋只有四层楼的建筑物，建于中苏珍宝岛武装冲突以后，是专为毛泽东等中央负责人修建的战备医院。因为是一个新建医院，院内医疗设备在当时还属先进。但是这所医院也有不足的地方，这之前是没有设泌尿科的，在确定周恩来来305医院住院治疗后，由卫生部牵头，将上海的熊汝诚、天津的虞颂庭调往北京，再从北京协和医院、阜外医院、解放军总医院、友谊医院、北大医院、北京医院和中医院抽调了吴阶平等十多位全国有名的泌尿科、外科、心血管病等方面的专家与麻醉师组成了专门的医疗小组，跟随周恩来身边的保健医生以及护士组成了护理班子。就是说305医院因为周恩来在此治疗而拥有了一个最强大的专家班底的泌尿科。这些专家教授一方面为总理治病，一方面抽出时间到医院门诊坐诊、查房或者到其他医院去为其他病人诊疗，一边实践一边不断总结经验，以更好地为周恩来治疗。

周恩来有个奇特的生活习惯，他睡觉时必须使用自己的被褥，哪怕是出国访问，他的被褥都要带着出国，尽管这套被褥已经跟他很久，也非常陈旧，对着阳光看都是丝丝缕缕磨得透亮了。但是周恩来睡觉就是离不开它们的陪伴，好像只有盖着它们，才会有睡意似的。就连1971年9月13日林彪叛逃那一夜，为了处理这起紧急事件，周恩来第一次住在人民大会堂的台湾厅，卫士长赶紧叫在家警卫将总理用的被褥抱到大会堂。但是周恩来临阵指挥这场共和国成立以来最为危急的意外事件，一连50多个小时没有合眼，这些被褥自然没有用上，最后还是抱回西花厅，才盖在了主人身上，让周恩来安心地小睡了一会儿。

这次周恩来住进医院也是如此，病床上使用的还是自己在西花厅用惯了的被褥，只是进行了消毒。

周恩来住院前，还有一个人格外忙碌，那就是叶剑英元帅。他赶在周恩来住院前，亲自到医院检查各项准备工作，甚至连医务人员的夜餐费、补助、伙食标准等都由他亲自制定。6 月 1 日凌晨，周恩来上了手术台，叶剑英又亲自到专家就餐的伙房，向厨师们抱拳叩谢："拜托大家了，让专家们吃好，也是照顾好总理。拜托拜托……"

以后，叶剑英每天必定要到医院看望周恩来。有时很晚了，他

周恩来、叶剑英与美国代表团谈判时的场景。

也要来，如果碰到周恩来睡了，他就在病床旁的屏风外默默坐一会儿。

叶剑英无微不至的关心，令病中的周恩来感到战友之间深厚的友情与无言的精神慰藉。

周恩来一进医院便躺上了手术台。经过检查，医生发现周恩来患有肿瘤的位置有了改变，也大了一点，但还是可以作手术切除的。手术进行得非常顺利，几天后，周恩来就能活动了，解手也不再痛苦，也没有血尿了。他的脸上再次露出了久违的笑容。

第一次大手术后，周恩来很认真地嘱咐医护人员，你们一定要把我的病情随时如实地告诉我，因为还有许多工作，要作个交代。

细心的人发现，自1974年5月31日，周恩来代表中国政府在《中马建交公报》上签署了自己的名字后，在一个多月的时间里他再也没有在公众场合露过面，也没有与外国首脑举行公开的正式会谈，而是由邓小平和李先念代替他，频频接见外宾并进行会谈。

总理住院了，没有再参加政治和外事活动，新闻媒体报道里也不再见周恩来的行踪，马上引起了外界的猜测。因为在那个特定的历史时期，人们往往是从新闻媒体上有无某个人的消息而判断这个人的政治去向。人们不难忘记，1968年6月，毛泽东接见中央和地方有关领导人，陈伯达组织新闻稿，将国家计委第一副主任兼秘书长余秋里之名省略。毛泽东审阅时问陈伯达："还有余秋里嘛！"陈伯达无奈，只得将毛泽东原话"还有余秋里"转抄新闻稿上。也是毛泽东这句话，让正在接受造反派严厉批斗的余秋里有了"松绑"之日。"还有余秋里"便成了那个时期特定的政治语言，一个长期不见踪迹的领导人，一旦见报，不管什么形式，就意味着此人要被"解放"了。

周恩来为何不见报的知情人范围很小，江青算是一位，但她心里却有一番打算，周恩来病了，对于她来说，是一个攻其不备的机会。

周恩来住院后，邓小平主持国务院工作，他在机场迎接外宾。

叶剑英与李先念在机场交谈。

周恩来“不作声”的一个月里，江青的声音可不低。6月中旬，她召集“梁效”（即“四人帮”操纵的北大、清华两校大批判组写作班子笔名）等写作班子成员开会，再次强调要批“除了林彪、陈伯达以外”的“现在的儒”。江青还说：“现在还有人要复辟，不能说没有。要复辟必然要抬出儒家。”加大了1月份以来部署的“评法批儒”的宣传力度。

在北京煽动还不过瘾，江青又跑到天津一些工厂、农村、部队，继续散布“儒法斗争继续到现在”的言论，煽动“揪现代大儒”“批党内大儒”。她还有意借外国电讯上的说法，暗示周恩来即是“现代的大儒”。

周恩来住院手术后一个月左右，美国民主党参议员亨利·杰克逊和夫人来华访问。

中美两国由对峙走向对话，中美关系的解冻，是毛泽东、周恩来晚年的外交杰作。杰克逊是美国民主党参议员，对于改善中美关系至关重要。周恩来对前来访问的美国民主党参议员自然很重视，加之身体有好转，他决定借参议员要求与他会面的机会“复出”。于是，他将在医院会见美国客人的想法报告了毛泽东，毛泽东同意了。

挂肚牵心

周恩来在江青一伙"揪现代大儒""批党内大儒"的叫嚣声中开始恢复工作。周恩来住院的消息也随之公布于众。

手术后的一个月零五天，即7月5日上午10点多钟，亨利·杰克逊夫妇一起来到周恩来在医院的临时会客厅，此厅与病房相通，中间只有一道屏风隔开。客厅里围着一圈沙发，外宾一般都在这间简朴的客厅就座。

亨利·杰克逊夫妇得知周恩来总理将在医院接见他们，就意识到周恩来患的不是普通的病。按照外事礼节，是不会安排宾客去医院会谈的。等他们见到主人，更加感觉到周恩来身体的虚弱。但能在这个时候见到周恩来，他们还是感到很荣幸。

宾客一坐下来，不等他们发问，周恩来先坦率地对他们说明自己的病情。说自己因为生病住院，已经整整一个月没有见外国客人了，包括身边的同志。住院前的5月份接待了不少客人，也是力不从心，比较勉强。

谈话中，他们涉及国际问题。周恩来说：我们历来主张，世界各个大小国家一律平等，各自保卫自己的领土完整和主权，在这个

1974年7月5日，手术后的周恩来在医院第一次会见外宾——美国民主党参议员亨利·杰克逊夫妇。

基础上再联合起来反对扩张主义。他话题一转，又说：至于中美之间的问题，就是台湾问题了。

杰克逊表示：时间会解决这个问题，我们支持《上海公报》。

中美《上海公报》得到像杰克逊这样的美国民主党参议员的支持，周恩来露出了欣慰的笑容，说明他所做的工作没有白费心血。

也是因为这位美国民主党参议员访华，报上刊登周恩来会见报道时，首次披露了会见地点是医院。周恩来患病的消息，不胫而走，引起了震动。

人们更多的是对周总理的担忧。全国各地纷纷寄来了慰问信。有干部、有工人、有知识分子、有农民、有学生还有解放军官兵……这一封封来信，道出了大家共同的心声：希望周总理早日恢复健康，早一天出院。特别是一些医疗战线上的医护人员，毛遂自荐要求来北京为周恩来总理治病。有的随信寄来治疗疑难病症的药方，更有些热心的人寄来了成包的中草药和治疗绝症的药品……由于这些热心人并不知道周总理得的什么病，仅是按照周恩来劳累程度和年纪推测为心血管疾病，所以开来的方子或者寄来的药品都不对症下药，基本无法发挥作用。这里摘抄其中两封信，便可见一斑。

从报纸上、广播里听到周总理在医院接见来宾，后来道听途说周总理患动脉系统疾患（未悉是否准确）。周总理为全国人民操劳，积劳成疾，我日夜反复考虑，不得指望周总理指日病愈。因我三世业医，对此稍有经验，早想寄方施治，无址投信。急则生智，想此办法，邮电可转寄总理，此方有益无害，请高明医师再加诊查参考是否适宜。如可服，即服四至六剂，如效果显著，便将脉象、体温、血压以及病状捎来，再量更方寄去，以祈总理病愈在望。

敬爱的周总理：近年来在参考消息上看到您老人家住院和在医院接见外宾的消息，却没有说您老人家得的什么病。因此我八方询问……得知您老人家是心脏病和目疾，所以我斗胆介绍我们祖传民间秘方，这两秘方对人体完全是有益而无害……

那么不懂药理的人怎么办呢？他们想到了献血。一位叫卫德润的青年人要求为周总理献血，特地寄来了“O”型血的化验单和用自己的鲜血写下的“决心”二字。这表达了他对周总理的热爱和为周总理治病的决心。

其实周恩来的血型是AB型，从1973年元旦后开始尿血，隔几天就需要输一次血，长此以往，需要的血量还是很大的，而 AB 型血人群相对又少，以至库存血浆经常告急。为不惊扰民众，每一次周恩来进行大手术前，血库的人员便从中央警卫团的官兵们中挑选合格血型的人为周恩来献血。

“总理需要输血！”消息不胫而走。几百名官兵争先恐后要为周总理献血，都希望自己是 AB 型血。检查下来，毕竟只有少数官兵合格。而那些无法献血的战士便主动为献血的战士多站几班岗，以这种方式为周总理的病情分忧，为他的健康出一份力。

战士们的热血流进了周恩来的血管里，周恩来度过了手术后的危险期，但他自始至终都不知道是中央警卫团的战士们为他献的血。因为大家都了解周恩来的脾气，此事一旦让他知道，他宁可不做手术也不会让战士们为他献血。所以，有时候善意的谎言就是一种善良心灵的语言。

长期担负保卫中央领导同志安全的中央警卫团的指战员为了延长周恩来的生命，为党和国家顺利完成权力交接，作出了一份特殊的贡献。

周恩来在这次会见美国民主党参议员后，开始了在医院里用重病身躯挑重担的艰难岁月。

周恩来在医院里会客、办公与开会，病房就是办公室，病床就是办公桌，而且在这个特殊的办公场所里，工作量还是那么多，日程安排得也是那么满。

短短半年时间，他就在医院参加活动和会见外宾达十多次，有时中间只隔四五天。摄影记者杜修贤有一个外事拍摄日程表，上面清楚地记载着 1974 年下半年，周恩来在医院会见外宾的情况——

7 月 5 日，会见美国民主党参议员亨利·杰克逊和夫人。

7 月 20 日，会见尼日尔最高军事委员会副主席萨尼·苏纳·西多少校及所率尼日尔政府代表团一行。

8 月 3 日，应越南方面一再要求，会见越南副总理黎清毅等。

9 月 20 日，会见菲律宾总统马科斯的特别代表、马科斯总统夫人伊梅尔达·马科斯。（在此之前又经历了一次手术）

9 月 26 日，会见毛里塔尼亚总统莫克塔·乌尔德·达达赫和夫人。

10 月 6 日，会见加蓬总统、政府首脑哈吉·奥马尔·邦戈和夫人。

10 月 19 日，会见丹麦首相保罗·哈特林和夫人。

10 月 27 日，会见越南副总理黎清毅、外贸部副部长李班、国防部副部长陈参中将。

11 月 5 日，会见特立尼达和多巴哥总理兼外长埃里克·尤斯塔斯·威廉斯博士。

11 月 10 日，会见也门民主人民共和国总统委员会主席萨勒姆·鲁巴伊·阿里。

11 月 24 日，会见柬埔寨王国民族团结政府副首相府特别顾问英·萨利率领的柬民族统一阵线、王国民族团结政府经济和财政代表团成员。

11 月 25 日，会见基辛格博士及其夫人和子女。

12 月 5 日，会见越南劳动党中央政治局委员黎德寿和越劳动党中央委员、书记处书记春水。

同日，会见日本创价学会会长池田大作和夫人及由池田所率日创价学会第二次访华团全体人员。

12 月 12 日，会见美国参议院民主党领袖迈克·曼斯菲尔德和夫人。

同日，接见巴基斯坦国防和外交国务部长阿齐兹·艾哈迈德。

1974 年 9 月，周恩来在医院会见菲律宾共和国总统马科斯的夫人伊梅尔达 · 马科斯与儿子。

短短半年时间，周恩来就在医院参加活动和会见外宾达十多次，有时中间只隔四五天。

12 月 16 日，会见扎伊尔总统蒙博托和夫人及随行人员。

……

而这仅仅只是他会见外宾和出席招待会的记录，统管全局方面还做了不计其数的艰苦而细致的工作。

自从周恩来住进了医院，杜修贤就经常到医院去拍摄。他原来最不喜欢医院，也从不进医院。这不仅仅因为他身体健康，也因为医院与痛苦、死亡联系在一起，这一处飘散药水气味的“白色世界”，总是会让人恐惧伤感。

可是现在杜修贤不得不追随总理的身影经常跨进医院的大门。尽管周恩来治疗的小楼东临北海，空气新鲜，环境宁静而优雅，尽管镜头里的周总理还是那样风度翩翩……但此时此刻的他，心情总会处于沉重与焦虑之中……

每次拍摄完，他都要向卫士长或是秘书打听总理的病情。虽然大家都严格执行保密制度，嘴上不说什么，但杜修贤从大家的情绪上判断，不仅总理的病情不乐观，就连周恩来超负荷的工作程序从西花厅一直延伸到 305 医院，也让身边的工作人员忧心忡忡。

有时候碰到会见外宾的时间超过半个小时，大家就开始在门外坐立不安，不住地从门缝往里瞧。如果超过一个小时还不结束，医护人员也着急地站在了门外。

实在着急得不行了，就把杜修贤往里推。一般情况下，只要摄影记者进会客厅，宾客都会意识到，到了告别的时候了。

刚开始，杜修贤没有领会医护人员的意图，生怕自己违规，被总理批评。

卫士长急得都快哭了：“你真是榆木脑袋，现在哪有这么多的规矩！总理都病成啥样了，你看不见啊？进去呀，你进去呀！”说着几乎是把摄影记者给推了进去。

卫士长的话真把杜修贤说醒了，赶紧走进会客厅，举起机子对准宾主的方向，也不知是凑巧还是外宾知趣，会谈还真的结束了。

医护人员在门外乐得直朝杜修贤竖大拇指。

外宾离开后，医生护士可真要来点严肃的，故意绷着脸：“请总理卧床休息，您超过了规定时间。”

“好好，我听从你们的指挥，下不为例，下不为例！”周恩来左看看右看看，风趣地说。

“您每次都说下不为例……每次都违例。”一个护士在一旁小声地嘀咕。

“这是最后一次。下次接受同志们的监督。”

大家忍不住笑了起来：“您老是虚心接受，就是不改正！”

12 月 5 日，杜修贤去拍摄周恩来在医院会见日本池田大作。会见时间不太长。结束后，电影电视的记者已经收拾好先走了，杜修贤提着摄影箱也准备离开，刚走到客厅的门口，周恩来在身后叫住他。

杜修贤扭过身，看见总理一手扶着客厅的门框，另一只手朝他招招。杜修贤三步并两步，跑到总理跟前，将手里的摄影箱放在地毯上，想扶总理进客厅坐下，总理摆了一下头：“不用了。”

杜修贤细细地端详着总理，不由得鼻尖发酸，总理太瘦了，苍黄的面颊上布满了老年黑斑，他微微地喘息，嘴唇因失血变得苍白而干燥，唯有那双深沉的眸子依然明亮。

周恩来喘定一口气，将视线缓缓地投在这位跟随他十多年的老记者的脸上，说：“我的病你知道了吧？”

“嗯。”杜修贤闷着气应了一声，深深地埋下头，他的心里涌上深深的愧疚。

在总理住院的前几天，他还莽撞地跑到西花厅总理办公室，进门也不细看里面的气氛，开口就对周总理讲人民大会堂安装固定摄影灯，因为20米的电缆线和别的单位发生争执，请示总理怎么办。等他把话说完，才发现总理靠在沙发里，脸上蜡黄，再细一看，邓大姐也神情黯淡，坐在一边的沙发上。

杜修贤自知失礼，不该贸然闯进来，打搅他们的工作，转身想走。周总理叫住他，让他去找办公厅的领导，叫他们出面协商解决。临了，他叹了口气，说："老杜你呀，什么事都来找我，看我不在了你找谁！"

杜修贤不以为然，嘿嘿直笑，心里说了，您什么时候都在！

没过几天，他知道周总理身患绝症住进了医院，顿时心像刀子割，悔不该为20米长的电缆线也去打搅他，也许那时他正在遭受病痛的折磨……唉！他在心里把自己骂了一百遍：真该死！

如今他望着眼前的周总理，眼眶潮湿了，不知说什么才能绕过这个最令人害怕的话题。

可是周恩来并不避讳，他用略带沙哑的声调对杜修贤说："外国朋友都问我，你的病好得了吗？我怎么回答？只能回答：'好了就好了，好不了就了啦！'"

"总理这这……"杜修贤语无伦次，一下子找不着合适的字眼来表达此时的痛苦感情。但他看到总理坚强的目光，就紧紧地抿住嘴，咽下这不合时宜的悲伤，竭力控制自己的声音："总理，听说中医对这个病很有办法！您试试……"

周恩来摇摇头，无声地笑了，笑得那样平静，平静得让杜修贤心里直打颤。他明白了总理是用重病的身躯在险恶复杂的政治环境里担着中国的前途和命运，而且镇静自若、从容不迫地做好了走向生命尽头的心理准备。

他难受地低下头，避开总理的目光。这时周总理拍拍他的肩头，示意他不要难过。

杜修贤抬起头，承接了总理平静而又坚强的目光……十多年的辛酸苦辣，十多年的风风雨雨，十多年的情深意长……未尽的希望，未尽的教诲，未尽的关怀都浓缩在这目光中。

周恩来在医护人员搀扶下，走了，走进他的病房。杜修贤默默地望着总理略略弯曲的背影在视线里消失。

杜修贤心里悲愤地呐喊，命运为什么对我们的总理这样残酷？他的泪水再也抑制不住了，纷纷滴落在紫红色的地毯上。

垂暮之治

周恩来患病住院后，毛泽东垂暮的心更加孤寂，在坐专列南下前，他用模糊的视线与全体在京政治局委员“告别”，第一次对江青等人提出严厉批评。

毛泽东的一生都在构建一幅造福人民的最美图画，但他现在心有余而力不足，已经无力完全掌控“文化大革命”的局面。在这样的情形下，毛泽东始终没有把权力移交给林彪或者江青集团。他对江青虽然有时相信，但并不重用。“十大”之后，江青集团的骨干王洪文当上了党的副主席，他们自以为得势，开始从各方面排除异己，为攫取最高权力扫清道路。他们的野心引起了毛泽东的警觉和不满。

周恩来住进医院后，江青一边继续“评法批儒”，一边将矛头对准了主持国务院工作的邓小平，不断制造麻烦、挑起事端……毛泽东看在眼里记在心里，一直想找机会对江青一伙好好敲打一下，好让其收敛过于嚣张的气焰。

周恩来7月5日在医院恢复工作后，毛泽东心里稍稍松快了一些。于是他决定赴南方巡视之前，召集一次在京中共中央政治局委员的会议，向政治局做出一些重要交代。

1974年7月17日下午，身患多种疾病的毛泽东将会议地点放在了自己的书房兼会客厅，周恩来也从医院赶往毛泽东住所“游泳池”。

毛泽东尽管视线已经模糊不清，但一见周恩来，还是感觉出他比以前更消瘦了。他亲切地问候周恩来，并与他寒暄了一阵。周恩来也明显地感觉到，毛泽东心中有话要说。

不一会儿，在京的中央政治局全体成员陆续到场，大家坐成一圈，神情严肃地准备聆听毛泽东发表重要讲话。

出乎大家意料，会议一开始，毛泽东语气就和窗外骄阳似火的盛夏一样灼人。对“批林批孔”以来江青、张春桥、姚文元、王洪文所进行的一系列帮派活动表示了强烈的不满，他严词批评道：“你们要注意呢，不要搞成四人小宗派呢！”

这是“文革”后毛泽东在中南海的住所，它有一个特殊的名字叫“游泳池”。

毛泽东的话让大家的目光情不自禁望向江青、王洪文、张春桥、姚文元四人方向，谁都知道“四人小宗派”指的就是这四人。被毛泽东当众点名，除了江青一脸无所谓的表情，其他三人都颇为尴尬。

其中最年轻的王洪文从1973年8月中共“十大”成为“第三号人物”，到1974年7月17日这一天受到毛泽东尖锐批评，连一年都不到！如此短暂的高层领导仕途令他本人除了尴尬之外还特别紧张，这只是一次爱护性的批评还是“失宠”的信号？王洪文心里没底。

所以在会上，他的态度最好，表示要好好检讨。

其实，毛泽东点“四人帮”的目的是要敲山震虎，敲给江青听。

“江青同志，你要注意呢！别人对你有意见，又不好当面对你讲，你也不知道……不要设两个工厂，一个叫钢铁工厂，一个叫帽子工厂，动不动就给人戴大帽子。不好呢，要注意呢……”

毛泽东那浓重、迟缓的湖南口音，回荡在客厅里。

此时的毛泽东双眼视力模糊不清，但他仍不断将目光投向坐在一角的江青。

毛泽东还表示了自己与江青泾渭分明，彼此独立。他当众宣布：“她并不代表我，她代表她自己……总而言之，她代表她自己。”

说完这句话，毛泽东叹了一口气，语气里透着无奈与失望：“你也是难改呢……”

在座政治局委员们第一次听见毛泽东在党内高层点明了“四人小宗派”的问题，第一次在中央政治局会议上点名批评江青，并且语气是那样严厉。这是很不寻常的举动。整个会议除了毛泽东雷霆震怒厉声批评的声音外，便是四人小声唯唯诺诺的检讨。虽然时间不长，却考验着每一个人的承受力，所有人都绷紧着神经听完了毛主席的“重要讲话”。

的确是非常重要的讲话啊！在场的周恩来和邓小平又一次深深感受了毛泽东高度的政治敏感力。

但毛泽东如此厉声，如此重量的“敲山”，能否对江青一伙有“震虎”作用？很难说。

以后事实也证明了江青等人对毛泽东的批评不仅是阳奉阴违，我行我素，而且变本加厉，伺机报复。

不过有一点让他们猜到了，那就是毛泽东对新选接班人王洪文很快就给予了“颜色”。

1974年7月17日那天下午，毛泽东在自己书房里，对着十多名政治局委员将要说的话一吐为快之后，他需要休息一会儿，平息激动的心绪。因为再过几个小时，他就要坐火车离开北京前往南方几省，开始他的“流动中南海”的岁月。

傍晚，一抹晚霞倒映在中南海平静的湖面。暮色中，宽阔的长安街上已是华灯齐放，车水马龙。伴随着电报大楼钟楼发出的浑厚悠扬的《东方红》乐曲，夜幕开始悄悄降临。

当喧闹的街头变得车少人稀、渐渐安静下来时，一队轿车从中南海新华门鱼贯而出，转弯向东，急速驰向北京站。

轿车里坐着年逾八旬的毛泽东，这是他人生的最后一次外出巡视。也许他已感觉到自己的生命即将走向终点，也许他还想再一次重温自己走过的足迹，他带着重病之躯踏上了南巡的旅途。

中南海随着两位伟人身影的离开而显得空寂与安静了。

毛泽东此次外出，事先是经中央政治局反复研究后同意的。此行的第一站是湖北省会武汉市。武汉位于长江、汉水的交汇处，由隔江鼎立的武昌、汉口、汉阳三镇组成，因交通便利，地处要冲，故久有“九省通衢”之称。

1974 年，邓小平陪同外宾到武汉，毛泽东与他握手交谈。

1974 年，毛泽东在武汉，邓小平陪同外宾前去会见 。

两天后，毛泽东在烟雨迷雾、高温难耐中，抵达了武汉。

以后两个多月，毛泽东一直在武汉东湖湖畔的宾馆里办公，处理文件与接待外宾。

1974 年 9 月 4 日，毛泽东在武汉东湖宾馆会见多哥总统埃亚德马时，杜修贤意外地发现坐在毛泽东之侧的，不再是王洪文，而是国务院副总理邓小平！

是王洪文外出了，还是其他原因？不，王洪文就在北京，这是毛泽东有意疏远王洪文的一种方式，使得王洪文接班人的形象逐渐变得模糊起来，最后淡出人们期待的心理范畴。

就连外国记者都看懂了中国政治的潜台词，他们敏感地说："王洪文失宠了。"

从此之后，毛泽东会见外国首脑，再也没有要"王副主席"参加。

9 月 10 日，毛泽东会见尼日利亚联邦军政府首脑戈翁将军，在座的是国务院副总理李先念。

9 月 19 日上午，毛泽东会见毛里塔尼亚伊斯兰共和国总统达达赫，陪同会见的是邓小平。

10 月 5 日，毛泽东会见加蓬共和国总统邦戈，在座的还是邓小平。

10 月 20 日，毛泽东已经"转场"，来到他的家乡湖南长沙，在那里他继续着自己独特方式的外事活动——外宾来中国访问，追随毛泽东足迹前去拜访。

这一次毛泽东在长沙会见了丹麦王国首相哈特林，在座的仍是邓小平。

在长沙期间，毛泽东六次会晤外国首脑。镜头里始终没有再见王洪文的身影。

毛泽东离开北京时间不长，周恩来的病情再次恶化。

按治疗计划，周恩来在三个月后要再作膀胱检查，以防癌症病灶再度复发。然而，出乎人们的预料，没等到三个月，周恩来小便又现大量鲜血。这是癌症复发的征兆。8月10日不得不进行第二次膀胱手术，这次手术距离第一次手术只有两个多月。

手术前，周恩来于8月9日致信毛泽东，汇报了自己的病情及治疗方案，并在信中表示："在上次手术后，体力虽较弱，但自信尚能经受这次治疗。"

真是老伤未好又添新伤。以前没有微创手术，膀胱手术都要打开腹腔，属于外科大手术。这样的大手术不要说对于一个70多岁、身体极其虚弱的老人，就是健康人都很难承受的。但为了延长周恩来的生命，也为了期待奇迹的发生，医护人员含着眼泪，不得不在周总理身上再次"下狠手"，对周恩来体内癌细胞转移部分施行局部切除手术。

周恩来以自己坚强的意志力，再次承受了炼狱般的膀胱手术。癌症肿块再次被切除。手术后，病情较见平稳。血马上就止住了，专家们再结合其他预防性治疗。周恩来的症状一天一天在减轻，精神状态也有改观。在周恩来接受手术后不久，毛泽东的眼睛因患老年性白内障几乎到了失明的程度。周恩来躺在病床上非常着急，他特意托人将自己使用了多年的一副老花镜带给毛泽东，并附信嘱咐毛泽东的秘书："这副眼镜是我戴了多年，较为合适的一副；送给主席试戴，如果不合适，告诉我，给主席重配。"礼物虽小，但情意深重。

两位伟人在病中相互鼓励，鼓舞起斗志与病魔做斗争，同时他们还要在垂暮之年以自己病重气弱的身躯支撑起党和国家的千钧重任，可想他们是多么不易与艰辛。此时的战友之情恰似抚慰心灵的一剂良药，让他们在病痛中感到来自精神的支撑与慰藉。

医疗组的专家们通过认真观察病情的变化，觉得周恩来的病情比较稳定，这让总理身边的工作人员特别高兴，觉得他们的总理有救了。

周恩来自己也觉得虽然抱病，但还可以多干一些工作。于是他与邓小平、叶剑英、李先念等一线工作的领导人保持着密切的联系，几乎每天日程都安排得满满的。周恩来将305医院的病房，变成了他最后一年多生命里的办公室。

欢聚一堂

1974年9月30日晚。周恩来最后一次出席主持国庆招待会。与其说是招待会，倒不如说是他向国际朋友、战友、部下和身边工作人员的告别会。

周恩来住院一晃四个月过去了，转眼间1974年的国庆节就要到了。这年的国庆节恰逢共和国诞生25周年，在共和国的历史上逢十要大庆，逢五要小庆，这已是不成文的规定了。

周恩来作为共和国的开国总理，从1949年新中国成立以来，每年一度的国庆招待会，几乎都是由他主持，这也已经成为惯例。

1974年这一年的国庆招待会，定于9月30日晚上在人民大会堂宴会厅举行。可是，这次招待会究竟由谁来主持？是身患绝症的周恩来，还是由其他人来代理，一时成了国内外人士关注的焦点，也是国内外记者这几天来一直在猜测的话题。

杜修贤因为是中央新闻外事摄影小组组长，他最先得知，将要出席这次招待会的，不仅有周恩来总理等党和国家领导人，有各条战线的代表，有各方面人士，有世界各地的来宾，更为引人注目的是，将有一大批被“打倒”的老干部在招待会上要重新露面。应该说这次国庆招待会是自从“文化大革命”以来最隆重最有亮点的一次招待会。

为了做到万无一失，杜修贤一早就赶到了会场，检查各项设备，落实拍摄报道具体事项。他想，要是以前，总理说不定就会来个突然袭击，突然来到现场，检查新闻报道是否落到实处。因为周恩来十分心细，检查工作也十分细致，他会问：会场的灯光是否全部打开？如果全部打开了，主席台上的人是否晃眼？接着他又说：毛主席、朱德同志、宋副主席等人年纪大了，怕光。你们年轻人不理解老年人眼睛怕光，体会不到老年人的痛苦！对于话筒，他要求得也很到位：不要太高了，挡嘴。另外，也影响拍电视、拍电影的效果。凡是毛泽东等人将要经过的地方，他都亲自走一遍，然后对服务人员说：地毯一定要铺平，人行道上不能有任何障碍物。

那时摄影记者虽然身为“无冕之王”，经常出入最高层领导人的宅院，出席最高层的会议，参加秘密的来访与接见，但他们却时常要忍受饥饿之苦。周恩来总会嘱咐服务人员：“时间不早了，给他们找点吃的，他们还没吃饭，要照顾好他们。”

总理这样一句话，使不少记者感动得要落泪。

杜修贤记得1973年夏天，为举行一个盛大的迎宾会，他们新华社摄影部的记者在大会堂布置拍摄点，突然发现灯光用电线有故障，为了是取新电线还是排查老电线问题，杜修贤这个摄影部副主任与主任石少华发生了意见分歧。恰在这时，周恩来正好过来突击检查，于是他成了双方的裁判。听完两人的意见后，他快速做出了裁决——重新取来电线，因为大会堂的电线已经老化，排查最后可能还是要去取新的电线，还不如先下手为强，这样可以节省时间。

杜修贤一想到这样隆重盛大的招待会，总理可能是最后一次参

1973 年夏天，周恩来在人民大会堂与杜修贤、石少华（左一）等人就摄影问题进行探讨。

加，心中不禁涌起阵阵悲伤。

检查完后，杜修贤手拿相机站在大会堂北京厅门口，等待总理的到来。这时他看到大会堂的几位领导也在等候周总理的到来，因为他们很长时间没有见到总理来人民大会堂了，对总理的病情很牵挂。他们相互打听询问，关心总理的病情是否有好转。

其实杜修贤心里是矛盾的，既希望总理又一次出现在镜头中，和往常那样，庄重潇洒；但又不希望他来，因为他被病魔折磨得太虚弱了，他需要休息，出席这样大的集会，对他的身体太不利了。

就在杜修贤被这种矛盾的心理困扰时，一辆黑色红旗轿车停在大会堂东大门外。周恩来从车里走了出来。他和以往一样，下意识地先看看表，这一次他和以前一样也是提前到场。看到这个细节，杜修贤不由得笑了，看来生病后的总理，什么也没有改变，就连时间观念也还是那么强。

周恩来今天还是那身深色的中山装，只不过由于病痛的折磨，使他的面容更加消瘦、苍白、憔悴，但掩盖不住他内心的激动。见到大家，他露出了微笑，向大家招手。

周恩来进了人民大会堂北京厅里休息，他在沙发上刚刚坐下，便急不可待地告诉身边的国务院管理局副局长："请你找傅崇碧同志、肖华同志、刘志坚同志、齐燕铭同志来这里，我要见一见他们。"

一会儿工夫，肖华、刘志坚、傅崇碧等一路小跑来到北京厅。不管他们哪一位进来，周恩来都要站起身子，主动地迎上去与他们紧紧握手，用炯炯有神的目光从头到脚地打量着，深情而又内疚地说："你们受苦了，我没有保护好你们！"

肖华、刘志坚、傅崇碧等将军们见到周恩来总理身体如此虚弱，但此刻还在关心着他们，都哽咽着不知说什么好。

下午三点整，国庆招待会在宴会厅准时开始，大厅里回荡着悦耳的民乐曲调。这时，周恩来站起身，看着邓小平等领导人来迎接他，点点头说：我们进去吧。

周恩来和以往一样的身姿，一样的速度，快步走向宴会厅。

"周总理来了——"

这消息像一声惊雷，激起全场数千人暴风雨般的掌声。

几个月了，一直没见周恩来在公开场合露面。今天，盼望已久的总理，终于出现在大家的视野里，人们怎能不激动万分呢？许多人不知真相，一看到总理出席了招待会，还以为他身体康复了，欣喜之情油然而生。坐在前排的中外宾客，争先拥向周恩来身旁，热情地和周恩来握手，激动地向他问好，向他致意，向他祝贺。

后面的人无法拥到前边，也顾不得这是庄严的人民大会堂，情

1973 年 9 月 30 日，国庆招待会上的周恩来举杯向大家敬酒。

1974 年 9 月 30 日，已经住院的周恩来出现在国庆招待会上，这是他最后一次主持大型活动。

急之下，干脆站在椅子上。连一向讲究礼貌的外交使团，也受全场人情绪的影响，不顾外交场合的礼节，都离开座位，站了起来，有的踮起脚尖，伸长脖子，以一睹中国总理的风采为快。

面对这么多热情激动的朋友、战友与部下，周恩来也深受感动，他微笑着，高兴地向大家招手致意，在他一再示意下，宴会厅才渐渐地平静下来。

乐队奏过国歌之后，周恩来在热烈的掌声中致祝酒词。

他那特有的带有江苏口音的普通话，是那样熟悉、清晰、洪亮，在大厅的四周回响，大家顿时觉得时光倒流，又回到往年的国庆招待会上，周总理还是那样风度翩翩，英俊潇洒。

人们怀着美好的祝福与崇敬的心情，每听完一句祝酒词都要鼓一次掌。周恩来不长的祝酒词，居然被不时爆发的热烈掌声打断了十余次之多。

可是在宴会厅一边的医护、秘书和警卫人员心里都十分紧张。他们太清楚周恩来的病情了，过分的激动和劳累，对他都十分危险，甚至可能是致命的。

几周前，医护人员对周恩来出席主持这次招待会，是不赞成的。可是，他们的意见向周恩来一吐露，就遭到周恩来的断然拒绝。他语气坚定地说：“我要出席这次招待会。”因为他心里明白，这与其说是招待会，倒不如说是自己向国际朋友、战友、部下和身边工作人员的最后一次告别会。

医疗组只好采取应急措施，几经商量，拟出了几种方案：第一种方案，周恩来出席招待会，只是露露面，同大家言欢一下，但不讲话；第二种方案，如果必须讲话，他只讲前面几句话，后面的话由别人代念讲话稿子；第三种方案，不论是讲几句或由别人代讲，都要提前退席。

方案定了，他们向周恩来作了汇报。

“我感谢你们的好心关怀。”周恩来点点头，表示同意。

可是，周恩来一到宴会厅就“变卦”了，并没有“服从”医疗组的“约法三章”，他不仅出席了宴会，还讲了话，而且是从头讲起，一直到讲完最后一句话。

讲话快结束时，他目光炯炯看着全场宾朋，等大家掌声一落，他嗓音有点发颤地说：“我们向全世界人民和各国朋友表示衷心的感谢，感谢你们给予我们的支持。……请大家举起杯，为中国各族人民大团结，为世界各国人民大团结干杯！”

全场人齐刷刷地端起杯，对着周恩来的讲台方向高高举起……

此时经验丰富、又曾多次受到周总理接见的邝健廉（艺名红线女）意识到病中的周总理不会久留，就拉着京剧演员杨春霞说：“走，春霞，咱们给总理敬酒去！”

在那么盛大而隆重的场合中去给总理敬酒？杨春霞可从来没敢奢望过。况且，与总理同桌的左边是西哈努克亲王，右边是江青。不过，既然有红线女牵头，她这个小字辈自然是再高兴不过了，所以想也没想，赶紧跟着一起直奔周恩来的宴会桌。

周恩来见她们向他走来，便扶案起身，向她们举杯致意。看得出来，他的身体很虚弱，动作也略显迟缓，但情绪十分高昂。当时，红线女的第一句话就是：“总理，我们非常惦念您的身体。”周恩来随即便说：“我也很惦记你们。”至于其他的话，只可惜杨春霞当时太激动了，竟没记住周恩来对红线女还说了些什么，只有周恩来那苍白而睿智的面容深深印在了她的脑海中。

周恩来非常愉快地和她们碰杯，饮了这杯饱含大家美好祝愿的

“酒”。杜修贤在她们侧面抢拍下这幅感人的镜头。

没有想到在20年后，这幅照片还引来一段故事。

1993年，《中华儿女》杂志上用了几幅总理的照片，其中有一张就是周总理和杨春霞、红线女的碰杯照片。杨春霞无意间翻看这本杂志，发现了她20年前和周总理的合影，之前她一直不知道还有人拍了照片。这一发现让她激动了一夜没有睡，想了许多办法终于找到了杜修贤的家。从他那里放大了照片，工工整整地挂在自己的客厅里。现在无论谁去杨春霞家，一进客厅首先映入眼帘就是那幅与周恩来总理碰杯的照片。

国庆宴会上，周恩来祝完酒后，他根据医生的再三叮咛，没有多久就歉意地向临近的宾客握手告别，提前退场。在场的许多人见

1974年9月30日，周恩来在国庆招待会上与红线女、杨春霞碰杯。

此情景，都情不自禁地拥了过来，拦住了周恩来的去路，要和他握手，想向他说一些告别的话，更想找点什么借口，让他在这里多停留一会儿，哪怕多停留一分钟也好。

这时周恩来的随行工作人员，不得不劝阻大家，甚至张开双臂阻拦。他们打出医生的招牌语言："不能让总理过分劳累。为了总理的健康！希望大家谅解……"

很多人还不完全清楚，总理身患癌症已经两年多了，只知道他健康不佳，更想不到从此一别，再也见不到他了。

周恩来在身边工作人员的陪同下，从宴会厅来到北京厅，他已显得十分疲乏。医务人员劝道："总理，赶快回医院去吧！"周恩来听从了身边工作人员的好心劝说。但当他跨出北京厅的门槛时，突然又返回来，紧紧地握住国务院管理局高副局长的手，摇了摇，以表示他深切的谢意。

周恩来从北京厅出来，就是东大厅，他在这里站住了脚，恋恋不舍地望着四周。这个宽敞的大厅曾是他几乎每天都要来的地方，主持会议、举行外事活动都在这里，他对这里的环境和工作人员都十分熟悉，怀有深厚的感情。

大厅的工作人员眼尖，发现周总理来了，都跑了过来，把周总理紧紧围住，大家争先恐后向总理问好、致意。周恩来亲切地和大家一一握手问好。他仔细地打量了一下，发现少了一个人，便关切地问道："小靳怎么没来？很久没见她了。"

小靳是这里的服务员，十几岁时就在这里工作，她聪明好学，机敏过人。只要周恩来在这里活动，她几乎每次必到，是周恩来看着长大的。正好今天她到别的地方去值班了。同志们见周恩来问起小靳，便急忙打电话："小靳，你快来，周总理来了，他打听你了，要见你。”

一会儿工夫，小靳腆着个肚子，急忙赶来了。原来她要做妈妈了。

周恩来高兴地迎上前去与她握手说：“好久没见你了，你要注意身体啊！”

小靳看到周恩来那消瘦的面颊，已不见往日那种风采，忍不住低声抽泣起来。

“不要哭嘛！”周恩来拉着小靳的手，劝慰道，“不要哭，哭对婴儿的发育是不好的。”

顿时，在场的人无不为这两位父女般的相见而感动，个个都红了眼眶。

周恩来挥手与大家告别，结束了最后一次国庆节招待会的活动，缓缓地离开了人民大会堂，离开了大家。他走了，留下的却是不尽的回忆与深切的思念。

风生水起

毛泽东这次远离北京，是“文革”以来他作为领袖最为冷静的一个阶段。江青一伙为抓住四届人大“组阁”大权，打出了一套“连环组合拳”。

10月4日，国庆节刚过，毛泽东在武汉便提议，在周恩来病重住院期间，由邓小平担任国务院第一副总理。

那天，毛泽东让他的机要秘书给北京的王洪文打电话，传达他关于邓小平担任国务院第一副总理的提议。这个消息对江青一伙来说，不啻是五雷轰顶，大难临头。在北京主持中央日常工作的王洪文竟有意没有马上把它传达给周恩来、叶剑英及其他中央政治局成员，而是第一时间直接通报给江青、张春桥、姚文元三人。

“四人帮”赶紧秘密商量，如何抗拒毛泽东的指示，抓紧进行一系列的“组阁”活动。邓小平已经被毛泽东提名为第一副总理，这是无法改变的事实，那么只有想办法阻止他获得更多更重要的职务，比如军委总参谋长，不能再落在邓小平身上。因为这个职务他们更希望由张春桥来担任，“四人帮”手里一直没有实实在在的军权，这不仅是他们的软肋，也是困扰他们多年的心病。但是这个总参谋长职务的提名必须通过周恩来这一关，于是江青自告奋勇去医院采取“车轮战术”和周恩来“长谈”。

10月6日，周恩来与邓小平商讨了四届人大的筹备工作后，又接见了加蓬共和国总统夫妇。当天晚上，本来已经很疲劳的周恩来，没想到江青突然登门，没有通报便进了病房。江青不顾周恩来的身体状况，短话长说，小事放大，鸡毛蒜皮，絮絮叨叨，整整两个钟头的时间里，她对四届人大人事安排及军委总参谋长人选的“意见”，车轱辘来回转，说了无数遍。言下之意，是要周恩来出面阻止邓小平担任此职务。

周恩来虽然身体虚弱，病痛难忍，但头脑极其清醒。他一边用吗啡止痛，一边倾听江青的絮叨，以极大的克制和耐心与江青周旋，对所有实质性问题未作一字表态。

江青说累了，却一无所获，她对周恩来的态度极为不满，转而

1974年10月5日，邓小平陪同加蓬共和国总统邦戈到武汉会见毛泽东主席。这是毛泽东最后一张站立的全身合影。

跑去向王洪文嚷道："我保留我提名的权利！"

医疗组见状，觉得再这样下去，周恩来的身体是绝对吃不消如此"谈话"的。他们商量后，决定用婉转的办法阻止江青一伙来干扰周恩来的治疗与休息。他们写了一份报告给中央政治局内负责周恩来医疗工作的成员王洪文、叶剑英、张春桥和汪东兴，就周恩来施行第二次手术后的身体恢复情况作了一个汇报，其中有这么一段话：

> 恩来同志第二次手术后，于9月6日开始会客，10月6日以后会客次数增多，最多时一天会客五次。谈话时间有时也较长，最长一次超过两个半小时。与此同时，批阅的文件也增多。连续会客、谈话及批阅文件后，影响白天休息及夜间睡眠。最近几天显得疲劳，恩来同志自己也感到精力不足。建议最近期间减少送阅文件及会客次数，并缩短谈话时间。

"缩短谈话时间"，无疑是指江青的那次深夜"长谈"。王洪文、张春桥是周恩来医疗领导小组的成员，他们不能直接表现出抵触情绪，面子上还是要摆出关心的姿态，于是他们与江青商量，让她暂时不去找周恩来，以后另寻机会。

但他们没有想到，远在武汉的毛泽东早就预料到江青等人会借四届人大人事安排"生事"。他在10月11日离开武汉前去长沙前夕，做的最后一件事情，就是圈阅批发了《中共中央关于准备召开第四届全国人民代表大会的通知》。这个《通知》最引人注目之处是毛泽东有这样一段指示："无产阶级文化大革命，已经8年。现在，以安定为好。全党全军要团结。"

中共中央根据毛泽东的意见，正式发出了关于在近期召开四届人大的通知。《通知》转述了毛泽东这个重要的指示。

毛泽东这次远离北京，很多时间都在思考他的“天下大乱”如何达到“天下大治”这一目标。这也是“文革”以来他作为领袖最为冷静的一个阶段。

周恩来接到毛泽东的这个意见，为了全国的稳定，全党全军的团结，不顾自己重病在身，毅然决然再次挑起了筹备四届人大的繁重任务。《政府工作报告》的起草工作，则由邓小平代替周恩来主持。为照顾周恩来的病体，毛泽东还特地要求邓小平：报告稿要短而精，要管用，3000字左右即可，最多不得超过5000字。

四届人大的核心问题是人事安排。江青在受到毛泽东批评后，非但没有收敛，反而更加焦虑，更加狂躁，由谁来“组阁”，这成了江青、王洪文、张春桥和姚文元等人朝思暮想的大事。他们决定铤而走险，不择一切手段抓住“组阁”大权。要想“组阁”，他们必须首先扳倒“对手”——周恩来、邓小平、叶剑英等人。

直接的机会难找到，那么就从小处入手，只要能抓住小辫子，就要顺藤摸瓜。江青再次发挥女人的特点，以小见大，她抓住了一个所谓“风庆轮”事件。

10月14日，江青从新华社的内部刊物《国内动态》清样上看到有关国产“风庆轮”的报道（即题为《发生在风庆轮远航途中的尖锐斗争》一文，这是10月12日由姚文元批交新华社刊登的），批判“造船不如买船、买船不如租船”的所谓“洋奴哲学”。

“风庆”号万吨轮是上海江南造船厂建造的。建成之后，交通部远洋局担心国产的主机、雷达不过关，建议该船跑近洋。在“批林批孔”中，江南造船厂工人和该轮海员贴出大字报，要求“风庆”轮远航。1974年国庆节前夕，“风庆”轮远航归来，回到上海，上海的报纸便以“自力更生的凯歌”为题，借此做了许多文章。

喜欢无事生非的江青，顿时来了情绪。她立刻写下大段批语，向国务院及其所属交通部门提出质问：“国务院是无产阶级专政的国家机关，但是交通部确有少数崇洋媚外、买办资产阶级思想的人专了我们的政。”“这种洋奴思想、爬行哲学，不向它斗争可以吗？”“政治局对这个问题应该有个表态，而且应该采取必要的措施。”

很明显，她乱舞政治大棒的“老毛病”又发作了。

王洪文、张春桥、姚文元、康生等都表示“完全同意”江青的批示，要求抓住“风庆轮事件”进一步“批判修正主义路线”，“对交通部进行彻底检查整顿”。

周恩来非常清楚江青的用意。这不过是借题发挥，想通过“风庆轮事件”来搬开他们这些阻挡“四人帮”升迁的“绊脚石”，他周恩来便是最大“绊脚石”。

与“四人帮”横加指责、上“纲”上“线”的批语形成鲜明对照，邓小平仅在这份材料上画了个圈，而周恩来后来也只在江青派人专送的传阅件上批了“已阅”两个字。两位国务院主要领导人对江青一伙的无理取闹均采取不屑一顾的态度。

10月17日晚，在中央政治局会议上，早有预谋的江青等人联合向邓小平发起突然袭击。他们把所谓“风庆轮事件”定性为“崇洋媚外”“洋奴哲学”的一个典型，把攻击的矛头直指周恩来、邓小平领导下的国务院。

会上，江青首先站起来质问邓小平“风庆轮事件”。

邓小平以往面对江青一伙的挑衅，基本都以沉默来表态。而这一次，江青的骄横无理、唯我独尊让他再也按捺不住心头的怒火。邓小平逼视对手，严词回击道：“对这件事我还要调查，不能搞强加于人，一定要赞成你们的意见！”

这是邓小平自 1973 年复出以来，第一次公开“顶撞”这位“文化大革命的旗手”。江青怔了好一会儿，才突然明白过来。在一阵思索之后，用泼妇式的语言开始攻击、谩骂邓小平。

邓小平忍无可忍，愤然起身，退出会场。

这时，在一旁静观事态的张春桥望着邓小平的背影，添油加醋地帮着江青说话。

中央政治局会议再次因为江青的无理取闹不欢而散。

当夜，“四人帮”在江青处碰头。经过一番策划，决定派王洪文去长沙，向正在那里养病的毛泽东告邓小平及周恩来的“状”，而且必须抢在 10 月 20 日邓小平陪同丹麦首相哈特林去长沙会见毛泽东之前。毛泽东除了会见哈特林之外，还会与邓小平一起研究即将召开的第四届全国人民代表大会的人事安排。

与此同时，住在医院里的周恩来已从邓小平等政治局委员汇报中了解了 17 日政治局会议上“风庆轮事件”的经过。他十分清楚，江青等人大肆攻击的所谓“造船不如买船，买船不如租船”问题，不仅是对邓小平，也是冲着自己来的。几年前，正是经他批准，适当购进了一些外国船只。

第二天，王洪文就背着中央政治局多数成员，擅自飞往长沙。下午，刚抵长沙的王洪文便按照他们几个人事先商量好的口径，匆匆向毛泽东作“汇报”。

对王洪文的长沙之行，后来最高人民法院审判“四人帮”时有这样一段审判王洪文的记录：

审判员：你到长沙是不是向毛泽东主席说过，总理现在虽然有病，住在医院，但是还忙着找人谈话，几乎每天都有人到总理那里去，经常到总理那儿去的有小平、剑英、先念，讲过这个话没有？

王洪文：讲过。

审判员：你这些话是从哪儿来的？

王洪文：这些话是这样，是江青在10月17号之前，大约一个礼拜不到一点，政治局开会，开会以后，江青把我留下跟我讲，她去看了总理，她向总理提出来关于四届人大人选的问题，主要是讲总参谋长的人选问题，就是部长、总参谋长人选的问题。总理不表态支持她，总理对四届人大人选，心里是好像有一本账，比较清楚的，但没有和她讲。她并且向我申明，你是主持中央工作的副主席，我向你申明，我保留我的提名的观点。并且还讲，总理经常找人谈话，谈得很晚，经常到总理那里谈话的有剑英、小平、先念等。

审判员：你接受了这个话，向主席讲了？

王洪文：讲了。

1974年10月20日，邓小平陪同丹麦首相哈特林去长沙会见毛泽东。

审判员：是这个情况？

王洪文：对的。

毛主席听了王洪文的讲述，当即就意识到，王洪文此行极不寻常。他们的矛头所指已不仅仅是邓小平，而且还包括周恩来、叶剑英、李先念等支持邓小平的老一辈革命家们。

毛泽东严厉批评了王洪文："有意见当面谈，这么搞不好！要跟小平同志搞好团结。"又说，"你回去多找总理、剑英同志谈谈。你要注意江青，不要跟她搞在一起。"

王洪文在毛泽东跟前碰了一鼻子灰，只得悻悻而归。

王洪文回到北京，一脸愁容，站立在江青、张春桥、姚文元三人面前……

江青哪能善罢甘休，一计不成再生一计。她得知王海容、唐闻生这两位外交部头牌"翻译"因陪外宾要与邓小平一起去长沙见毛泽东，便又动了邪念。她两次找她们谈话，让她们继续向毛泽东反

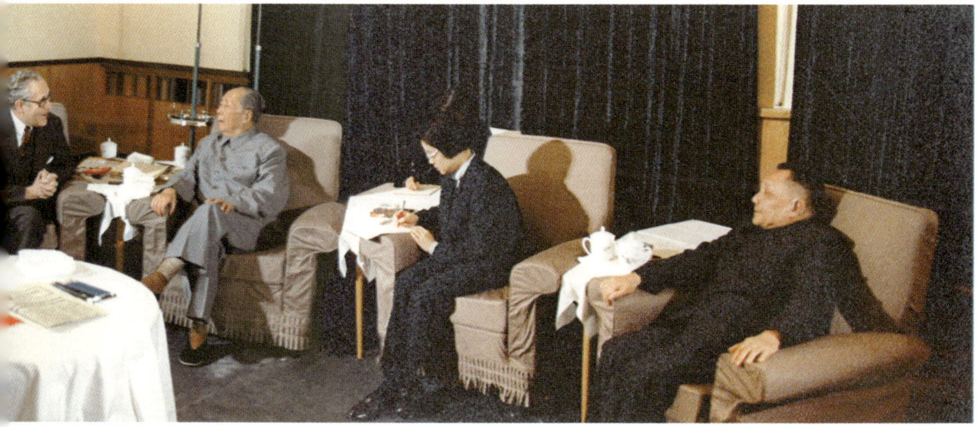

映国务院的“崇洋媚外”问题，诬告邓小平在搞又一次“二月逆流”。王海容、唐闻生意识到问题的严重性，离开北京头一天夜里来到305医院，向周恩来反映了江青的图谋。周恩来明确表态：“风庆轮事件”并不像江青他们所说的那样，而是他们预先计划好了要整小平同志，小平同志已经忍耐很久了，并且希望她们把自己的看法转告毛泽东。

10月20日，王海容、唐闻生二人随邓小平陪外宾抵达长沙。在毛泽东会见完外宾，邓小平陪外宾离开后，王海容她们把江青的意见告诉了毛泽东，同时转述了周恩来对这些问题的看法。

毛泽东听罢十分恼火。他把这件事同两天前王洪文“告状”的举动联系在一起，愈加感到江青的所为不轨。他告诉王、唐二人：“‘风庆轮’的问题本来是件小事，而且先念同志已在解决，可江青还这么闹，这么搞很不对头嘛！”他要王、唐回京后向周恩来、王洪文转达他的意见：“总理还是总理，四届人大的筹备工作和人事安排由周总理和王洪文主持，同各方面商量办理；开人大的时间除了看准备情况外，还要视总理病情而定。”他还要求，王洪文、张春桥、姚文元三人以后不要跟在江青后面批东西。

周恩来为让毛泽东放心，11月6日致信毛泽东，汇报四届人大各项准备工作的进展等情况，信中说：

代表名单，宪法草案和报告，政府工作报告，均可在11月搞出。……人事名单估计11月下旬可搞出几个比较满意人选。我积极支持主席提议的小平为第一副总理，还兼总参谋长。……我的身体情况比7月17日见主席时好多了，只是弱了些，如果12月能开人大，定能吃得消；即使照膀胱镜下烧不成，我还受得起再开刀，务请主席放心。我最希望主席健康日好，这一过渡时期，只有主席健在，才能领导好。

当日，看过信的毛泽东痛快地批示：“同意。”

11 月 12 日，邓小平陪外宾再赴长沙见毛泽东。毛泽东笑着问起了 10 月 17 日邓小平愤然退场的那次政治局会议情况。

毛泽东称赞：“你开了一个‘钢铁公司’！”

毛泽东此时将“钢铁公司”送给了邓小平，意思是说你很硬。

邓小平自然明白主席为何说他开了“钢铁公司”的含义，不由得一笑：“主席也知道了。”

毛泽东也笑：“好！”

邓小平叹了一口气：“我实在忍不住了，不止一次了。”

毛泽东毫不犹豫地说：“我赞成你！”

邓小平：“她在政治局搞了七八次了。”

毛泽东：“强加于人哪，我也是不高兴的。她们（指在场的王海容、唐闻生）都不高兴。”

邓小平：“我主要是感觉政治局的生活不正常。最后我到她那里去讲了一下……‘钢铁公司’对‘钢铁公司’。”

毛泽东明确表态：“这个好。”

邓小平：“最近关于我的工作的决定，主席已经讲了，不应再提什么意见了。但是看来责任是太重了一点。”

毛泽东是相信邓小平的。他勉励邓小平：“没办法呢，只好担起来。”

这以后，邓小平多了一个绰号——“钢铁公司”。

毛泽东为表示他是支持邓小平的，他当天（11 月 12 日）在江青写给他的信上批道：“不要多露面，不要批文件，不要由你组阁（当后台老板）。你积怨甚多，要团结多数。至嘱。”“人贵有自知之明。又及。”

毛泽东这些批语，由于眼睛看不太清楚，写得歪歪斜斜，有些字还重叠在一起，难以辨认，但他是十分郑重地对待的。

11月19日，江青又给毛泽东写信说：“自‘九大’以后，我基本上是闲人，没有分配我什么工作，目前更甚。在路线斗争起伏时我主动地做过一些工作。”“今后当小心谨慎，不能为党为主席闯祸。当然，需要斗争需要牺牲时，我要有精神准备。”

第二天，毛泽东在她的信上批道：“你的职务就是研究国内外动态，这已经是大任务了。此事我对你说了多次，不要说没有工作。至嘱。”

由于毛泽东对全国人大常委会一、二把手还在“再考虑”中，江青又托人向毛泽东转达她提名王洪文当全国人大常委会副委员长，毛泽东一针见血地说：“江青有野心。她是想叫王洪文做委员长，她自己做党的主席。”

对此，毛泽东特意托人转告周恩来：在已经拟定的人大常委会的主要领导人朱德、董必武之后，要安排宋庆龄、邓小平、张春桥、李先念等可任国务院副总理；其他人事安排由周恩来主持商定。

到此为止，江青一伙已经打出一套连环拳，但毛泽东的态度再明确不过了——江青等人不但不能“组阁”，也不能担任党中央和全国人大的主要领导人。

生死一搏

1974 年 12 月，周恩来抱病飞长沙，毛泽东一锤定音，邓小平掌握重权。心情舒畅的周恩来想去日本和美国，然而无情的手术正悄悄地等待着他。

从三届人大到四届人大，中间间隔了整整 10 年。无论是毛泽东、周恩来、邓小平、叶剑英，还是江青、王洪文、张春桥、姚文元，他们都非常清楚，四届人大的人事安排，必将关系到党和国家的前途、命运，从国家领导人到各部门领导人，由谁来掌权，情况大不一样。

就为这一点，周恩来忍着病痛，连续主持召开了有王洪文、叶剑英、邓小平、张春桥、李先念、纪登奎等部分在京中共中央政治局成员参加的会议，反复讨论人事安排。

在毛泽东的支持下，周恩来和邓小平在 12 月下旬，已将四届人大的主要人事安排和《政府工作报告》草稿基本完成，这项工作是在排除江青等干扰的情况下，极为谨慎地进行的。据时任中央政治局委员的纪登奎回忆：

总理在动了两次手术后，身体很虚弱。从 1974 年 10 月下旬起，他在305医院分别找人谈话，征求意见，我去了七次。最后提出一个准备在四届人大上产生的委员长、副委员长和总理、副总理、部长的名单，是总理亲笔写的。12月20日凌晨，他叫国务院值班室主任吴庆彤去，把他写的名单送到国务院印刷厂印成清样，然后将原稿交回烧掉。总理为什么要做得如此严密？因为要不留痕迹，警惕“四人帮”插手。

12月21日、22日，根据讨论结果，形成了关于四届人大常务委员会委员长、副委员长和国务院副总理名单的三套方案。

在这三套方案中，有交叉，有区别，有的甚至尖锐对立。意见不一，只好请在长沙的毛泽东定夺。

12月22日中共中央政治局会议结束后，周恩来与王洪文在送给毛泽东审阅的三套方案上，联合署了名。

进入12月，北京天气骤然变冷，凛冽刺骨的寒风夹裹着沙土在北京的上空飞舞、呼啸。周恩来从初夏住进305医院直到隆冬，已度过有近半年时光，连着动了两次大手术。癌症虽然得到暂时的控制，但是手术后的身体十分虚弱。

躺在病床上的周恩来，精神上却一刻也不能轻松。四届人大召开在即，江青一伙把这次会议作为他们独揽大权和安插党羽的天赐良机。在政治舞台上奋斗了一生的周恩来比任何人都明了，在风云变幻的政治决斗场上一有疏忽，往往会带来不可设想的后果。如果党和国家的权力被江青一伙篡夺，那么中国将会面临一个什么样的命运？周恩来紧蹙的眉头皱得更紧了……

毛泽东又住长沙，而眼下的人选又关系党和国家的前途命运，在这刻不容缓的关键时刻，为了让毛泽东充分了解情况，周恩来决定亲赴长沙，与毛泽东作最后的协商。

这时的周恩来，身体已处于极度虚弱状态，便中再次发现潜血，按医务人员的要求，必须立即进行检查治疗。医生向周恩来表示了担忧。周恩来回答："既然把我推上历史舞台，我就得完成历史任务。"

周恩来能不能去长沙，负责周恩来医疗组工作的叶剑英起着举足轻重的决定作用。在这一历史的关键时刻，经过慎重考虑，叶剑英最终代表几位老同志对医护人员说："为了党和国家的最高利益，眼下暂不能提（立即进行检查治疗）这件事。"叶帅反复叮嘱随同周恩来前往的医护人员：必须尽一切努力，控制住病情，要想尽一切办法，无论如何也要保证周总理安全回来。

于是叶剑英等老帅们开始亲自安排护送周恩来飞往长沙的事宜。叶剑英先和张大夫交底，询问他，总理能不能外出？

开始张大夫不理解，这时总理怎能外出呢？可他望着叶帅充满希望的目光，想了想，说："严格意义上，总理是不能外出的。但是如果病情稳定，可以短暂外出。"叶帅眉头一展，随即布置了一个绝密的任务："作好外出的思想准备，挑选一个精干的医疗班子。不要对任何人说。"

对于叶帅，张大夫是绝对信任的，如果总理外出，那也一定是经过深思熟虑，势在必行的行动。他赶紧安排医务人员的名单。医疗小组由 5 个人组成，一个泌尿专家，一个心脏专家，一个医生即张大夫本人，还有两个护士。随后他又将这个情况告诉了邓大姐，让她也有个思想准备。邓大姐虽然不参与丈夫的政治活动，但是政治嗅觉却很敏锐，她心里比谁都清楚，中国又一次面临选择。她一听是叶帅安排的外出任务，自然对医务小组成员名单没有异议。

过了几天，叶剑英正式通知医疗小组，定在 12 月 23 日，周恩来在医生的护送下乘专机直飞长沙。

这时张大夫他们才知道主席在长沙，以前只知道主席外出了，究竟到哪里？绝密，谁也不知道。

“这次执行重要的政治任务，‘一个名单，两个报告’。你们千方百计护理好总理，决不能发生意外。”叶帅一一和护送总理的医疗人员握手，每个人都能感受他手掌传送来的力量，好像传送接力棒：下一段路程全看你们了！

12月23日上午，周恩来一行人到了西郊机场，准备乘专机，可是王洪文迟迟不到。原来周恩来考虑此行是商讨四届人大的事情，不给江青他们留下“私人会谈”的话把子，再说王洪文也是党的副主席，许多工作是由他临时主持的，和他一同去主席那里汇报工作比较合适。临行前已经和王洪文说好了，让他同乘一架专机去长沙。

等了许久，还不见王洪文的影子，随行的负责人就提议总理先走，因为总理到机场前还在尿血，这种身体情况进行空中飞行是十分危险的。医护人员几乎是提着一颗心才同意总理冒这个风险，如果不是此次行动关系重大，他们说什么也不会让总理离开医院病床的，所以大家都不希望节外生枝。

周恩来却很有耐心，又一次叫工作人员和王洪文联系：“想办法叫他一同走，能少飞一次专机就少飞一次，为国家节省开支。”

王洪文回答说：“让总理先去，我随后就到。”

周恩来微微一笑，不再说什么，便登机先飞长沙。

王洪文不愿意和总理同乘一架飞机去长沙，一是为了争取时间和江青、张春桥、姚文元商量对策，因为他知道总理一旦出马，他一个嘴上没毛的年轻人无论如何是压不住阵脚的，自知分量不够。二是两个月前他才飞长沙向毛泽东告周恩来、邓小平的状，被毛泽东好一顿批评，不仅自讨了个没趣，还给主席留下了“上海帮”的坏印象。这次和总理同机，他多少有些难堪。

下午，王洪文和江青等人商量之后也飞往长沙。

周恩来中午抵达长沙，住进了毛泽东住的宾馆大院里榕园一号楼，这栋楼过去毛泽东来长沙时住过，后来又盖了个“九所”。毛泽东这次就住进了“九所”。周总理叫卫士向主席处报告，说他已到长沙，待王洪文到后，再请主席确定约见时间。下午 5 点 30 分，接主席处通知，请总理晚 7 点去开会。原来王洪文已到了长沙，住在榕园三号楼。

晚 7 点，周恩来、王洪文先后到达主席住处，在湖南省委九所宾馆 6 号楼会议室内与毛泽东会面。

一见面，毛泽东便请周恩来坐到自己身边，关切地询问他的病情。周恩来一一做了回答。

对周恩来的到来，毛泽东表面上好像平平淡淡，和在中南海见面一样随意。但是，他心里有数，周恩来将自己安危置之度外，抱病登门，此行意义决非一般。

两位老人谈了很多，也谈得很投机，他们或许意识到，这种会面有生之年已经不多了，毛泽东对周恩来的人事安排给予了充分的肯定和支持。大约两个小时，结束了这次汇报。周恩来从毛泽东的书房里出来，不由得轻轻舒了口气。

卫士迎上去接过他手中的皮包，轻声问：“累吗？”

周恩来一脸轻松，回答：“不累。”上车后，张佐良大夫数了数周恩来的脉搏，稍快一点。

周恩来一语双关回答：“当然会快一点。”

回到住地后，护士为总理测血压，又数了脉搏，都已正常，大家这才放下心来。

大家在一边观察，发现总理这次见了主席后，情绪很好，估计是在主席那里谈得很顺利。后来才知道，主席同意了政治局的意见，对几个悬而未决的人事安排一一拍了板：朱德同志仍然被提名为唯一的委员长候选人，周总理还是我们的总理，邓小平被排在副总理的第一名。

从23日至27日，毛泽东同周恩来、王洪文连续进行了四次谈话。鉴于江青一伙在筹备四届人大期间一次次搞帮派活动，毛泽东再次严厉批评王洪文："不要搞'四人帮'！不要搞宗派，搞宗派是要摔跤的！"这是毛泽东第一次使用"四人帮"这个提法。毛泽东还说："江青有野心。你们看有没有？我看是有。"他告诫王洪文："我几次劝你，不要几个人搞在一起，你总是听不进去！这一次，你既然来了，就多住几天，好好想一想，写个书面检查。"

在严词批评"四人帮"的同时，毛泽东高度评价了邓小平。他说："他（指邓）政治思想强。"毛泽东边说边用手指指脑袋。"Politics（英语'政治'）比他强。"毛泽东的手又指向王洪文，"他（指王）没有邓小平强。"

为强调言中之意，毛泽东抓起一支铅笔，在纸上写下一个很大的"强"字。周恩来见状，十分赞同地重重地点了点头。在场的王洪文此时不仅尴尬，且十分紧张，他待在一旁不知所措。

谈话中，当周恩来向毛泽东报告，根据商定的人事安排，由邓小平任国务院第一副总理兼军委总参谋长时，毛泽东再次明确表示："就这样。让小平同志做军委副主席、第一副总理兼总参谋长。"说着，他又在纸上写下"人才难"三个字。周恩来深解其意，脱口说道："人才难得。"毛泽东含笑搁笔。

邓小平参加活动。

毛泽东关照周恩来："你身体不好，四届人大会后，你安心养病吧！国务院的工作可以让小平同志来顶。"周恩来再次郑重地点头。

王洪文为了保住自己的前途，他不得不违心地在主席面前检讨自己水平低，能力差，年轻幼稚……虽然临行前和江青他们商量了好几种对策，但是王洪文说什么也不敢轻举妄动，更不敢在主席面前再为江青说好话。

25 日上午，周恩来在楼道散步，他突然问身边人员：你们读不读毛主席的诗词？

大家回答说，能熟练背诵，但不全理解。

于是周恩来兴致勃勃地给大家一句一句背诵毛主席 1956 年 6 月作的词：

周恩来与邓小平在机场迎接外宾。

水调歌头　游泳

才饮长沙水，又食武昌鱼。万里长江横渡，极目楚天舒。不管风吹浪打，胜似闲庭信步，今日得宽余。子在川上曰：逝者如斯夫！

风樯动，龟蛇静，起宏图。一桥飞架南北，天堑变通途。更立西江石壁，截断巫山云雨，高峡出平湖。神女应无恙，当惊世界殊。

他一边走，一边背诵。当背到“不管风吹浪打，胜似闲庭信步，今日得宽余”和“更立西江石壁，截断巫山云雨，高峡出平湖”的时候，周恩来特别加重语气。看得出，周恩来是在借毛主席的词句，抒发自己的心情。

这天下午，大家和总理一起打牌。总理平时也没有什么娱乐嗜好，挺寂寞的，大家就动员总理打牌，休息休息大脑。不知是谁随手拿了一张报纸铺在桌上，总理戴上老花镜，专心致志看桌上的出牌时，无意中目光扫到报纸上一行小字。他放下牌，抽出报纸读了起来：外电消息，中共副主席王洪文出现在橘子洲头，可能中共主席毛泽东也在长沙。

“怎么搞的，没事到处乱跑，让外国记者发现了，乱弹琴！”总理生气了，牌也不打了。大家一听总理这口气，主席在长沙对外是保密的。总理也在为王洪文着急，大祸临头，还不好自为之！

12 月 26 日，是毛泽东 81 岁生日。这天，他自己与周恩来作了一次单独长谈。就在这次谈话中，毛泽东提出学习无产阶级专政理论、安定团结、把国民经济搞上去等指示，并和周恩来共同审定了四届人大会议上的各项人事安排方案，作出具有深远影响的“长沙决策”。

毛泽东生日这一天的傍晚，周恩来到自己的住所，特意叫厨师准备一桌生日宴席，将医护人员和身边的工作人员叫到一起吃饭，为毛泽东祝寿。周总理从不为自己过生日的，他也不提倡过生日。只有像宋庆龄、何香凝等一些知名人士过生日，他才会去祝贺，为党内领导人过生日就更少了。卫士问，都要请哪些人？周恩来说："就是这栋楼内工作的同志，再请几位省里、军队里的负责人。"晚上周总理和省里的几位领导同志同坐一桌，北京来的随员和省里的几位工作人员坐在另一桌。二十几个人开始了庆祝毛主席生日的晚宴。

毛泽东主席虽不在场，但在座的都为主席的健康频频举杯。大家也都一一地到总理面前，祝愿总理早日康复。周总理高兴地与同志们谈笑风生。总理因病不能喝酒，为表示心意，叫卫士高振普代表他向同志们敬酒。高振普高兴地斟满酒杯，代表总理感谢湖南的各位同志对总理的接待，以及他们对周总理的良好祝愿。

晚饭后不久，27日晨两点，毛泽东单独约见周恩来，两个人又长谈了两个多小时。周恩来走出会客室后，毛泽东站在门口挥手送行。

当晚7时30分，周恩来完成了重大使命，飞回北京，继续住进医院。

第二天起，周恩来就忙于召集会议。这段时间，几乎是天天开会，有时在医院，有时去人民大会堂，有时去京西宾馆。开会回来，就在病房里修改报告，批阅文件。有时在灯下连续工作五六个小时。

7天之后，即1975年1月5日，邓小平被任命为中央军委副主席、中国人民解放军总参谋长。又相隔5天，邓小平被任命为中共中央副主席、政治局常委。

江青等人机关算尽，还是不能如愿以偿，反而促使毛泽东的态度更加明朗化，将国务院总理、第一副总理和总参谋长的职务，分别交给周恩来和邓小平。

躺在病床上的周恩来了却了他最后的心愿，为中国革命完成了一项非凡的使命。他对一位副总理说："告状没告下来，给了三个职务。"

在决定党和国家政治前途的关键时刻，毛泽东和周恩来再次心心相印，共同把握历史航船之舵，没能让"四人帮"的阴谋得逞。

中国的政局出现了令人振奋的景象。

接着在四届人大上，周恩来仍被任命为国务院总理，邓小平为国务院第一副总理。

1975 年初，是周恩来在医院里精神最愉快，病情较稳定的一段时光。

1975 年 1 月 16 日和 20 日，周恩来分别会见日中经济协会会长稻山嘉宽和日本自由民主党议员、前国务大臣保利茂等。中日两国已在 1972 年 9 月建立外交关系，所以，周恩来在谈话中对田中角荣首相极表欣赏，他说："田中先生一上任就立刻做出决断，恢复邦交，这是很了不起的，值得称赞。他比尼克松勇敢。"他还高兴地回忆起自己在日本留学时的青春岁月，当日本友人希望他在樱花时节重访日本时，他极为感叹："愿望是有的，但是力不从心，恐怕很困难了。"

日本客人走后，周恩来还沉浸在回忆中。他对张大夫说："我去过许多国家，大部分都是第三世界。如果身体允许，想去一次日本，等和美国关系再好一些，去一次美国。"

张大夫笑笑，心里却在流泪：总理啊，你还不知道，癌症已经扩散全身，再过几天，我们又要为你切除结肠上的肿瘤。

原来，尽管选用了国际上最有效的药，在其他几位同样的病人身上很有效，但用在周恩来身上却收效甚微。病魔不停向周围的组织发起“进攻”……

医生们已经发现周恩来在长征时肝脓疡穿孔到肠子的地方长着一个肿瘤。这时正是四届人大召开前夕的关键时刻，他们怕周总理分心，还没有告诉他实情。准备开完四届人大后再开刀切除。

其实每一次手术看似使得周恩来获得暂时缓解，同时也标志着与死神又近了一步。

周恩来想去日本看看的心愿，直到樱花又开的 1979 年 4 月，才由邓颖超替他完成。

情同手足

1975 年开年，周恩来得到了李富春去世的噩耗，这位曾经与他在法国并肩战斗的“春弟”竟走在了他的前头，令他万分难过。

1975 年 1 月 9 日凌晨，已经内定为新一届人大副委员长、中国妇联主席的蔡畅在中南海接到北京医院的电话，说她的丈夫李富春病情恶化。她感到很意外，因她这几天患感冒，不敢去医院，怕传染给李富春，晚上她在家还和丈夫通了电话，说一切都很好，病情比较稳定。怎么才几个小时，说不行就不行了呢?

这些天，他们的情绪是“文革”以来最为愉快的。他们一直在医院谈论四届人大的人选事情，对邓小平将接任中国领导的重任感到欢欣鼓舞。他们夫妇 1923 年在法国结婚时，19 岁的邓小平还是他们的证婚人呢。

新的政治使命正向他们招手。没想到距离人大开会只有一天的时间，李富春因为肺癌晚期医治无效，病情突然恶化，没有等到妻子赶到医院便停止了呼吸。

蔡畅刚下车，主治大夫迎上前，紧紧握着蔡畅的手，低下头，没有说话。从大门到电梯门前，短短 10 多步路，几个负责治疗的大夫都默默过来和她握手。她开始有点预感，着急望着电梯的指示灯。

二楼电梯门开，她看见邓小平已经在电梯门前等候着她。邓小平握住蔡畅的手，沉重地说：“大姐，节哀顺变！”

“小平，富春他怎么啦？”

“大姐，医生尽了最大的努力，富春在今天的凌晨10分离开了我们……”

蔡畅眼睛睁得大大的，吃惊地望着邓小平，手里的黑色纱巾滑落在鲜艳的地毯上。她飞快地冲进病房，只见李富春直挺挺地睡在病床上，身上覆盖着白色的单子。对面的书桌上还堆了一摞四届人大的材料和文件，其中有一份文件还打开着……

蔡畅跑到李富春病床前，定定地立着，泪水“哗”地涌出眼窝……“富春，富春，我来迟了，我来迟了。”

秘书这时告诉蔡畅，中央领导人很快要来医院和李富春遗体告别，医生还要布置一下病房。蔡畅走到病床前，弯腰在李富春脸颊上轻轻地吻了一下，一颗泪珠滴落在他的脸上，蔡畅用手掌轻轻地拭去……

李富春去世的当天，周恩来在305医院知道了这个噩耗，他不顾医生的劝阻，一定要亲自到北京医院向李富春的遗体告别。

周恩来与李富春蔡畅夫妇1921年在法国就相知相识了。

那时在法国信仰共产主义的中国学生逐步形成了两个中心：一个是在法国南部，以蔡和森、向警予、李维汉、李富春、蔡畅、王若飞等人为核心的团体，有140多人参加；另一个在法国中部，以周恩来、赵世炎、邓小平、李立三、刘伯坚等人为核心，也有100多人。

两个革命中心的负责人不久取得了联系，周恩来认识了蔡和森的家人，同时也认识了李富春。他们都是20多岁的年轻人，初次见面并没有什么激动人心的场面，也没有留下终生难忘的印象，如风雨旅人在自己行走的道路上不断遇见同路者，有匆匆而过者，有中途退出者，也有目标一致并肩而行到最后真正意义上的志同道合者。

李富春长期从事经济计划工作，特别是解放战争时期，他在东北卓有成效的经济计划工作，不仅有力地保障了三大战役的后勤供应，而且还有力支援了抗美援朝战争。为此，他被中央视为中国经济计划工作的奠基人之一。

1953年，李富春和陈云作为周恩来的助手前去苏联，制定了中国第一个国民经济五年计划书。从这以后，李富春和陈云担任国务院副总理，主管财经工作，协助周恩来领导经济工作，成为周恩来的左右臂。

（左起）叶剑英、邓小平、李富春、贺龙、陈毅“文革”前在机场合影。他们曾经都是周恩来总理的左膀右臂。

蔡畅自从1942年担任中央妇委书记以来，一直是中国妇女界最高领导人，邓颖超在新中国成立后担任全国妇联副主席，她们也是多年的工作同伴，多年的亲密姐妹。住进中南海后，还是和以前一样，生活中相互关心，工作中相互配合，她们经常一道出席会议和各种活动，工作配合非常默契。

在中央高层，像他们这样各有正副职务、互为助手，又是终身伴侣的家庭并不多。加上他们都是有情趣的革命者，表达感情的方式也很独特。周恩来和邓颖超从谈恋爱起就喜欢写信，以信抒情，而李富春和蔡畅也保持了法国式拥抱接吻的习惯，落落大方地表达爱意，这是中南海里出了名的两对模范夫妻。

周恩来从在法国结识李富春、蔡畅后，他们便同行了50多年，直到生命的终点。李富春去世对周恩来是一个打击，他不仅失去了一个工作助手，也失去了一个情同手足的兄弟，从此少了一个能说心里话的“铁杆”战友。

当周恩来拖着瘦弱的病体走下汽车时，蔡畅没有想到重病在身的周恩来突然来了，既是感动又是心痛，连忙搀扶住总理，双手紧握老战友瘦骨嶙峋的手，有些埋怨：你看，你怎么还是来了？周恩来悲伤地说：我不能不来啊，我和富春相识了半个多世纪……我们几乎没有分开过……大姐，你说我怎能不来！不来，我的心不安啊！

蔡畅的眼泪又涌了出来，她怎能忘记他们夫妇和周恩来夫妇50多年的交往？

休息了一会儿的周恩来对蔡畅说，走，我去见见富春……蔡畅见总理起身很困难，便上前去扶他。从不让任何人搀扶的周恩来，却将一只膀臂微微抬起让蔡畅挽着，他们一同走到李富春遗体前。

周恩来在李富春遗体前缓缓鞠了三躬，他凝视着安详沉睡的富春……无比心痛，哽咽地说："春弟啊，你比我小，得病也比我晚……可你怎么这么性急呢？要在我前头到马克思那里报到！……党和国家还有好多工作需要你做啊……富春同志，安息吧……"周恩来努力地克制自己的感情。蔡畅在旁边也强忍着眼泪，她不想让重病的总理过于伤心。

"一寸丹心图报国，两行清泪为思亲。"此时此刻，同在法兰西海岸分享年轻时光和美好记忆的革命战友，内心那份痛楚可想而知了。

周恩来坐进车里，他突然摇下车窗，探出头，目光异常凝重，对蔡畅一字一顿说："节哀顺变，时间会说明一切的。好好保重，这很重要！"

蔡畅含泪点头："恩来，你也要多保重啊，这也很重要！"

邓小平和蔡畅一同目送周恩来的汽车远离视线。蔡畅的眼泪再也抑制不住了，转身背着大家，用手绢擦泪。邓小平从身后轻轻说，大姐，总理刚才不是让你多保重吗，大哥的一生是革命的一生，战斗的一生，别人不了解他，我们还不了解他？俗话说，真金不怕烈火炼，富春大哥是真金，历史老人是烈火。你说是不是？

蔡畅猛然转过身定睛望着邓小平，抿了抿嘴唇，她又恢复了往日的沉着和坚定。"我没有事，不要担心！"因为她从革命战友那里得到了信心和力量。

李富春追悼会定在1975年1月15日在人民大会堂召开，一代开国元勋、曾经担任过中央政治局常委、去世前已内定为副委员长、长期担任国务院副总理的李富春，没有等到参加四届人大的这一天。蔡畅此时内心倍感压抑，她坚持不让其他亲属参加追悼会，由她独自为生前蒙受不白之冤却忍辱负重直至临终都没有说过半句怨言的丈夫送行。

周恩来抱病从305医院来到李富春追悼会现场，至始至终站立着，坚持参加完整个吊唁仪式。邓小平在追悼会上为携手同行半个世纪的老战友致悼词。

当年为战友证婚的邓小平这时却面对战友的骨灰盒，他依然是一口川音，他沉痛，他哀伤，他落泪，用喑哑的语调为李富春致了悼词。半个世纪前是为生者贺喜，半个世纪后是为亡人盖棺，这一生一死，浓缩了人生荣辱兴衰，见证了革命者的忠诚岁月。

心愿已了

筹备四届人大几乎耗尽了周恩来所有的精力和心血。1月13日，他在四届人大上作了最后一次政府工作报告，把完成“四个现代化”的接力棒交给了邓小平。

周恩来住院的半年里，承受着病痛的折磨，同时还要承担繁重的工作。特别是面对复杂且敏感的政治环境，高强度的操劳与极度的思虑，使得他的病情不断恶化，两次大手术后不久又发现了便潜血的不祥之兆。

经过结肠镜检查，发现老病未除新病再起——结肠上又长了一个肿瘤。

这时四届人大即将召开，为让周总理顺利地把四届人大会议开好，对于周恩来的治疗，医护人员根据实际情况，尽可能用保守方法维护现状。他们结合中外临床经验，全力以赴，不分白天、黑夜地组织会诊。有时参加会诊的专家多达二三十人。只要是认为有效的药和有用的器械都设法买到。驻外使馆和驻外机构都参与周恩来的救治工作，及时地把药和器械送到国内。大家就是一个心愿：尽量控制住病情，确保周恩来总理完成这个艰巨的政治任务。

1975年1月10日晚，北京京西宾馆会议厅灯火通明、庄严肃穆。中国共产党第十届中央委员会第二次全体会议闭幕会正在这里举行。

刚从医院赶来会场的周恩来，身着略显宽大的深灰色制服，面容清癯而双目炯炯有神地端坐在主席台上，亲自主持这一具有历史意义的会议。

在通过全会各项议程之后，周恩来用迟缓、沉稳的语调向到会的中央委员和候补中央委员发表讲话："这次中央全会结束前，我请示毛主席，有什么话要我向大家转达。毛主席讲了八个字：'还是安定团结为好。'现在，我要向大家讲的就是毛主席的这句话，'还是安定团结为好。'希望中央政治局的工作，各省、市、自治区党委和革命委员会的工作，以及中国人民解放军的工作，都遵照毛主席的指示去做，安定团结，把今年各方面的工作做得更好，不辜负党和人民的重托。……"

在到会的许多老同志中，有不少人很久没有见到患病住院的周恩来了。此时此刻，他们眼见总理的病容，聆听总理的嘱托，无不为之动容；同时，也深深为总理的健康担忧。

一周之后，新华社才迟迟播出中共十届二中全会的消息。这是一则短得不能再短的全会《公报》，其中，按过去惯例应作报道的出席会议的人员情况、会议主持人及讲话人等，都统统不见了。报道中的最后一行字是："会议选举邓小平同志为中共中央副主席、中央政治局常务委员会委员。"

对于生前最后一次参加并主持中共中央全会的周恩来来说，有这一句话，也就足够了。

3天之后，第四届全国人民代表大会终于开幕了。

这时，距三届人大的召开整整过去了10年，距1970年毛泽东

1975 年 1 月 13 日至 18 日，全国人大四届一次会议在北京举行。

周恩来与叶剑英在四届人大会议上。

周恩来在四届人大会议上作政府工作报告，向全国各族人民发出了实现“四个现代化”的伟大号召。

第一次提出筹备这届人大，也过去了近5年的时间。

77岁的周恩来已经是重病缠身，面对2864名代表的期待，他流露出特殊的神情。对这位一同走过半个世纪革命历程的战友与兄长的身体情况，邓小平心里十分清楚，总理今天宣读的《政府工作报告》，就是由他根据毛泽东的意见主持起草的。

代表们痛心地发现，眼前的周恩来同10年前相比就像是变了一个人：因过度操劳和病痛折磨，他消瘦得几乎变了形；脸上、手上都布满了皱纹和老年斑；动作和声音也显得那样疲惫、苍老……但他仍然没有忘记10年前提出的强国梦——“四个现代化”，尽管要圆这个梦是那么艰巨，那么曲折，几乎耗尽了他的所有精力和心血！

人民大会堂万人大厅内，又再次响起周恩来总理坚定、清晰的苏北口音：“遵照毛主席的指示，三届人大的政府工作报告曾经提出，从第三个五年计划开始，我国国民经济的发展，可以按两步来设想：第一步，用15年时间，即在1980年以前，建成一个独立的比较完整的工业体系和国民经济体系；第二步，在本世纪内，全面实现农业、工业、国防和科学技术的现代化，使我国国民经济走在世界的前列。……”

在这份报告中，最引人注目之处，就是向全国各族人民发出了实现“四个现代化”的伟大号召。而这一号召，周恩来10年前就在这个地方提出来了，今天，他不过是又重申了这一目标。

从1949年周恩来当选总理，到这次大会，已经整整26年了。这是他最后一次作政府工作报告。

在1月17日召开的全体会议上，宣布了根据中共中央提议、由本次会议任命的中华人民共和国国务院总理、副总理、各部部长、各委员会主任名单。在总理周恩来后面的副总理当中，出现了邓小

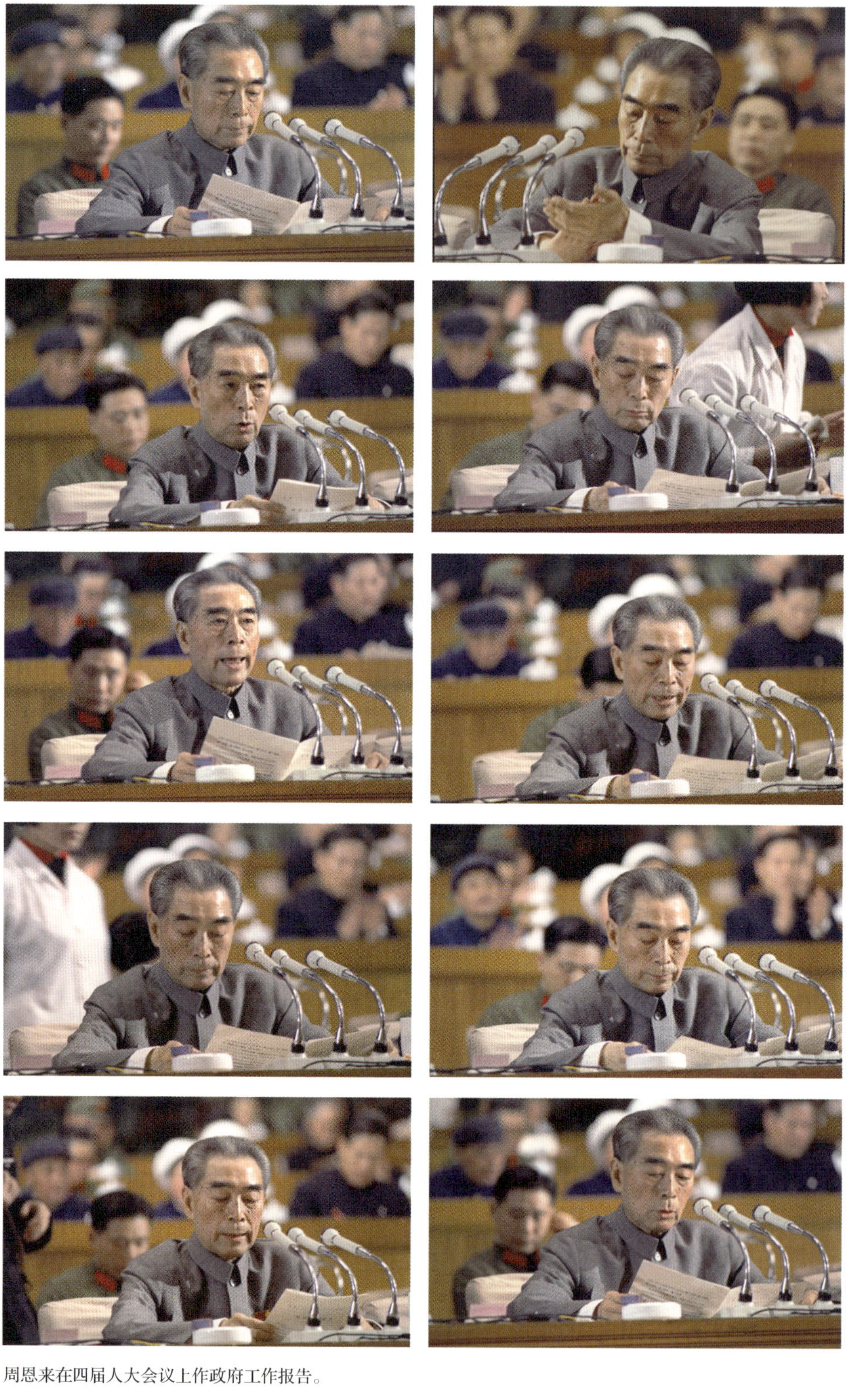

周恩来在四届人大会议上作政府工作报告。

周恩来与叶剑英在四届人大会议上。

此时的周恩来已是重病缠身。

周恩来与叶剑英在四届人大主席台上交谈。

叶剑英与邓小平在四届人大上参加选举投票。

平、李先念、王震、余秋里、谷牧等一批久经考验的革命家的名字。这标志着以周恩来、邓小平为核心的国务院新的领导班子的形成。

新的国务院任命公布后，一直为党和国家前途命运担忧的人们，才真正感到了安慰和希望。

会议期间，周恩来到天津代表团参加小组会讨论。热爱总理的代表们纷纷向他致以问候。面对一张张诚挚和热情的面孔，周恩来显得很平静，他似乎感到已无必要再掩饰些什么。他坦然而又郑重地向大家表示："我已经得了癌症，工作的时间不会太长了，这也是自然规律，是不以人的意志为转移的。现在，我正在医院里同疾病作斗争，在可能的情况下，我还要继续和大家一起奋斗，共同实现我们的宏伟目标。"

2 月 1 日下午，周恩来再次抱病从医院出来，到人民大会堂主持有 12 位副总理出席，中央军委副主席叶剑英、中国科学院院长郭沫若列席的国务院常务会议。会议一开始，周恩来便开门见山地说："我身体不行了，今后国务院的工作，由小平同志主持。医院是不想放我出来；但我还是想争取每星期来和大家见一次面……"

接着，周恩来用郑重的语气开始宣布各副总理的分工："邓小平同志，主管外事，在周恩来总理治病疗养期间，代总理主持会议和呈批主要文件……"

这时，在周恩来身边的邓小平正沉稳端坐，若有所思。会前，周恩来曾考虑是否由邓小平来主持今天的会议，但最终还是决定由自己来主持。其缘由正如他对身边人员所说："有些话小平同志本人不好讲，还是由我讲好。"

宣布完各副总理分工后，周恩来又接着主持召开了有国务院各部部长、各委员会主任参加的国务院全体会议。会上，周恩来继续

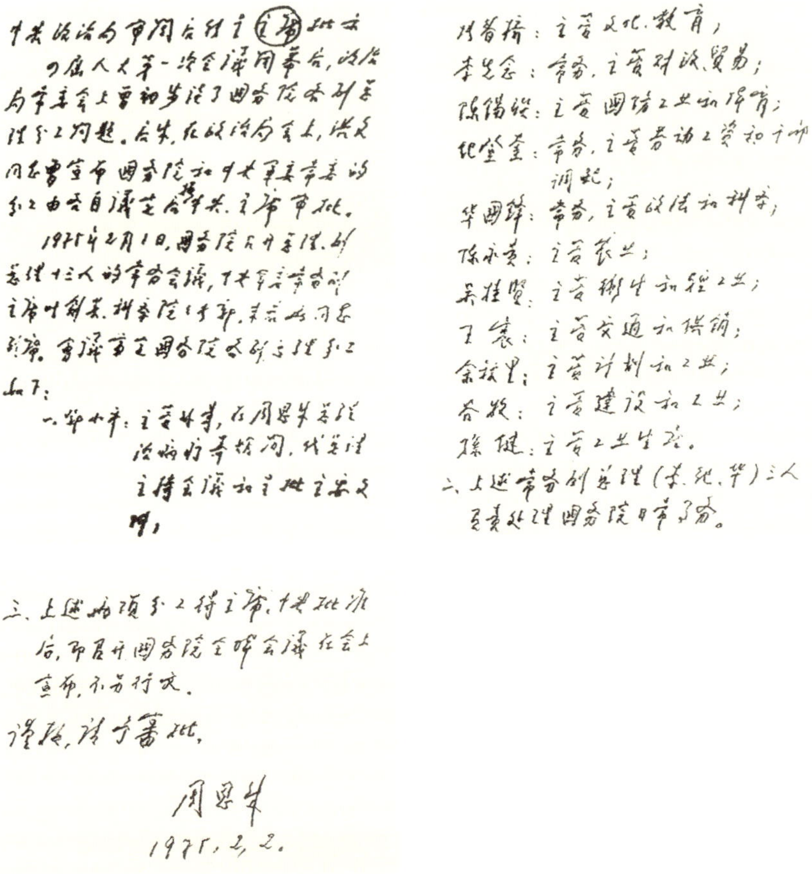

中央政治局审阅后转呈主席批示

四届人大第一次全体会议开幕前，政治局常委会上曾初步谈了国务院各副总理分工问题。后来，在政治局会上，洪文同志曾宣布国务院和中央军委常委的分工由各自议定后报中央、主席审批。

1975年2月1日，国务院召开各副总理参加的十三人的常务会议，中央军委常务副主席叶剑英、科学院长郭沫若两同志列席。会议商定国务院各副总理分工如下：

一、邓小平：主管外事，在周恩来总理治病疗养期间，代总理主持会议和主批主要文件；

张春桥：主管文化、教育；

李先念：常务，主管财政贸易；

陈锡联：主管国防工业和体育；

纪登奎：常务，主管劳动工资和干部调配；

华国锋：常务，主管政法和科学；

陈永贵：主管农业；

吴桂贤：主管卫生和轻工业；

王震：主管交通和供销；

余秋里：主管计划和工业；

谷牧：主管建设和工业；

孙健：主管工业生产。

二、上述常务副总理（李、纪、华）三人负责处理国务院日常工作。

三、上述两项分工待主席、中央批准后，即召开国务院全体会议在会上宣布，不另行文。

谨报，请予审批。

周恩来

1975.2.2.

1975年2月2日，周恩来关于国务院副总理分工问题给毛泽东的信。

发表讲话，提出：“根据毛主席的指示和党中央决定，我们从今天开始来完成四届人大以后的工作。今天是开始。对于我来说，恐怕也只能够完成这个‘开始’的任务了。以后的事情，主要是由各位副总理来做。”

他停顿一下，环顾会场，加重语气说道：“毛主席讲，小平同志‘人才难得’，‘政治思想强’。现国务院新班子以小平同志为首，一共 12 位。将来这样的会，请小平同志主持。我希望，新的国务院能出现新的气象，领导全国人民努力完成和超额完成今年的国民经济计划和第四个五年计划！”

周恩来的讲话，博得全场的热烈掌声。

从此，周恩来把完成“四个现代化”的接力棒交给了邓小平。

1975 年——

3 月 20 日　向毛泽东报告病情发展

3 月 26 日　第三次大手术

6 月　体重仅剩 61 斤

9 月 20 日　第四次大手术，癌症已经全面扩散

10 月 24 日　第五次大手术，至此，共做大小手术 13 次

1975 年——

4 月 3 日　术后躺在病床上会见外宾

4 月 20 日　开始较频繁地会见外宾

5 月 3 日　去毛泽东处开会

5 月 27 日　致信张春桥

6 月 9 日　参加“贺龙同志骨灰安放仪式”，连鞠 7 个躬

7、8、9 三个月　与邓小平谈话、开会多达 12 次

9 月 7 日　最后一次会见外宾，

1975 年 1 月—9 月 7 日　外事活动达 44 次

第四章

回天乏术

1975-3 >

周恩来住院期间，时刻关心着党和国家的前途命运。他凭借自己在党内外的影响力，用生命的最后力量，为邓小平平稳接班，排除障碍，大造声势。邓小平复出工作后，从军队抓起，把全国的工作搞得有声有色，也就是被今天史学界称道的“1975 年整顿工作”。因为此举深得民心，招致急于抢班夺权的“四人帮”一伙的嫉恨。他们无中生有，制造事端，打击迫害邓小平，连重病缠身的周恩来也不放过。但是在周恩来细致深入的工作下，邓小平的工作先后得到了毛泽东的支持与认可，从而击退了“四人帮”一浪高过一浪的政治进攻。

但整顿必然触及“文革”功过，触及“文革”功过，就必然触及“文革”的源头。九个月整顿被迫中断……

惺惺相惜

毛泽东很关心周恩来的健康。他看到了周恩来病情越来越重的报告，这使他很担忧，不仅派工作人员到医院看望，还派人送来了一个特制的沙发。

1975年2月，四届人大开过后，医疗组如释重负，开始为周总理再次准备“开膛破肚”的大手术。手术定在3月26日进行。

3月20日凌晨，周恩来在病房中强撑病体，写出一份长达700字的报告，向住在南方的毛泽东详细说明了几年来病情发展、变化的过程：

主席：

最近四年来，我的大便中偶有潜血出现，但因消化系统好，未进行肠胃检查。这两年又因膀胱癌出现，尿中有血，易于计量和检查，故医疗力量集中于治疗膀胱癌。现膀胱癌经过两次开刀，三次电烧，已能稍稍控制。去年十一月十二日经镜照电烧后，一个半月内仅尿血就九个C.C.多；今年二月四日经镜照电烧后到现在一个半月内，亦仅尿血十个C.C.多，如待满三个月再进行镜照检查，当在五月初或四月底。

今年开会后（注：指四届人大），大便中潜血每天都有，大便也不畅通。因此利用三月间隙，进行食钡和灌钡检查，始发现大肠内接近肝部位有一肿瘤，类似核桃大，食物经此癌肿处蠕动甚慢，通过亦窄。若此肿瘤发展，可堵塞肠道。灌钡至横结肠，在肿瘤下抽出钡液无血；灌钡至升结肠，在肿瘤上抽不出钡液，待大便齐出有血。在食钡检查时，食道、胃和十二指肠、空肠、小肠均无病变，更无肿瘤。而这一大肠内的肿瘤位置，正好就是40年前我在沙窝会议后得的肝脓疡病在那里穿肠成便治好的，也正是主席领导我们通过草地北上而活到现在的。由于病有内因，一说即明。好了的疮疤，现在生出了肿瘤，不管它良性或者恶性，除了开刀取出外，别无其他治疗方法。政治局常委四同志（王、叶、邓、张）已听取了医疗组汇报，看了爱克斯光照片和录像电视，同意施行开刀手术，并将报请主席批准。

我因主席对我病状关怀备至，今又突然以新的病变报告主席，心实不安，故将病情经过及历史造因说清楚，务请主席放心。在去年两次开刀后，我曾托王（海容）、唐（闻生）两同志转报主席，我绝不应再逞雄了。但如需再次开刀，我还受得了。现在要好好地作此准备。

问主席好！

周恩来

一九七五年·三·二十

周恩来信中提到的“40年前我在沙窝会议后得的肝脓疡病”指的是1935年7月28日，周恩来随红一方面军主力长征到达松潘毛儿盖，进入草地后最为艰难的一段路程。

这时，周恩来突然发起高烧，几天一直处于昏迷之中。当时毛泽东赶紧让邓颖超从休养连来到总部帮助照顾周恩来，并指示医生全力抢救治疗。

经医生检查，确诊为“阿米巴痢疾”。在当时这种病死亡率极高，只有个别患者在化脓部位与肠接触的地方穿孔，脓液经肠子排出体外才有可能得以生存。

因为没有条件做穿刺手术，只能让周恩来服用药物外，又采用了古老的“冰敷”疗法，将冰袋放在周恩来的疼痛部位，希望此法能挽救他的生命。经过六七个小时的焦急等待，周恩来终于慢慢地清醒并排出了许多脓液。他终于成为脓液经肠道排出体外的幸存者。

事隔40年，周恩来又重提旧疾，为的是说明病因。

其实大家都心知肚明，癌症很大程度都是因为操劳过度，压力过大与生活不规律所致。可是周恩来患病以后从不流露这种情绪，而是用平常心接受了这一残酷现实。

此时毛泽东正在浙江杭州的西湖边养病，因患老年白内障，几近失明，全凭耳朵感知外界，掌握情况。文件信件全靠工作人员读给他听。这对一个明察秋毫、过眼不忘的伟人来说，不能不说是一个莫大的痛苦。

他听完周恩来的来信，非常伤感，躺在床上费力地一字一句地对身边的工作人员说：“去打个电话问问总理现在的情况怎么样了。”

自从周恩来患病以来，毛泽东一直关心和惦记着周恩来的身体状况。每次审阅有关周恩来的病情报告时，他总是特别认真。不能看东西后，当工作人员给他读周恩来的病情报告时，有的地方要让工作人员反复念几遍。特别是周恩来每天失血的数字以及施行几次手术的细节情况，他听得格外认真、细致，而且都能记住。

3月26日这一天是周恩来实行结肠肿瘤治疗手术的日子。一早，他起床后做的第一件事不是与手术有关的事情，而是与秘书一起清理住院以来未批的“文革”积案，对一些亟待办理的重要文件，提出具体处理意见，其中包括对江青在“批林批孔”运动中以个人名义写信的原件，提出“均暂保存”。

——将杨勇问题的复查报告送叶剑英处，并告：对杨勇同志问题的复查是处理类似问题的第一件，从现在的口径来看，严了一些。

——将迟群关于一九七四年一月二十五日大会的检讨退纪登奎，并让秘书写便条转纪登奎：迟的检讨空洞无物。

……

直到中午。文件才一一处理妥当，周恩来觉得十分疲倦，但他可以松下一口气了。

秘书离开时，有些忐忑不安，望着总理说：总理，祝愿此次手术顺利。祝愿总理尽快康复！

周恩来笑笑，脸上的表情一看就是对此并不乐观，摇头回答：不一定啊，有两种可能……

秘书跟随他多年，知道总理不干完这些事情是不会安心躺在手术台上的。他望望自己手里一摞必须处理的文件，明白总理也是怕自己进手术室“万一”了，不想留下未竟的事情而遗憾。

3月26日下午，周恩来承受了住院后的第三次大手术，手术切除了结肠肿瘤。经病理检查，肿瘤是恶性的。最要命的，也是最不好的征兆，这个肿瘤并不是膀胱癌细胞转移所致，而是一个新生癌病灶。说明周恩来的身体里又增加了新的“敌人”。这样一来，病愈的可能性几乎为零，奇迹再无可能发生！

手术完毕后，周恩来还在手术台上，医生们正在为他的伤口进行包扎时，发现他缓缓睁开了眼，目光中透出若有所求的神色，嘴角微微抽动着，医生以为他很痛，要呻吟，但仔细一听，听到的是：叫李冰同志来……

李冰时任中国肿瘤医院的院长，周恩来手术时她也在现场，手术结束才离开。护士赶紧将还没有走远的李冰叫住。李冰以为总理有什么情况，很是紧张，一路小跑，几乎是冲进了手术室。

李冰轻轻俯身贴近周恩来，问他有什么不舒服？

周恩来的声音很小，但他说出来的话，出乎全场人的意料！

“云南，云南锡矿工人，肺癌发病情况，你，知道不知道？”

李冰先是一愣，但她马上明白了总理的意思，回答说：“知道。”

“你们，要去解决这个问题，马上就去。”

周恩来断断续续，讲完这句话，脸上已经沁出了汗。

李冰赶紧点头说：“我就去！请总理别说话了，千万要好好休息。”

李冰用力抿紧嘴唇，防止泪水流出来。但她一退出手术室，泪水就不听话地流了下来……她无法言表此时此刻自己悲伤与感动交织的复杂情绪。她救治过无数的癌症病人，却从没有遇到像周恩来这样如此忘我的病人。他身处绝境却不关注自己的安危，从死神手里回来的第一件事情就是惦记锡矿工人肺癌发病的情况。

李冰由此感知，人的伟大有时不在高处显现，而是在生死危难中凸显。周恩来不希望这个世界再有人像他一样身患绝症，遭受病痛折磨。他下地狱是为了避免更多的人下地狱。这就是今天的人们无法忘怀周恩来的人格魅力之所在。

这次手术后，周恩来的身体更虚弱了。这时，周恩来收到了毛泽东送来的一张大沙发。

这张沙发是特制的，和以前俄式的高大沙发相比，坐起来要舒服很多，坐垫是用乳白色的海绵做的，下面钻了很多蜂窝形的小孔，也比原来的弹簧软多了。

原来毛泽东经常在过硬的沙发上一坐就是半天，居然长了褥疮。身边工作人员决定给他做一个软一些的沙发。后来警卫局副局长出面到木器加工厂搞了一个样品。沙发拿回来让毛泽东试了一试。他一坐，很是满意。这时他想到了同样患病的周恩来。

毛泽东马上告诉身边人员："总理现在生病，也给总理送一个去。"

周恩来手术后能下床活动了，他也很喜欢坐在这张舒适的沙发上看文件看报纸。

毛泽东与周恩来一路走来，一同走进了晚年，又同时身患重病，深陷困境，但两人惺惺相惜，彼此多了一份牵挂。

这两张特制的沙发陪伴着两位老人直到生命最后一刻。

周恩来的办公桌前放着毛泽东送给他的沙发。

以忍为阍

由于“文化大革命”是毛泽东发动的，周恩来从来没有说过一个“不”字，唯独这一次，周恩来把心底压抑的郁闷情绪发泄了出来……

前面说过，周恩来对于自己所受的病痛从没有抱怨过。但这次手术后，他的情绪有些变化。据曾在他身边工作的警卫员乔金旺回忆：1975 年 3 月周恩来手术后，他去医院探望。周恩来从乔的眼神里看到了自己的变化。第一句话就是：“老乔啊，‘文化大革命’把我累垮了！”他的声调低沉而幽怨。

是啊，“文革”以来，周恩来自始至终都在苦撑危局。

从“文革”初期红卫兵大串联，毛泽东八次接见红卫兵，所有的组织工作都是由周恩来一手操办的。他成了最忙碌最辛苦最费口舌的领导人，不仅身体严重透支达到了极限，精神重压也到了不堪承受的程度。此时的他已年过七旬，搁在寻常百姓家，正是颐养天年，儿孙绕膝，福享天伦的年纪，而老年的周恩来却在不断地操劳，不断地努力跟上毛泽东的“步伐”，付出了常人难以想象的巨大心血与精力。

“文革”前，周恩来与贺龙一起参加首都节日活动。

贺龙元帅。

张佐良，作为周总理最后一任保健大夫，他的感受极为真切。他是这样回忆的：

我在周总理身边工作了10年，1965年至1976年。这十年间周总理高兴的事情不多，只有中美两国关系正常化、中日两国恢复邦交、两岸关系有所进展，还能算是让他高兴的事情。他大多数时间都在充当着消防队员、救火队员的角色。他保的人很多。我见到的第一位是贺龙同志，1966年接见红卫兵，我在城楼上值班，有人在贺老总耳边说了几句话，贺老总脸色马上变了，接着就昏倒了，在那里抢救一下就送走了。过了一个多月，他出现在总理家，当时是极为保密的，大姐一再交代："什么时候出去，对外绝对不能讲。"两周以后，贺老总走了。

第二位是陈老总，总理为了保陈毅，两次心绞痛发作：一次是从印尼回来的×××闹得非常凶，他们要打倒陈毅、姬鹏飞、乔冠华，总理做他们的工作，不仅做不通，而且顶撞总理，总理站起来指责他们时，当场心绞痛发作，那是在国务院小礼堂。

第二次是在大会堂，1967年8月，事先谈好，对陈老总可以批判，但不能打倒。等到进去一看，他们把标语贴在门后，在外面看不见，总理非常生气，造反派冲进来要揪斗陈老总，总理早有安排，让卫士用另外的车送走陈老总。后来开万人大会，两派联合起来开，说好不许喊口号，不许贴标语，但当总理在主席台上刚刚坐好，大标语就从三楼垂下来：打倒陈毅。坐在会场里的人打着横幅。总理非常生气，说："说好了，你们还来这一套。"他当时按着心口，心绞痛犯了，站起来责问造反派头子，他们无言以对。这时下面的人冲上来，揪住陈老

周恩来在机场迎接陈毅元帅访问归来。

周恩来尽最大努力制止林彪、江青一伙挑动批斗党政军领导干部的行为。这是 1966 年 12 月他和受他保护的陶铸（右一）、陈毅（右三）、贺龙（右四）在批斗大会上。（历史照片）

60 年代，毛泽东、刘少奇、周恩来在人民大会堂前迎送外宾。

总的衣服领子，要做喷气式。这次会之前，总理跟陈老总讲过，让他忍着，发生这种情况谁也没有预料到。事先安排好的解放军、警卫员就上来保护陈老总。有人打了陈老总一个耳光，把眼镜打掉了。总理站起来宣布散会，我们赶紧上去抢救总理。解放军战士保护着陈老总。总理基本上是陪陈老总挨斗。1966 年 8 月 18 日，当时实际上已给刘少奇定性。1967 年初，在街上贴出了所谓的《百丑图》，总理很生气，说这是侮辱人格嘛！怎么可以这样搞！但他所处的位置不能拂袖而起。总理让我去看少奇同志。当时是让周围的人和他划清界限，门口根本没有人，我进去了。我说："我是西花厅的保健医生张佐良，总理让我来看你。"他让我坐，也没有什么话说。当时让谁去都不合适，只有让我这个医生去，总理确实是关心他。

1982 年，陆定一夫人严慰冰见我就抱住我，说："张大夫，我一见到你就想起了总理，如果没有周总理，我们两人早就完了，活不到现在。"总理逝世后，他们在监狱里保存着一张有总理遗像和悼词的报纸，没让收回去。是总理指示让他们回北京治病，让子女去探视的。

有人做过一个不完全的统计，仅从 1966 年 8 月到 12 月的三个月中，周恩来参加的红卫兵大型汇报会、座谈会在 40 次以上（不包括小型汇报和个别约见）；从 1966 年 7 月到 1967 年 1 月的半年多时间内，周恩来亲自接见红卫兵、处理由红卫兵引发的突然事端及

1967 年 8 月，周恩来在北京工人体育场接见全国各地来京串联的群众，动员他们回到工作岗位上去。（历史照片）

起草有关红卫兵的各种文件达230次之多。毛泽东1966年8月18日到11月26日，8次接见来自全国各地的红卫兵和群众组织的代表，总共约1100万人。每次接见，从始至终，都是由周恩来亲自安排。从毛泽东的安全保卫、行车路线，直至红卫兵的食宿、军训等等细微琐事都由周恩来亲自过问。当工作人员劝他适当注意休息时，他总是说：“我是总理，就得什么事都要管呵！管不好怎么向党、向人民交代！”

国际友人都说他是“世界上最忙的人”；就连唯恐天下不乱，不断“放火”的江青一伙也揶揄周恩来为“救火队长”。

陈云曾经说过这样一句话：“没有周恩来同志，‘文化大革命’的后果不堪设想。”

这是对周恩来在“文革”期间所起作用的高度评价。

由于“文化大革命”是毛泽东发动的，周恩来从来没有说过一个“不”字，唯独这一次，周恩来对自己的警卫员把心底压抑的郁闷情绪发泄了出来……

乔金旺眼圈红了，但他忍着眼泪，喉咙哽咽地叫一声：“总理……”就什么话也说不出来，也不知道说什么话才能宽慰总理。

可是周恩来却凄凉地说：“以后你们就不要再叫我‘总理’了，我躺在这里已经不能再为国家为人民工作了，听你们叫我总理总理的，我心里难受……不做事了，不能叫总理了。”

暗流涌动

周恩来住院后，很多来访的外宾都希望能见到他。1975年4月，周恩来大手术第8天，就躺在床上会见了外宾。会见金日成时，他双脚浮肿得已穿不进原有的鞋。

1975年3月，非洲北端的国家突尼斯通过宪法修改草案，宣布布尔吉巴为共和国终身总统。因为周恩来1964年第一次访问突尼斯，为两国建立良好关系打下了基础，这次终身总统就职仪式，布尔吉巴希望中国的总理来参加。为此他特意派突尼斯总理担任特使前来邀请周恩来。可是特使抵达北京后，外事部门告诉他，周总理因病卧床不能起来。但特使不相信，他觉得中国总理一直在会见外宾，怎么说不行就不行了呢？他不死心，执意要亲眼证实周恩来是否真的患病。外事部门没办法，只好如实禀告周总理。无奈之下，动了手术才过一个星期的周恩来，只好躺在病床上会见这位突尼斯总理。

会谈只进行了15分钟便结束了。突尼斯总理一离开病房，便难过地哭了，因为在病床上的周恩来已经骨瘦如柴，憔悴不堪，令人不忍目睹。因为此次外事活动既没有摄影，也没有拍电视，更没有报道，至今也鲜为人知。

1975 年 4 月，周恩来在医院会见金日成。

1975 年 4 月，周恩来和邓小平在医院会见朝鲜劳动党主席金日成。这一次，周恩来因为脚肿，穿上了圆口布鞋。

不过中国新闻银幕上频繁出镜的朝鲜主席金日成在听说老朋友周总理住院后，便多次提出要来看望，一是因为朝鲜长期以来与中国关系不错，二是出于与周总理的深厚友谊，他将于4月应邀来华访问。

周恩来准备4月19日在医院会见他。

这时距离周恩来做结肠癌手术才第24天，当时身体还没有恢复好，双脚浮肿得很厉害，原有的皮鞋和布鞋都穿不下。大家只好量一下，再带上旧布鞋，找到专做布鞋的老师傅，赶紧再做一双布鞋。

这位老师傅一直为中央首长做布鞋，他对周恩来的尺寸非常清楚。当他接过尺寸与旧布鞋，一下子就明白周总理病重了，眼泪顿时就流了下来。俗话说：女怕戴帽男怕穿靴。指的就是严重病人最不好的一种情况。

卫士怕老师傅做小了，没有时间改，便嘱咐老师傅千万不要做小了。

老师傅不负重托一夜没睡，第二天一早就将鞋子做好了，可能因为也怕做小了，比量的尺寸又大了一点。取回鞋子让周总理一试，果然大了一点。周恩来笑笑说，大了不怕，有办法弥补。

护士在鞋里垫了厚厚的纱布，基本能跟上脚了。就这样，周总理穿着这双特制的布鞋，拖着重病的身子，与邓小平一起，会见了金日成等朝鲜外宾。

老朋友相见格外亲，他们不知不觉就谈了一小时，而且他们之间不需要翻译，因为金日成少年时在中国读书，能说一口流利的汉语，交流起来很方便。

结肠癌手术的一个月后，周恩来渐渐恢复了一些体力，他的日程表上又出现了会见外宾的安排计划。

4月20日，会见比利时王国政府首相廷德曼斯和夫人、外交大臣范埃尔斯兰德和夫人等。

4月23日，会见柬埔寨国内特使英·萨利。

4月30日，会见阿拉伯也门共和国指挥委员会委员兼武装部队副总司令沙瓦里希及所率的代表团。

5月8日，会见欧洲经济共同体委员会副主席克里斯托弗·索姆斯及其随行人员。

5月18日，会见伊朗国王巴列维的妹妹阿什拉芙·巴列维公主。

5月21日，会见莱索托王国外交大臣科措科阿内和夫人。

……

但远比会见外宾更要让周恩来伤神的是此时愈加激烈的中央高层政治斗争。斗争焦点起源于1975年2月初，中共中央发出通知，决定取消中央军委办公会议，成立由叶剑英主持的中央军委常委会，军委常委会成员名单：邓小平、刘伯承、徐向前、聂荣臻……明眼人一看就明白，军权在邓小平和叶剑英等几位老帅手里握着，绝对没有“文革派”的份儿。

“四人帮”的重要成员、时任党中央副主席的王洪文，私下对“四人帮”在上海的几个心腹交底说：“我最担心的就是军队不在我们手里……”

面对如此不利局面，“四人帮”自然不会坐以待毙，决定再起风波，转移视线，借题发挥，让他们的政治舆论主宰大局。

3月1日，身挂“总政治部主任”一职的张春桥，在向全军各大单位政治部主任讲述学习“无产阶级专政理论”问题时宣称：全国解放以后，“对经验主义没有注意批过”，因此，“对经验主义的危险，恐怕还是要警惕”。讲话中，张春桥还露骨地指责1972年

周恩来在医院会见西哈努克亲王和夫人。

1975 年 4 月 30 日，周恩来在医院会见阿拉伯也门共和国指挥委员会委员兼武装部队副总司令穆贾希德·阿布·沙瓦里希。

1975 年 6 月，周恩来在医院会见冈比亚共和国总统与夫人。

1975 年 6 月 7 日，周恩来总理在医院会见菲律宾共和国总统马科斯。

1975 年 6 月，周恩来在医院会见加蓬共和国总统邦戈。

邓颖超在人民大会堂会见斯诺夫人。

周恩来领导的批判极“左”思潮斗争所取得的成果，是“跟着刘少奇那条路线走”；并以“个人意见”表示，四届人大提出的那个“很宏伟的目标”，“无非就是搞几千亿斤粮食、几千万吨钢”，但如果“无产阶级专政理论”“搞不清楚”，仍然会导致“卫星上天，红旗落地”。

同日，姚文元紧随其后，发表了《论林彪反党集团的社会基础》，文中也歪曲地引用毛泽东1959年写的一段话，强调：“现在，主要危险是经验主义。”

“四人帮”的头面人物江青更是在许多场合大讲反“经验主义”。

4月4日，她在接见一批工人时说：“现在我们的主要危险不是教条主义，而是经验主义”；“经验主义是修正主义的帮凶，是当前的大敌”。

4月5日，她又对“梁效”成员讲道：党内“现在最大的危险不是教条主义而是经验主义”。

除在各种场合大造反“经验主义”的舆论外，江青、王洪文还在私下找一些人谈话，无端指责中央某些领导人“不抓大事”“不抓政治忙于业务”，含沙射影攻击正在领导整顿工作的邓小平。同时，他们还借历史上王明路线的错误，影射诬蔑周恩来。

一时间，反“经验主义”甚嚣尘上……

既然来者不善，那么邓小平、李先念、叶剑英等人也不能掉以轻心，他们多次到医院与周恩来商谈，互通情况，商量对策。

邓小平决定挺身而出，同江青等人作针锋相对的斗争。但他必须要得到毛泽东的支持。恰好，毛泽东就快回京了……

洞察秋毫

毛泽东终于结束“流动中南海”的行程，在4月15日返回了北京。他回来不久，便在自己的住所召开政治局会议，“四人帮”再次受挫。这也是毛泽东主持的最后一次中央政治局会议。

时间过得很快，不知不觉毛泽东到杭州已经两个多月了。

西子湖畔桃红柳绿，春风拂面，给毛泽东忧郁的心情带来稍许的安慰。

4月13日，一直陪同毛泽东在杭州的中办负责人汪东兴、张耀祠通知有关方面，金日成主席将率领朝鲜劳动党代表团访华，毛泽东准备回北京会见金日成。

毛泽东同金日成有着特殊的友谊和交往。前不久，毛泽东过81岁生日，金日成特地送来贺寿礼物——朝鲜苹果。毛泽东知道金日成眼有病时，立即调派国内最好的眼科专家到朝鲜为金日成治病。专家在朝鲜期间，毛泽东时刻关注着金日成的治疗情况，并亲自审阅有关诊治情况的电报。

4月13日晚上8点，毛泽东在工作人员的搀扶下，缓慢地走出刘庄一号楼。他因为眼睛视力不清，加之双腿无力，需要有人搀扶。

他步履蹒跚，无力地向众人点了点头，算是告别。

毛泽东突然离杭，使得当晚正在省委开会的谭启龙、铁瑛两位书记措手不及。在接到毛泽东要离杭的紧急通知之后，谭启龙和铁瑛立即停止了会议，二人坐车赶赴刘庄，但毛泽东已经离去。于是，他们又直驶杭州车站，待赶到站台时，专列正徐徐启动。他们跑着来到毛主席坐的车窗前，这时只见车厢里的毛泽东隔着玻璃窗，向两位书记频频挥手告别。

原来毛泽东打算离开杭州前找谭、铁二人谈一次话的，但是谈什么？随着毛泽东的离开，直到逝世，永远成了谜。

毛泽东回京第三天，即 4 月 18 日，邓小平就陪同刚从外地回京的毛泽东会见了金日成。邓小平利用这个机会，向毛泽东反映了江青、张春桥反“经验主义”的情况，并明确表示不同意关于“经验主义是当前主要危险”的提法。他认为只强调反修正主义的一项经验主义，放过另一项教条主义，有些地方甚至连反修正主义主题都不提了，这不能不是一个错误。

的确如此，自从全国报纸开始连篇累牍反“经验主义”，一些地区、部队和机关、学校出现了争论，甚至很激烈的争论，大有一场政治运动前的黑云压顶之势。搞得老干部又不敢负责工作了，因为有文章说，资格老，能打仗的人就有背上经验主义包袱的危险。

尽管毛泽东视力不清，但大脑思路却十分清晰。他当即表示同意邓小平的看法。

毛泽东沉思了几天后，在 4 月 23 日姚文元转来的一份强调批判“经验主义”问题的报告上作了如下批示：“提法似应提反对修正主义，包括反对经验主义和教条主义，二者都是修正马列主义的，不要只提一项，放过另一项。”又指出：“我党真懂马列的不多，有些人自以为懂了，其实不太懂，自以为是，动不动就训人，这也是不懂马列的一种表现。”

据此，毛泽东还要求将此问题在中央政治局“一议”。

几天之后，根据毛泽东的意见，中央政治局召开会议。会上，邓小平、叶剑英等带头发言，用事实揭露和批评“四人帮”自1973年以来屡次寻机发难，把矛头对准周总理的卑劣行径。尤其对反“经验主义”问题，邓小平表现出极大的义愤，他说：很明显，这是一次有计划、有组织的反总理的行动！

会后，受到批评的江青等人既惶恐不安，更怀恨在心。王洪文为此致信毛泽东，诬蔑说：政治局会上的这场争论，实际上是邓小平、叶剑英他们把总理想说而不好说的话讲出来，目的是要翻过去的案。

与此同时，在医院的周恩来通过和邓小平及其他一些政治局成员的谈话，也了解到政治局会议的情况。经过反复考虑，他决定将这些问题及个人意见汇报给毛泽东。

进入七十年代，共和国的领袖们都陆续进入古稀之年，意味着生命进入晚年的轨道，而共和国才度过二十多个春秋，正是妙龄年少的花季。打个不恰当的比方，这非常悬殊的年龄，就像是一道“代沟”，造成党和国家很多不协调的因素，可以想象，“代沟”的后果给决策者带来怎样艰难甚至是苦涩的抉择。特别是受过“林彪事件”打击，党的接班人由“铁板钉钉”一下变成了“青黄不接”。

领袖们内心的斗争与挣扎是一般人无法想象与体会的。毛泽东也由轻信走向疑虑。

周恩来身患绝症后，他也和毛泽东一样，格外担心党和国家的命运。因为搞不好会落到江青一伙手里。

周恩来这封信对毛泽东触动很大。他决定再次对“四人帮”敲打敲打，“整治”一下他们的老毛病。

尽管毛泽东对江青一伙好生事、喜欢拉大旗做虎皮，动不动就甩棒子扣帽子等不利于团结的坏毛病十分不满，常常为此恼火；但由于江青与他夫妻关系的特殊性，毛泽东始终对江青一伙的行为，网开一面，存有仁慈，没有痛下决心动“手术”切除。

有人说晚年的毛泽东好比一棵大树。这句话是很形象的。因为人的经验与年龄恰好和树冠与年轮的比例一致。剧烈摇动的树木往往拥有高大的树冠。“树大招风”，“木秀于林风必摧之”，正是这个道理。

以前人们总是认为弱点只属于平民百姓，伟人往往是金之足赤，人之完人。现在经过历史的反思，人们终于接受了一个事实，是人就有人性的弱点。伟人也有弱点。但有弱点的伟人仍然是伟大的人，并不因为他有过错误有过缺点而否认他具有伟人的品质和功绩。正相反，人的错误有时方能显示真正可信的人性。

洞察秋毫的毛泽东也不例外。

5 月 3 日晚，在京中央政治局委员接到毛泽东要在中南海住处召开会议的通知。

深夜 11 点，政治局成员陆续到齐，周恩来也从 305 医院病榻上起身，赶到这个特殊的会场。

自从长沙分别，又过去了 5 个月。当他们这次相逢，毛泽东紧紧握住周恩来的手，问：“怎么样，还好吗？”

周恩来点头回答：“开了三次刀，还可以。”

由于周恩来病情不断加重，毛泽东即与周恩来商量，让他安心静养，改由邓小平主持中央政治局会议并主持中央日常工作。

周恩来自然乐意。毛泽东也放心地点了点头。

这次会议由毛泽东亲自主持。

此时，毛泽东双眼所患老年性白内障尚未治愈，看景物仍感模糊，但他思维仍然敏锐，谈吐不减当年。他在讲话一开始便承认自己“犯了错误”，对此“经验主义”的文章（即姚文元的《论林彪反党集团的社会基础》）“放过了”，并就此严厉批评“四人帮”：“你们只恨经验主义，不恨教条主义。”在谈到党的历史经验时，毛泽东再次提及1931年在中央苏区发生的“邓、毛、谢、古事件”。他对邓小平说：“我只见过你一面，你就是毛派的代表。”

历史上的“邓、毛、谢、古事件”即邓小平、毛泽覃、谢维俊、古柏四人，曾分别发表过一些有利于反“围剿”和巩固根据地的言论，抵制“左”倾冒险主义的一些做法。由于他们的正确意见，是对“左”的“进攻路线”和政策的抵制，尤其是面对“左”倾路线对毛泽东无端的指责和攻击，他们勇敢地挺身而出，为处于政治逆境中的毛泽东辩护，这样便得罪了王明路线的推行者和代言人，而受到他们无休止的批判。

随即，毛泽东加重语气，打着手势讲道：“要搞马列主义，不要搞修正主义；要团结，不要分裂；要光明正大，不要搞阴谋诡计。不要搞‘四人帮’，你们不要搞了，为什么照样搞呀？”

这是毛泽东1974年7月离京前批评江青一伙后，相隔十个月，回来召开的第一次政治局会议。没想到毛泽东依然是批评“四人帮”及其宗派活动的问题。

在毛泽东讲话时，江青倚仗她的特殊身份，未作一句检讨，并不时在会上插话，引起毛泽东的不快。他面色严峻、一句一顿地告诫江青：“不要随便，要有纪律，要谨慎，不要个人自作主张，要跟政治局讨论，有意见要在政治局讨论，印成文件发下去。要以中央的名义，不要用个人的名义，比如也不要以我的名义，我是从来不送什么材料的。……”

在场的人都听懂了毛泽东的意思，可是江青不知是听毛泽东批评多了，还是因为毛泽东是她的丈夫，觉得这样批评几句是给外人看的。她竟摆出一副无动于衷的样子，倒是王洪文、姚文元胆小，脸顿时就白了。

张春桥一向是以不变应万变，他见江青无所谓，也就稳住了神。

会议一直开到5月4日凌晨。周恩来看看手表说：今天就到这里结束吧，主席休息一下。于是，到会人员一一同毛泽东握别。毛泽东与周恩来握手时又说：还是三句话（即“要马列不要修正，要团结不要分裂，要光明正大不要阴谋诡计”）。应该说这次握手是两位伟人之间的最后一次握手。

毛泽东在与王洪文握手时，王洪文支支吾吾地表态说：“按主席的指示办。”

毛泽东听罢用手掌做了一个翻来覆去的动作，正色道：“你不要再这个样子了！”

毛泽东这次主持会议，做出了一个决定，由邓小平主持中央日常工作。

第二天，周恩来伏案写下书面意见，表示“同意主席意见”，支持由邓小平主持政治局会议批评“四人帮”。

邓小平开始主持中央日常工作这段时间，病卧在床的周恩来的确无法安心养病。他太清楚“四人帮”这几个人做事的风格了，他们不仅喜欢形而上夸夸其谈，小题大做，无限上纲，而且抓住一点不及其余，动不动就“通天”作汇报。

为确保开好批评“四人帮”的会，他必须帮助邓小平稳住阵脚把好舵。周恩来竟然不顾身体极度虚弱，亲笔致信中央政治局成员，提议应进一步讨论吃透毛泽东5月3日的讲话，尤其应搞清楚有人带头批“经验主义”的问题。

信中对张春桥、江青、姚文元将经验主义作为当前形势的主要危险，搞的《解放军报》《人民日报》的两篇社论也是根据姚文元的文章引用的，这样影响很大，而张春桥3月1日在总政召开的各大单位主任座谈会上的讲话，还有江青在政治局会议正式提出了反经验主义，引起各大军区政治部等不良的连锁反应等问题都一一提了出来……

周恩来这封信，引起“四人帮”强烈不满。

张春桥是最早提出批“经验主义”的，始作俑者更是心怀鬼胎，他第一个跳出来“拍砖”。

他在周恩来传阅件上“矫情”地批道：“总理的信，有些话不确切。但我不反对报主席。”

江青、姚文元也在批语中称，对一些情况“不了解”。

言下之意，周恩来所说的，他们不认为是正确的。

周恩来躺在病床上想了几天，觉得必须“回击”。

27日，周恩来再致信张春桥，而且信中语气犀利，不留情面，这是以前很少见的。

> 这次，主席指示要把列宁为什么说对资产阶级专政这个问题要搞清楚，才会防止变修正主义，如果不把资产阶级法权加以阐明和限制，林彪一类如上台，搞资本主义制度就很容易。因此，要多看点马列的书，还要你写文章。因此，你联系到十

多年的思想，经验主义者由于不多读书，难于总结经验，易于上反党集团的当，甚至陷进去，故你在三月一日总政召开的各大单位主任座谈会上片面地强调经验主义的危险，这在三、四月中各政治部向总政来电反映讨论情况，也可看出。……我这段回忆的文字，不知是否较为确切；如果仍不确切，请你以同志的坦率勾掉重改或者批回重写，我决不会介意，因为我们是遵守主席实事求是和“三要三不要”的教导的。

提到总政讲话，张春桥不得不有所收敛。因为各大军区的反映对他张春桥是不利的。张春桥不能也不敢再“矫情”了，他阴沉着脸阅后，提笔写道：“不再改了。”

周恩来一接到退件，马上将21日信的原件送毛泽东阅批。

5月27日和6月3日，在邓小平主持下，中央政治局连续开会，讨论毛泽东5月3日讲话，对“四人帮”进行严厉批评。会上，邓小平、叶剑英再作长篇发言，对江青、张春桥等人多次攻击、诋毁周恩来的做法逐一揭露，连发质问。

邓小平在会上以坚决的口吻说道：“对这些问题，应当讲清楚，不讲明白，没有好处。”

事后，当邓小平向毛泽东汇报政治局会议情况时，毛泽东称赞道：“我看有成绩，把问题摆开了。”“他们几个人现在不行了，反总理、反你、反叶帅……现在政治局的‘风向’快要转了。”

最后，毛泽东满怀期望地向邓小平提出：“你要把工作干起来！”邓小平坚定地表示：“在这方面，我有决心就是了。”

触物生情

邓小平访问法国回来，带回来的面包让大家回忆起当年在法国勤工俭学的年轻时光。周恩来在身体稍有好转时，回到西花厅。这里的一草一木，都让他无比的眷恋。

邓小平在与“四人帮”作斗争最激烈的时候还担负着重要的外事活动。1975 年 5 月 12 日至 17 日，他将带领中国政府访问团去法国访问。杜修贤跟随前往拍摄这次访问活动。他记得在北京机场看见了邓小平不为人常见的一面。走的那天，邓小平夫人卓琳和孩子都到机场送行，邓小平十分疼爱第三代，他将孙女紧紧抱在怀里亲吻。杜修贤觉得这一幕挺感人的，就抢拍下了这位传奇人物古稀之年的天伦之乐。

邓小平应法国政府邀请前往法国进行正式访问，5 月 12 日乘专机到达巴黎，在机场他受到了法国总理希拉克的热烈欢迎。

晚上，邓小平出席法国总统德斯坦举行的欢迎宴会，并发表讲话。他指出：中法两国社会制度不同，但是我们都愿意在相互尊重主权和领土完整、互不侵犯、互不干涉内政、平等互利、和平共处五项原则的基础上发展两国关系。在国际上，我们都反对超级大国

1975 年邓小平访问法国，夫人与孩子都到机场送行。

垄断世界事务。中国政府一贯主张，国家不论大小，都应一律平等，各国的事情应由各国人民自己来管理，任何国家都无权对别国进行侵略、控制和干涉。中国坚决支持西欧联合。法国政府和欧洲人民可以相信，在他们维护独立和加强联合的事业中，总是能够得到中国人民的支持的。正是根据这种精神，最近中国政府同欧洲经济共同体建立了关系。我们希望联合的欧洲在世界事务中发挥更积极的作用。

接着，德斯坦总统也发表了热情洋溢的讲话，最后他对邓小平说：希望您的这次法国之行能唤起您对法兰西的回忆。

德斯坦总统这句话勾起了邓小平对往事的回忆，其实当他一踏上法兰西的土地时，他就激动不已，当年在法国留学的情景仿佛就

邓小平应法国政府邀请前往法国进行正式访问，1975 年 5 月 12 日上午，在巴黎机场受到法国总理希拉克的热烈欢迎。

邓小平率中国友好访问团到法国巴黎访问，受到法国民众的欢迎。

在眼前……就在这次访问中，邓小平还特意去了巴黎意大利广场边上的戈德弗鲁瓦街，对这条小街他怀有一种特殊的感情。他还让身边的工作人员从小街上的一间咖啡店里买咖啡给他喝。他告诉身边的工作人员，当年他和他的战友们曾经住在这里，并经常到这里喝咖啡。

实际上，这个咖啡店的楼上就是当年旅欧党团组织的机关所在地。

这是邓小平第一次直接参加革命工作，是他一生革命生涯的开始。在《赤光》编辑部，他得到了周恩来等较年长的共产党人的直接帮助和指点。同时，耳濡目染使邓小平增长了才干，锻炼了能力。也是在这个岗位上，他以出色的工作得到了大家的信赖和尊重。

最初，邓小平的工作是负责《赤光》的刻写和印刷。他经常是白天做工，下工后即赶到《赤光》编辑部。在那狭小的房间里，周

邓小平在法国故地重游。

邓小平在法国卢浮宫参观后写下留言。

邓小平参观里昂汽车制造厂。

恩来将写好或修改好的稿件交给他。邓小平把它一笔一画地刻写在蜡纸上，然后用一台简陋的印刷机印好，再装订起来。事实上，这种正常的工作程序经常被打乱，有时是因为要开会研究问题，或是正在修改稿件的周恩来被各种来访者打断，有时由于工作需要周恩来去德国和比利时活动。但为了能保证每半月出一期，每期 12 页左右的内容，常常是在开会以后，或各种客人走后，周恩来马上伏案挥笔著文或改稿，而邓小平则等在一旁，改好一篇，刻写一篇，小屋的灯光时常彻夜不熄。在这里，他们一同忘我地工作着，度过暮色苍茫的夜晚，迎来薄雾蒙蒙的黎明。经常是深夜工作完成后，邓小平就在这小房间里打地铺和周恩来住在一起。

这段时间，邓小平和长他 6 岁的周恩来十分亲近，邓小平很敬

留法时期的邓小平。（历史照片）

邓小平出访法国，他在留学时的住处前留影。

重这位兄长式的同志和领导，为他那坚定的信仰，那对现实问题清晰正确的分析把握和那英姿勃勃、思路敏捷、谈吐文雅、彬彬有礼的风度所深深吸引，从中学到了许多东西。

周恩来也十分喜欢这位年轻的伙伴，对精神饱满、谈吐直率、成熟沉稳、工作认真的邓小平，给予了更多的关心和爱护。在周恩来的直接领导和帮助下，邓小平认真的工作态度和出色的工作成绩给他和同志们留下了深刻的印象。几十年后，他们还清楚地记得："当时，邓小平同志负责《赤光》的编辑出版工作，几乎我每次到书记局去，都亲眼看见他正在搞刻蜡版、油印、装订工作，他的字既工整又美观，印刷清晰。"

"油印博士"，这是对邓小平辛勤劳动的肯定，也是对这位年轻的革命者的鼓励。

他从16岁到21岁，在法国生活5年多，由一个质朴的爱国青年成长为一个坚定的共产主义者。这也是他革命生涯的开始，这5年多的时光，决定了邓小平一生的命运。

就在访问快要结束时，邓小平专门到一家标准的法式面包店，把十几美元的零花钱全部买了刚出炉的法式棍子面包。他对工作人员说：总理爱吃这种面包，带回去请他尝尝。

邓小平回国后，这些面包除周恩来外，还分给当年一同在法国勤工俭学的战友聂荣臻、蔡畅等人。可惜陈毅和李富春去世了，不然这不同寻常的面包也有他们的一份。

回国的当天，周恩来便在医院与邓小平见了面，收到了这份特殊的礼物，激起了他对法兰西那段难忘岁月的回忆，好几天都在跟身边的人谈起在法国那段时间的故事。说来也巧，这些天，周恩来自己觉得身体也好了一些，于是决定回西花厅去看看，因为初夏正是海棠树开花的季节，他想再看看海棠花在西花厅里盛开怒放。

西花厅坐落在中南海大院西北角，是清末宣统年间修建的那种京城常见的旧王府式四合院建筑群。因年代久远，青砖灰瓦的屋宇，廊柱暗红陈旧，雕梁画栋亦已褪色斑驳，昔日王府的豪华气派消失殆尽。

西花厅由前后两个院落组成。前院有一个漂亮气派的前厅，建在约一米高的平台上，是周恩来接待与宴请外国宾客的地方。平台下边有一椭圆形花坛，四周栽种低矮的常青树，中央栽着周恩来和邓颖超都喜爱的芍药花和月季花。花坛亦是交通标志，是来往汽车的环形岛。

西花厅。

后院是周恩来办公与居住生活的地方，高大的海棠花为中南海及熟悉总理家的人士所称誉。每年初夏时节，后院里的海棠花盛开，每棵树上开满了红色和白色的花朵，芳香四溢，彩蝶纷飞，周恩来和邓颖超经常在树下散步赏花。

周恩来办公室在坐北朝南的正房里。红色的廊柱，绿色的窗框，下面的窗户镶着大块玻璃，上面是纱窗再加玻璃窗。每当天空晴朗、风和日丽与温度适宜的时候，打开面向院子的玻璃窗，拉开白色的窗幔使阳光直射进来，房间里光线十分明亮。

办公室西边有一个稍大些的房间称作“活动室”。室内有一张乒乓球台子，北侧与西墙根处立着书橱，里边藏书主要是属于文、史、

西花厅的景色。

乒乓球是周恩来喜爱的运动项目。

哲类的图书。西花厅的工作人员将“活动室”习惯地称为“乒乓球房”，或干脆就叫“球房”。

打乒乓球是周恩来在办公间隙唯一喜爱的活动腿脚的方式。常有警卫、秘书、医生陪他打球。周总理右臂肘关节伤残屈曲，活动不方便，不能挥拍抽杀。为此，董必武谑笑说，周恩来哪里是打乒乓球？分明打的“卫生球”嘛。

办公室往东是客厅，周恩来、邓颖超用餐、休息的地方，也是两位主人会客，与亲属团聚的场所。

由客厅再往东，便是邓颖超与周恩来各自的卧室，周恩来卧室内家具陈设极其简单。因为他一进卧室就上床，身后用枕头垫着斜靠在床头继续办公。他睡的是一张普通木床，下面用的是南方人喜爱的棕绷床垫。这很可能同他祖籍浙江绍兴，生长于江苏淮安，依然保留南方人的某些生活习惯有关。

周恩来居住在西花厅，一直过着俭朴的生活。自他住进来以后，就不许装修与翻新房屋及庭院。60年代初，周恩来身边工作人员乘总理出国访问的机会，为了保护与加固建筑物，抢时间只搞了点简单的内装修，更换了窗帘、洗脸池与浴缸。周恩来回来见了十分生气，将他们狠狠地批评了一顿。事后，他语重心长地对身边人员说："我身为总理，带一个好头，影响一大片；带一个坏头，也影响一大片。所以，我必须严格要求自己……你们花那么多钱，把我的房子搞得那么好，群众怎么看？一旦大家都学着修起房子来，在群众中会造成什么样的影响？"

周恩来回到西花厅，就让邓颖超将大侄女叫来，他的确想见见孩子们了。

不一会儿，周秉德就骑着自行车赶到了西花厅。她已经整一年

周恩来、邓颖超的卧室陈设。

周恩来、邓颖超与侄子、侄女一起散步。

没有见过伯父了，突然相见，她不由大吃了一惊，伯伯的脸庞更加消瘦，头发更加灰白，连走路都很慢了，特别是犀利的眼神也显得暗淡了……她三步并作两步跑到伯伯跟前，一把拉住伯伯的手，一个劲地问：“伯伯您能回家了？”

周恩来望着天真的侄女，欲言又止。

周秉德还在追问：“伯伯，您什么时候可以真的回家呀？”

周恩来只好回答：“这可由不得我，要听医生的呀！”

周恩来坐下后，周秉德发现一个细节，让她很不安。她看见伯伯就座的沙发前摆了一个小木墩，好让伯伯放脚。而且伯伯四周簇拥着医生、护士与随身卫士们，大家神情都很严肃，如临大敌一般。

周秉德心一紧，但她又不愿意往坏处想。她在伯伯跟前坐下，

周恩来、邓颖超和他们的侄儿侄女们。

仔细端详伯伯，看见伯伯衣服仍然平整，身板儿仍然笔挺，神态也显得轻松，给人以信心！很久没有见到周恩来的那几位秘书，也都跑过来了。大家神情显得很轻松。

于是周秉德又高兴起来，觉得伯伯很快会好起来的。

过了一个小时，周恩来对大家说，他该回医院了。周秉德赶紧对伯伯说，想站在他身后拍一张照片。周恩来看看侄女，再看看大家，然后说：我今天累了，下次吧！

周秉德只好作罢。但她绝对没有想到，这次没有和伯伯合影，将成为终生遗憾！

一直到周恩来去世后，她才得以站在伯伯的遗体旁，泣不成声地拍下最后的“合影”。

泪干肠断

1975年6月9日这一天，是贺龙元帅含冤逝世六周年的日子。周恩来来到北京八宝山革命公墓礼堂参加了“贺龙同志骨灰安放仪式”。他一连鞠了七个躬。

1975年5月的一天，一直在周恩来身边的西花厅的几位医务人员来医院看望总理，看见这些非常熟悉的医护人员，周恩来自然没有什么顾忌，坦诚地谈及自己的病情，说：“我估计还有半年。”

医护人员一怔，马上竭力绽出笑容，想用几句轻松的话安慰总理。在医护人员心中，此时的总理就是病人。放松病人情绪是医生义不容辞的责任。

但是周恩来听到医生护士说“再治疗一段就会好起来的，多休息少劳累，病情就会减轻……”等之类的“老生常谈”，并没有轻松起来，而是不再说话。他抬眼望着窗外，仿佛是在正视那冥冥之中的死神，又像是在寻找马克思的在天之灵。忽然他微微一笑，似乎觉得自己这个问题问得有些多余。毕竟和癌症作了这么久的斗争，身体的变化与精力的衰退也十分明显，医护人员怎么可能将自己大限的日子告诉自己呢？

周恩来长长吁了一口气，渐渐收去笑容，换上一种严肃神情，望着医护人员："你们一定要把我的病情随时随刻如实地告诉我，因为我还有许多工作，要做个交代。"

即便是演技高超的演员，面对周恩来这样严肃而又坦诚的目光，也是无法演戏的。医生护士眼里陡然涌起一层泪花，声音哽咽、颤抖："怎么讲呢？总理，你叫我们怎么说……"

周恩来脸上恢复一丝不易辨清的浅笑，缓缓点头，极轻极轻地说出一句："不用说了。"

不几天，这件事让他的侄女周秉德知道了，她十分难过，打来电话问伯伯这是不是真的？周恩来很平静地回答侄女："这有什么难过的？共产党员要唯物主义嘛！人生的规律，都有这么一天。应该相信规律。"

接下来的日子，周恩来似乎知道自己生命的"限期"已近，还想尽可能多做一些事情。他想到了他的亲密战友——贺龙。为他平反昭雪刻不容缓，必须马上提到议事日程。

其实早在1972年底他在与毛泽东的一次谈话中，有意谈到了贺龙的专案，特意讲到林彪对贺龙是怎样陷害与诬陷的，林彪一伙炮制了一个所谓的"八·二五"反革命事件，要追"后台"，把矛头直指贺龙。案件过程，其中险恶用心，周恩来说得一清二楚。毛泽东听后极为震惊，问："看来贺龙同志的案子假了，怎么打倒了那么多干部？"

知错就改。毛泽东立即同意周恩来提出的落实干部政策想法。于是，周恩来立即组织相关部门，逐一对蒙冤的干部落实政策。贺龙问题的解决，经过中央专案组一年多的内查外调，真相完全大白，所有的罪名都是诬陷，材料都是不实之词。在他的亲自过问下，解放军总政治部首先“解放”陈再道、钟汉华，随后以此为突破口，又有175位将军得到“解放”。

到了1973年底，毛泽东多次表示：在整贺龙、罗瑞卿、杨、余、傅的问题上，自己听了林彪一面之词，所以犯了错误。为此，他当场向在座的军队高级干部作了自我批评。

但是在贺龙问题上扮演过不光彩角色的江青等人，对毛泽东提出的贺龙问题要“翻案”的指示，采取了一拖再拖压住不办的策略。

时隔9个月，在武汉的毛泽东见到专程陪外宾前来的邓小平，

（左起）聂荣臻、周恩来、贺龙、张爱萍在西花厅。

随即对其表示：要抓紧给贺龙平反。邓小平回京后，立即将毛泽东的指示在中央政治局会议上作了传达。

周恩来、叶剑英、邓小平、聂荣臻等人排除“四人帮”的重重干扰，终于起草了党中央关于贺龙问题平反的通知稿。在送毛泽东审定前，周恩来抱病仔细阅读了通知及有关附件全文，并提笔将原稿中对贺龙一生评价的一句话“几十年来为党为人民的革命事业曾作出重要的贡献”，改为“几十年来为党为人民的革命事业曾作出重大的贡献”。这句公正、客观的历史评价，也体现了他对贺龙真挚的战友之情。

很快，毛泽东便批准了中共中央《关于为贺龙同志恢复名誉的通知》。1974年9月29日，中共中央正式下发这个具有重大意义的《通知》。可以说这个《通知》犹如一枚信号弹，让一大批“文化大革命”中遭受迫害的老同志看到了平反的希望。

《通知》下发后，尽管贺龙政治名誉得以恢复，贺帅夫人薛明也有了一个固定的住处，子女们也一一调回北京安排了工作。但是还有一个心病压在贺龙家人心头上，那就是贺龙的骨灰在哪里？他应该魂归何处？1975年5月，薛明上书叶剑英副主席，要求把贺龙的骨灰迁移到八宝山革命公墓党和国家领导人存放骨灰的地方存放。叶帅很快批示同意。

于是军委决定在贺龙逝世六周年这一天即6月9日，按照中国传统，举行一个骨灰安放仪式。

那么，第一件事情就是要找到贺龙的骨灰。

根据贺帅生前逝世的301医院的线索，一路捋下来，终于在八宝山一处安放老百姓骨灰的老山骨灰堂找到了编号为0034的骨灰盒，骨灰盒上逝者的名字叫王玉，这个只用了6元钱买的骨灰盒上写着逝者的去世时间：1969年6月9日。

通常骨灰盒上有逝者的一寸照片，但此盒没有。因为与登记相符，没错，这就是贺龙元帅的骨灰盒。于是军委负责贺龙骨灰安放仪式的同志一起向这个沉寂了六年，也期待了六年的元帅骨灰盒行了三鞠躬礼。

就在距离9日举行骨灰安放仪式前两天，贺龙的长女贺捷生致信毛泽东，信中表达了她的不满：说6日接到通知，中央军委等单位举行贺龙骨灰安放仪式，要求对外“保密，不治丧，不致悼词，不献花圈，不报道，不宣传”，等等。贺捷生认为这样做不符合1974年中央为贺龙恢复名誉的通知精神，故请求补行葬仪，挽回影响。

贺捷生同时写信给周恩来，表示如果照原来方案办理，将不参加这一仪式。

周恩来即于当日致信毛泽东，告：今年6月9日为贺龙同志开逝世六周年纪念会事，我也知道。后因我3月开刀治疗，未再过问。此事系6月6日政治局决定，今得贺捷生同志此信。特送上，如主席另有指示，当与政治局设法补救。

此信时间很紧急。毛泽东次日就在周恩来来信上批复：“照总理意见办理。”而这一天已经是6月9日凌晨了。

周恩来一边准备参加仪式，一边紧急通知贺捷生，要她顾全大局，一定参加其父的骨灰安放仪式。因为周恩来知道这个长女是贺龙生前最喜爱的一个孩子，即使与贺捷生生母分手后，依然将这个女儿放在掌心上。如果爱女不去，贺龙在天之灵是不会安息的。

贺捷生答应了周恩来的要求，表示一定去参加父亲的骨灰安放仪式。周恩来这才放下心。

6月9日上午，贺龙元帅骨灰安放仪式准备完毕，礼堂大厅中央安放着贺龙的骨灰盒，上面覆盖着中国共产党党旗。大厅上方悬挂着“贺龙骨灰安放仪式”黑底白字的巨大横幅。大厅前面正中央悬挂着贺龙的遗像，骨灰盒的四周摆满了鲜花，摆放着党和国家领导人，党、政、军各界送来的花圈。

上午10时许，参加安放仪式的300多位领导人陆续到来，他们当中以老将军居多。许多老同志在家人或警卫员、秘书的搀扶下挪进了大厅，在座椅上休息。

刚开始，谁也没有想到周恩来会来，因为大家都知道周恩来已患病住院，身体虚弱，中央没安排他来参加贺龙骨灰安放仪式。但在仪式开始前几分钟，人们突然接到通知，说周总理已抱病从医院过来了，让仪式推迟一下。

周恩来要来的消息在人群中引起轰动。人们议论纷纷，为周恩来能亲自来为贺龙送行而感到高兴和欣慰，这是中央和周恩来本人对贺龙的最大关怀，也是对老干部的最大关怀。

不一会儿，周恩来和邓颖超出现在人们视线里。他一进大厅便在左臂上戴上黑纱。

人们好久没见到总理了，发现他又瘦又黑，脸上布满了老年斑。望着为人民操劳一生的总理，加之又是为贺老总安魂吊唁，人们从心底都充满了悲伤，大家相望无语，只能默默地为总理祝福，盼望他早日康复，身体健康。

周恩来在邓颖超的陪伴下，走进第一休息室，屋里的领导人见到周恩来，都站起身迎接。邓小平、叶剑英等人赶紧迎上前，叶剑英紧紧握住周恩来的手问：“总理，您身体不好，怎么出来了？”

周恩来神情悲哀：“我已经对不起贺老总了，这次我哪能不来！”

与陈毅追悼会几乎同出一辙，这次本应由叶剑英致悼词的，但他见周恩来来了，赶紧拿出事先准备好的几页纸递给周恩来，请他来做这项工作。1972年年头的陈毅追悼会，是因为毛泽东突然参加，追悼会规格随之提高，临时由叶剑英致悼词改为周恩来致悼词。而这一次，是周恩来突然降临提高了仪式的规格。

周恩来没有推辞，而是接过悼词，掏出笔逐句逐字地审看着，不时地作一些小的修改。周恩来收起笔，与邓颖超一起来到薛明所在的第二室。

薛明与家人已经在这里等候了，一见到总理和邓大姐，如见亲人，扑过去紧紧拉住周恩来的手叫了声“总理……”就泪流满面，泣不成声。

周恩来眼含热泪，嘴唇颤抖着，强忍着悲痛，半天才说出一句话：“我来晚了，我来晚了……”

“薛明啊”，周恩来哀声哽咽，“我没有把他保护好啊……”说着，泪如泉涌，四周围哭声立刻响成一片。

贺龙的女儿紧握住周恩来的手说：“周伯伯，您要保重身体，要保重身体啊。”

周恩来无言地看着她，片刻，声音颤抖地说：“我的时间也不长了。”

邓颖超流着眼泪紧紧抱着薛明，像姐妹那样相互安抚，相互鼓励。

骨灰安放仪式由邓小平主持，周恩来致悼词。

周恩来缓步走到话筒前，扫视了一眼大厅里的老同志们，慢慢拿起悼词，声音哽咽地念道：“同志们……”他拿着薄薄的一张讲稿，像举着千钧重物一样手抖个不停。周恩来带着哭声，高度评价了贺龙的一生，赞颂他对中国革命做出的丰功伟绩。“贺龙同志的逝世，使我们失去了一位老同志、老战友，是我党、我军的重大损失。”

当邓小平宣布向贺龙致哀，一鞠躬，再鞠躬，三鞠躬。礼毕，人们抬起头时，惊异地发现周恩来再次向贺龙遗像弯下腰去，他又连续鞠了四个躬，和前头三个躬加起来，他一连鞠了七个躬。但据后来薛明回忆，她感觉总理是鞠了八个躬，她认为这可能是象征着八一南昌起义。周恩来与贺龙是这次起义的重要领导者，在战斗中结下了兄弟般的情谊。

仪式后，贺龙的骨灰盒安放在骨灰堂一室正面右上侧81号的骨灰匣里。此前，共和国元帅中已有罗荣桓和陈毅两位的骨灰先期安放到这里。

周恩来这次外出，医生们是不赞成的。可是周恩来坚持亲临贺龙元帅骨灰安放仪式，不管医生如何劝告，他去理发修面，9日那一天拖着沉重的病体，同夫人邓颖超一起来到八宝山革命公墓礼堂……

当打开车门，工作人员扶周恩来下车后，他便独自缓步走向摆着签到簿的桌子。若是换了其他一些人，那是一定要被搀扶着的。但周恩来不要，他以极大的毅力顽强地保持着自己的形象，和往常一样，他的衣服笔挺，容不得一丝皱褶和污垢。

他的头发一丝不乱，威武的浓眉下，两眼依然熠熠放光，像火一样温暖着人，鼓舞着人。

可能因为悲伤，也因为病痛，他的手抖得十分厉害，已经无法连贯写字了，以致在场的人都一眼就能看出来。当笔尖跳动着向纸面贴近时，每个人都提起了一颗心，屏住了一口气。“周恩来”三个字，他费了很大的力气才写在签到簿上。

这是周恩来最后一次参加悼念活动，也因为贺龙家人的争取，参加人数由原来定的800人增加到1500人。

当时军内的老将军大多数受审查刚刚被解放，有的则刚刚从监狱出来，有这样的一个机会见面，实在太难得了。

大将谭政，刚从监狱出来，中央组织部把他从山西接回北京，大家看他身体不好，劝他不要参加了。他生气地说："这样的事我盼了很多年，只要我有一口气，爬也要爬到八宝山，去参加贺帅的追悼会，趁机看一看多年未见的老同志。"

"你还活着呀！"便成了这些劫后余生活下来的老将军们见面后的第一句问候语。

活着，就是幸运，就是胜利！

大家泪流满面，互相道贺。

贺帅骨灰安放仪式不仅是对贺老总的隆重悼念，也是"文化大革命"以来，将军们的第一次大集会，也是军界向"四人帮"的一次大示威、大声讨，更是一个不叫追悼会的高规格追悼会。党中央、毛主席、人大、国务院、政协、军委、军队各大单位都送来了花圈。花圈从室内排到室外，像花的海洋一般。

会后，江青很不满："这是用死人压活人。"

张春桥则说6月9日贺的祭日安放骨灰是在搞迷信。

不管那一伙人如何说，受贺案株连的众多人，则长长地舒了口气，从地狱中走了出来，走到光明之处。

20年后，邓颖超的秘书赵炜在整理周恩来遗物时，发现了周恩来亲笔改的悼词，"在这份文件上，我看到最初定的是在贺龙追悼会上行三鞠躬，但在追悼会时，周总理却向贺龙鞠了七个躬。总理为什么这样做，我们当时没有问，现在也成了一个永远的谜。"

这里还有一个小插曲，在周恩来为参加贺龙追悼仪式去北京饭店找常年为他理发的朱师傅修面理发时，遇到了蔡畅。

那天正好蔡畅在北京饭店理发，她突然看见周恩来身边的工作人员，惊奇地问，是不是总理也来了？

她话音未落，周恩来在医护人员的搀扶下，缓慢地走向他常去的房间。此时周恩来的身体已异常虚弱，但是他坚持来北京饭店请理发师傅为他理发。一方面他要在还能走动的情况下将他以前常去的地方再走一遍，和当年为他服务的工作人员作个告别。

蔡畅看见周恩来来了，也不等自己理好发，就急切地到周恩来的房间看望他。周恩来一见蔡畅进来了，也感到意外，吃力地站立起身子，伸出他那只略带残疾的右手，握住蔡畅的手。

蔡畅也紧紧握住这踏实有力的手！

这种握手，他们是那么的熟悉，它们整整相握了54年。可是此时握手，他们却相视默默，许久说不出一句话。蔡畅用凝视的目光打量着周恩来……

周恩来憔悴瘦弱的面容引起她的不安。她握着周恩来的双手，忧郁地说："恩来啊，按理你比我大两岁，可是50多年你一直叫我大姐，今天看见你这样瘦，大姐心痛啊！"

周恩来也感慨地说："你是我们革命的大姐，是全国妇女同胞的大姐，富春都叫你大姐，我当然要叫你大姐啦！"

这时，蔡畅声音有点哽咽了，伸出双手挽住周恩来消瘦的双臂，像告别即将远行的亲人那样深情地说："恩来，让大姐好好亲亲你，行吗？"

周恩来脸上又浮现了他那特有的笑容，爽朗地说："好啊，大姐，我们是老战友了，我也想亲亲大姐！"说完，他们相互亲吻了面颊，又紧紧拥抱在一起，蔡畅用手掌轻轻地拍击着周恩来的后背，像是鼓励也像是安慰更像是最后的告别……

蔡畅松开周恩来的双臂，几乎没有抬头，立即转身而去，因为她已泪流满面！此时此刻她不愿意让生死与共的老战友看见她的眼泪。从法国认识起，几十年艰难险阻、风雨征程，他们从来都是笑迎困难坦然面对死亡，眼泪不属于他们这些坚强的革命者！最后的告别，依然不能用眼泪作为句号。

望着蔡畅步履蹒跚、不断抽泣的背影，周恩来的视线也模糊了……而他们身边的工作人员却哭出了声，这种无比沉重的场面表达了一个令人心碎的含义——人生最后的相见。

半年之后，周恩来走了，永远地走了。蔡畅没有再流泪，她像握周恩来的手那样，紧紧握住邓颖超的手，两位并肩战斗的革命姐妹，此时的心境几乎不用言语表达便彼此相通。她们都失去了终生爱人，但是都获得过一个充满真情的人生，留下了一段满足和欣慰的姻缘。

直抒胸臆

1975年6月以后，周恩来身体极度消瘦，体重只剩下了30.5公斤。他在病榻上用颤抖的手给毛泽东写下一封信。他与工作人员最后一次合影，告诉人们：以后不要在我的脸上“打叉叉”。

1975年6月间，在癌细胞的吞噬下，周恩来已经瘦得皮包骨，体重只剩下61斤，他清楚地知道自己所剩时间不多了，一天他在病榻上强撑着起来，用颤抖的手提笔给毛泽东写了一封信：

主席：

问候主席，您好！我第三次开刀后，这八十天恢复好，消化正常，无潜血。膀胱出血仍未断，这八十天（从三月二十六日—六月十六日）只有21cc（克）不到，但较去年十一月十二日到今年二月四日，中间还去主席处五天，一月开全会共两次，共八十多天只有13cc，还略多：那八十多天只有增生细胞二次，可疑细胞只三次，这八十天却有坏细胞八次，而最后十天坏细胞三次，所以我与政治局常委四位同志面谈，他们同意提前进行膀胱照全镜电烧，免致不能电烧，流血多，非开刀不可，十五日夜已批准，我现在身体还禁得起，体重还有六十一斤。一切正常可保无虞，务请主席放心。手术后情况，当由他们报告。

为人民为世界人的为共产主义的光明前途（原文如此——作者注），恳请主席在接见布特同志之后，早治眼病，必能影响好声音、走路、游泳、写字，看文件等。这是我在今年三月看资料研究后提出来的。只是麻醉手术，经过研究，不管它是有效无效，我不敢断定对主席是否适宜。这段话，略表我的寸心和切望！从遵义会议到今天整整四十年，得主席谆谆善诱，而仍不断犯错，甚至犯罪，真愧悔无极。现在病中，反复回忆反省，不仅要保持晚节，还愿写出一个像样的意见总结出来。

祝主席日益健康！

周恩来

75．6．16．22时

写罢这封信，周恩来又给毛泽东的机要秘书张玉凤附了一张便条：

玉凤同志：您好！

现送十六日夜报告主席一件。请你视情况，待主席精神好，吃得好，睡得好的时（候），念给主席一听，千万不要在疲倦时念，拜托拜托。

周恩来

1975．6．16．22时半

这段时间，因为毛泽东严厉地批评了江青一伙搞宗派的行为。

江青一伙锋芒毕露的政治野心有所收敛。

对于周恩来来说，也获得一段轻松的时光。

在这之前，江青总是将钓鱼台的私人恩怨卷进周恩来的病房，有事没事惊天动地往医院跑，和以前哭哭啼啼往西花厅跑一样，继续为自己鸡毛蒜皮的事情打扰周恩来的休息和治疗。哪怕和工作人员之间的一点摩擦一点委屈都要总理亲自出面调解处理。最令人无法容忍也最可恶的是她的两面手法，一边事无巨细事事找总理，一边又想方设法利用舆论工具对总理进行人身攻击。尽管这样，江青每次来医院，周恩来都彬彬有礼，不厌其烦地和她讲道理。最后连总理的卫士们都难以接受总理这种过分的风雅大度，想着法子使总理能躲避江青。

受到批评的江青一伙垂头丧气，一蹶不振，人们注意到，“文化大革命”中一向不放掉抛头露面机会的江青，在一连几个月里，几乎再没有公开露过面。王洪文、张春桥、姚文元也变得不那么盛气凌人、神气活现了。

一时间，“江青挨中央批评”的消息不胫而走，广为流传。

周恩来虽然没有参加会议，但会议情况他很快就知道了。周恩来要借毛泽东对江青的一时愤怒，回避江青的胡搅蛮缠。于是他下令他的卫士：以后不要让江青再来医院找他！

这让医护人员都大大地喘了一口气，也让周恩来清静了不少。

在毛泽东、周恩来的支持下，从这一年下半年起，邓小平领导的整顿在农业、商业、教育、科技、文艺等各个领域全面、迅速地展开。

6 月 7 日晚，周恩来在医院会见菲律宾总统马科斯及其夫人、女儿时，兴致勃勃地告诉客人：“现在会谈、宴会都由邓小平副总理包办了，这就给我提供了休息的机会……”

一向飞扬跋扈的江青，依然用抵触的办法，希望和以前一样能蒙混过关，在抵触了半个月之后，发现毛泽东态度依然坚决，而且对邓小平越来越信任，如果再不有个姿态，可能会撼动他们的权力根基。她终于在6月28日低下了她高傲的头，就毛泽东1974年以来多次批评“四人帮”及其宗派活动等问题写出了书面检讨，承认“四人帮是个客观存在”，并检查自己“所犯的错误”是：提出“十一次路线斗争”，批林批孔中搞“三箭齐发”，“个人自作主张送材料”以及讲“主要危险是经验主义”等等。

当日，周恩来将江青检讨信批给在京中央政治局委员，并表示欢迎这一检讨，“今后政治局同志凡遇大事都经过组织讨论，事先请示主席，遵照主席指示执行，认真深入学习，联系中国实际，在实践中多听同志好意见，坚决改正常犯的错误，政治局的团结就会搞得更好。”

江青的检讨信最后送到了毛泽东面前。自此，批评“四人帮”的问题暂告一段落。

经过这次斗争，表面看来，江青等人“老实”了。但是，病床上的周恩来却十分清楚江青等人的秉性，仅仅靠毛泽东发发脾气，是无济于事的，即使江青害怕，那也是表面上温顺，暗地里却使着劲地抗衡。对变幻莫测的政治风云，他依然保持警惕，特别是对邓小平的处境与未来还是很担忧。

以后的事实证明，江青等人敷衍了事地写了份检查给毛泽东，可是一离开毛泽东的视线，依然我行我素，并且变本加厉，照样到处“拉大旗作虎皮”，发表演讲，照样批周公……

1975年6月30日，周恩来在医院会见了泰国总理克立·巴莫及其主要随行人员。这次中泰将建立外交关系。对于周恩来来说，有生之年能看见两国建交，也是一个慰藉。

他这几天心情一直不错。后来大家才知道，江青不得不低头写了检查，这是与“四人帮”艰难斗争多年，以周恩来为首的老干部们的一个胜利，这使得周恩来心情格外舒畅。

这一天，由李先念、乔冠华陪同周恩来在医院会见泰国的客人。周恩来竟然出乎意料地答应了乔冠华提出与大家合影的要求。

1975 年 6 月 30 日，周恩来在医院会见泰国总理克立·巴莫。

1975 年 7 月 1 日，周恩来在医院与泰国总理克立·巴莫签署《中泰建交公报》。

会见结束后，工作人员见杜修贤没有走，就赶快叫住他，为大家照一张合影。杜修贤开始不知道是什么样的合影，就出去选景，选来选去，看看还是楼厅里开阔些，大厅的一侧有一排高坎似的台阶，正好可以站人。不过色调不理想，红窗帘红地毯，太艳，给本来就炎热的夏夜带来一种燥热的感觉。可没有再宽阔的地方可去，只好将就吧。他将人分成两排，后排人站在高坎上，正好高出前排人一头。但是他发现前排的李先念与乔冠华之间始终空出一个位置。

这是怎么回事？杜修贤感到奇怪……

这时乔冠华不紧不慢地告诉大家一个意外的消息："等会儿总理和我们一起合影。"

啊呀，你怎么不早讲，早知道就选个白天在室外拍外景了，这里的色调不理想啊？杜修贤不由得埋怨他们。

原来在医院的工作人员早就想和总理合影留念，但一直见总理精神不好，没有敢提。今天大家见周总理精神特别好，又看摄影记者走得迟，于是乔冠华就向周总理提了这个要求。没想到周恩来一口就答应了。

正说着，周恩来一身深色中山装，在两位护士搀扶下，微笑着朝他们走来。他走到第一排中间的空位上，两位护士分别站在总理的两侧。

杜修贤知道总理有重病，不能让他多站立，于是迅速调整焦距，对好光圈，连着按了几张。拍摄完，大家三三两两地准备散开……猛然，大家被总理的声音震慑了，其实这不过是非常平缓的声音，却让大家惊恐万分："我这是最后一次同你们合影，希望你们以后不要在我的脸上打叉叉。"

谁也不相信这话是从总理嘴里说出来的，大家愣愣地望着总理

1975年7月1日，周恩来在305医院最后一次同工作人员合影。

那平静和蔼却郑重其事的面孔，说什么也反应不过来，万般谨慎的总理怎么会说这样的话?

因为大家都知道“打叉叉”是什么含义。这是“文化大革命”以来对被打倒的人的一种否定的做法。当时被打倒的人的名字上要打上红色的大叉叉，如果与这个人有合影照片，为了表示划清界限，照片持有者便要在被打倒的人脸上画上叉叉。

霎时，大厅陷入沉寂，人们在困惑中感觉到了从未有过的沉重和惆怅!

工作人员都知道总理从不随便谈论有关自己命运的话题，历来都是将个人生死安危置之度外，如果不是气愤之极，不是忍无可忍，他是绝不会讲这番话的!

这番话暗含着什么?这分明是他对损害他政治生命、争权夺利、有狂妄野心的人的愤怒、声讨和抗争。在场的人都心酸地望着消瘦的周恩来。一辈子忍辱负重的周恩来，在生命的尽头仍然是凄风苦雨、坎坷不平。

周恩来对江青一直有戒备之心，7月8日，他嘱咐秘书将新、旧《唐书》中的《武则天传》找来阅读，意识到江青有当“女皇”的野心。而在另一方面，他极力支持邓小平的工作。他看到江青等又要借评《水浒》，制造政治风浪，便忧愤地对人说：“他们那些人有些事情做得太过分了！最近评《水浒》、批投降派，矛头所指，是很清楚的。”他支持党内老同志与“四人帮”的斗争，在叶剑英前来探望时，他嘱咐：“要注意斗争方法，无论如何不能把‘权’落到他们手里。”

躺在病榻上的周恩来还在考虑一件事，那就是如何让毛泽东的眼睛复明。

早在年初，周恩来曾抱病从医院到人民大会堂主持中共中央政治局会议，主要议程就是听取从杭州回京的汪东兴和毛泽东医疗小组医生关于最近对毛泽东所作体检情况及治疗意见的汇报。根据汇报，毛泽东目前主要症状为因白内障导致视力下降和说话不清。会议研究了对毛泽东病情的治疗方案，表示完全赞成毛泽东本人提出的先治眼病的决定。

1975 年秋天，毛泽东与他的眼科大夫合影。

为此周恩来亲自约负责毛泽东医疗的医生到医院谈话，具体研究毛泽东的病情及其治疗方案，他一边给医生打气，要他们增强信心，一边亲自起草政治局常委为毛泽东治疗方案的报告。报告由周恩来、王洪文、邓小平、张春桥、叶剑英五人联名发出。

毛泽东后来圈阅了这份报告，表示同意这个治疗方案。

毛泽东返回北京后，开始做手术前需要进行一些治疗，包括使用一种新型的眼药水。周恩来有些不放心，竟然拿自己的眼睛先做试验，在确信没有副作用的情况下才给毛泽东使用。

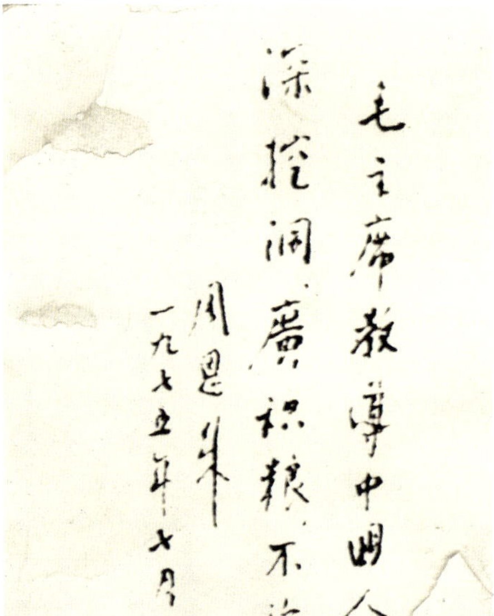

1975年7月5日，周恩来在医院手书毛泽东的指示。

1975 年 7 月 6 日与 20 日，周恩来再次强撑着病体主持政治局常委扩大会议，研究毛泽东眼疾治疗方案，并确定当月为毛泽东做白内障摘除手术。

1975 年 7 月 23 日晚上 11 点半，毛泽东在中南海书房改造成的手术室接受了唐由之大夫做白内障摘除手术。

尽管周恩来的病情已经十分严重，但他坚持要到毛泽东驻地，守在手术现场。为了不干扰毛泽东的手术，周恩来和其他几位领导人提出不到手术室，不与毛泽东打招呼，坐在手术室外的大厅里，一直等手术做完之后才放心地离去。

手术结束后，唐由之大夫出来看见周恩来、邓小平等人，要过去向他们汇报。周恩来却对他摆摆手：你先要看好主席，你不要过来了。

这是周恩来最后一次走进中南海毛泽东的住所，但两人并没有见面握手。

毛泽东的手术像周恩来预期的那样，非常成功，他的一只眼睛复明了。

因风吹火

从7月初邓小平主持中央日常工作，周恩来同邓小平每隔几天就要见一次面。单在7、8、9三个月，他们在一起开会或者谈话就有12次之多。

邓小平从7月到10月，短短三个月里，全面整顿的“排炮”犹如阵阵春雷，震撼祖国大地。许多老干部、老工人和广大知识分子，通过传达、学习邓小平的讲话，都油然而生一种自“文化大革命”以来从未有过的畅快感觉。

现在打开历史这一页，就不难看出邓小平当初快刀斩乱麻的气魄与决心。

1975年7月4日，邓小平向中央读书班第四期学员发表《加强党的领导，整顿党的作风》的讲话，阐述他不久前提出的与“四人帮”一伙作斗争的著名口号——“三项指示为纲”。他说：“前一个时期，毛泽东同志有三条重要指示：第一，要学习理论，反修防修；第二，要安定团结；第三，要把国民经济搞上去。这三条指示互相联系，是个整体，不能丢掉任何一条。这是我们这一时期工作的纲。”

7月14日，邓小平在中央军委扩大会议上提出《军队整顿的任务》，要求首先在军内铲除山头，克服派性，加强组织纪律性。

8月3日，邓小平又在中央军委召开的一次会议上作《关于国防工业企业的整顿》的讲话，指出：一定要建立“敢”字当头的领导班子，要选派那些能办事、敢办事、敢负责的人来领导整顿工作。

8月18日，邓小平就加快工业发展问题发表意见，强调整顿企业管理秩序和恢复健全各种规章制度的必要性、紧迫性。

……

周恩来躺在病床上，欣慰地看着邓小平大刀阔斧地搞整顿，带领经济生产大踏步地前进，而那些历尽八年动乱之苦的人们开始感到“四化”正在迎面走来。

新的希望在人们的心头腾升……

然而，整顿必然触动“四人帮”一伙的核心利益，也触及了否定“文革”的“高压线”。就在人们期盼阳光的同时，天空中也孕育着风雨，甚至是电闪雷鸣……

那么，接下来的深层次整顿还会是一把快刀吗？乱麻还会好斩吗？

很快，剪不断、理还乱的局势如乌云密布在改革者的上空……

这一年8月，毛泽东的一只眼睛复明了，欣喜不已的他又可以看报看书看文件了。这失而复得的光明，可能是毛泽东患病以来最让他心情舒畅的一件事情。

眼睛一旦能看见东西，他便和以前一样手不释卷，而且喜欢看古代的典籍，并且借古喻今，警诫世人。

8月中旬的一天，毛泽东和北大女教授芦荻（这是他眼睛失明后北大派来专门解读古书的教授）继续已经中断了多日的“谈古论今”。

芦荻按照毛泽东的时间要求，到中南海毛泽东书房，为毛泽东讲读古文。

芦荻因为对1974年《北京日报》来北大中文系约写一篇评论《水浒传》的文章并定下了“只反贪官，不反皇帝”调子一直不解。在她为毛泽东解读古文两个月后，觉得能与领袖直接对话了，便借此机会，将自己心中的不解全盘托出。

于是她问道：“主席，听说你讲过《水浒传》‘只反贪官，不反皇帝’？”

毛泽东点了点头说：“那是我在政治局扩大会议上讲的。”

芦荻请毛泽东详细谈谈应当怎样读《水浒传》。

这下可好，毛泽东兴致大发，引发出一大段议论。

《水浒》这部书，好就好在投降。做反面教材，使人民都知道投降派。

《水浒》只反贪官，不反皇帝。屏晁盖于108人之外。宋江投降，搞修正主义，把晁的聚义厅改为忠义堂，让人招安了。宋江同高俅的斗争，是地主阶级内部这一派反对那一派的斗争。宋江投降了，就去打方腊。

这支农民起义队伍的领袖不好，投降。李逵、吴用、阮小二、阮小五、阮小七是好的，不愿意投降。

鲁迅评《水浒》评得好，他说：“一部水浒，说得很分明：因为不反对天子，所以大军一到，便受招安，替国家打别的强盗——不‘替天行道’的强盗去了。终于是奴才。”（《三闲集·流氓的变迁》）

金圣叹把《水浒》砍掉了二十多回。砍掉了，不真实。鲁迅非常不满意金圣叹，专写了一篇评论金圣叹的文章《谈金圣叹》（见《南腔北调集》）。

《水浒》百回本、百二十回本和七十一回本，三种都要出。把鲁迅的那段评语印在前面。

对政治不敏感的芦荻，和以前一样埋头作着记录，尽可能地多一点记下毛泽东的原话。后来又按照要求将记录整理成文。

姚文元接到“整理记录”，如获至宝，马上因风吹火。他拿起笔给毛泽东写了一封信，认为毛泽东关于《水浒传》的评论是“对于中国共产党人、中国无产阶级、贫下中农中一切革命群众在现在和将来，在本世纪和下世纪坚持马克思主义，反对修正主义，把毛主席的革命路线坚持下去，都有重大的、深刻的意义。应该充分发挥这部‘反面教材’的作用”。

为此，他提出三条建议：

一、将主席指示印发政治局在京同志，增发出版局、《人民日报》、《红旗》、《光明日报》及北京批判组谢静宜同志、上海市委写作组。附此信。

二、找出版局、人民文学出版社同志传达落实主席指示，做好三种版本印刷和评论的工作。我还看到一种专供儿童青年读的《水浒传》，是根据七十一回本改的六十五回本，也要改写前言，增印鲁迅的话，否则流毒青少年。

三、在《红旗》上发表鲁迅论《水浒传》的段落，并组织或转载评论文章，《人民日报》、《光明日报》订个计划。

毛泽东批示“同意”。

这么一来，本是毛泽东关于《水浒传》的一次个人漫谈，只是要出版部门印行三种版本《水浒传》的小范围事件，经过姚文元的“再包装”，一下子被放大了，吸引了全国人民的眼球，演变为全国参与人人讨论的一场政治运动。

当然，芦荻做梦也不会想到，她一介书生与毛泽东一次关于《水浒传》的学术讨论，竟然会引发一场全国性的政治运动。

这一“最高指示”无疑给正在冥思苦想如何和周恩来、邓小平等人作“斗争”的“四人帮”们，指明了一条“康庄大道”。

“四人帮”迫不及待地借毛泽东的评论大做文章。在他们操纵下，从8月底开始，全国各类报刊连篇累牍地发表文章，宣扬评论《水浒》也是学习“无产阶级专政理论”的一个“组成部分”，其主题就是要批判否定“文化大革命”的“投降派”。

几个月来一直“消沉”的江青，这时也亲自出马，在一些公开场合大谈评论《水浒》的“现实意义”，并一再强调“要联系实际”。甚至露骨地宣称“现在政治局有些人要架空主席”，“他们反对学理论，反对限制资产阶级法权”，借以发泄对前不久中央政治局批评以她为首的“四人帮”的不满。

对江青等人散布的批所谓“现代宋江”“现代投降派”的论调，邓小平早有警觉。他在许多场合向党内外干部、群众说明：毛主席评论《水浒》并无所指，不要牵强附会，不要“听到风就是雨”。

与此同时，在医院的周恩来也正密切注视党内这场突如其来的尖锐斗争。

8月中下旬，他抱病连续同邓小平、李先念等作单独长谈，了解“四人帮”一伙的动向。

因为邓小平的全面整顿进行了几个月，已经触及全国各行各业，由经济到政治再到人员，几乎全部囊括在内。而近十年“文革”形成的各种问题堆积如山，整顿遇到了巨大的阻力。邓小平如果继续下去，就不得不撕开“文革”所谓形势一片大好的虚伪面纱，也就必然打破“文革”带给人们的精神束缚。

进还是退？不同的两条路摆在了邓小平面前。

邓小平决心“踏雷区”。不会因为“四人帮”拉着大旗作虎皮，他就停步不前。他的整顿步伐不仅没有停下，反而更加有力而快速了。

9月15日，邓小平出席在山西省昔阳县召开的全国农业学大寨会议。会上，他重申要实现“四个现代化”的宏伟目标，并提出各方面工作都要进行整顿的意见。

9月底至10月初，邓小平在农村工作座谈会上更加明确地指出：“当前，各方面都存在一个整顿的问题。农业要整顿，工业要整顿，文艺政策要调整，调整其实也是整顿。要通过整顿，解决农村的问题，解决工厂的问题，解决科学技术方面的问题，解决各方面的问题。”“整顿的核心是党的整顿。只要抓住整党这个中心环节，各个方面的整顿就不难。”

整顿，整顿，再整顿。邓小平的全面整顿，迅速、系统地纠正着“文化大革命”以来的种种错误，使各方面工作在短时间内出现明显好转，国民经济各项指标也由停滞迅速回升。工业生产和交通运输一个月比一个月好。此举深得党心与民心。

下半年起，国民经济情况继续好转，工农业生产稳步上升。

对1975年的全面整顿，在过去若干年之后，邓小平仍记忆犹新，并多次向国内外人士谈起。其中，也包括他当时同“四人帮”斗争的情况。

1983年7月，邓小平回忆说：“1975年处理铁路问题时，对帮派分子，我说现在不抓人，把他们调开。‘四人帮’说不行。我说凡是帮派头子，有一个调开一个，再出一个再调开，一天调一个，一年调365个。这个话传下去以后，铁路上的秩序马上就好了。”邓小平还讲过：“当时抓整顿，用了几个人才，就把几个方面的工作整顿得很有成效，局面就大不一样。”

1987年10月，在谈到改革问题时，邓小平又提出：“说到改革，其实在1974年到1975年我们已经试验过一段。1973年周恩来总理病重，把我从江西‘牛棚’接回来，开始时我代替周总理管一部分国务院的工作，1975年我主持中央常务工作。那时的改革，用的名称是整顿，强调把经济搞上去，首先是恢复生产。凡是这样做的地方都见效。不久，我又被‘四人帮’打倒了。我是‘三起三落’。1976年‘四五’运动，人民怀念周总理，支持我的也不少。这证明，1974年到1975年的改革是很得人心的，反映了人民的愿望。”

逝者如斯

1975 年 8 月 24 日，周恩来来到与 305 医院一墙之隔的北海公园散步，他长时间凝望着湖水沉思，突然对身边人员说：“你知道今天是什么日子吗？今天是老舍先生的忌日！”

周恩来就治的医院是中国人民解放军 305 医院，在北海公园的西侧，与中南海西花厅仅一街之隔。“文革”期间，北海公园已被当作“封、资、修”的东西而关闭。这倒给病中的周恩来平添了几分方便：院方在周恩来病房东侧开了一个便门，有时周恩来便在医护人员和身边工作人员陪同下到北海公园散步。

有一次，周恩来一行散步到北海公园的仿膳饭庄，特意请来仿膳饭庄的工作人员给他做了两道素淡的菜，一边品尝一边观赏。当周恩来看到“仿膳”牌匾下边的题签已被人挖掉时，脸色骤然严肃起来，问身旁一位服务员：“你知道你们这‘仿膳’两个字是谁写的吗？”由于“文革”期间，仿膳饭庄已被迫停业，人们对被造反派“除四旧”除掉的东西还多少有点敏感，所以服务员欲言又止。周恩来没等服务员回答，接着又说：“你们还是应该把老舍的名字补上去嘛！”

北海公园的仿膳饭庄是个老字号的饭店。新中国成立后，仿膳饭庄的领导想请一位名人为饭庄题写个店名，他们首先想到了郭沫若。可郭沫若收到他们请求题字的信后认为，自己的字太草，写出来不一定好看，一般群众又不认识，因此建议他们请字写得比较规矩工整的老舍先生题写。老舍二话没说，就给饭庄写了“仿膳”两个大字。店方将其制成一块牌匾，高高地悬挂起来，给饭庄平添了几分高雅和壮观。“文革”风起之后，造反成了时尚，破“四旧”成风，被诬为“美国特务”“修正主义分子”和“反革命分子”的老舍自然不能留名在人世间了，所以，“仿膳”牌匾下的署名“老舍”两字就被强行挖掉了。

在那场浩劫中，老舍遭到迫害，于1966年8月24日投进北京太平湖自杀身亡。

周恩来得到此噩耗后，曾当着身边工作人员的面跺着脚说：“把老舍先生弄到这步田地，叫我怎么向社会交代啊！”

1966年国庆节，在天安门上，周恩来见到了北京市副市长王昆仑。王昆仑是当时北京市唯一未被“罢官”“夺权”的副市长，是老舍被迫害、挨打的见证人。周恩来就向王昆仑打听老舍的情况，之后又约其到西花厅详谈，终于了解到事情的真相。但在那个非常时期，周恩来也只能忍住悲痛和愤怒，无法直抒胸臆，公开向人民表达自己的情感。

但是，他发了话，仿膳饭庄还是很快在“仿膳”牌匾上补上了“老舍”两字的题签。

周恩来和老舍有着极其深厚的友谊。他俩从抗战期间相识，然后相交、相知，情谊与日俱增。

转眼到了老舍罹难的九周年。这段历史渐渐淡出人们的记忆。

可谁也没想到，这段历史却在周恩来心灵里扎了根。这天残阳夕照，周恩来又一次在医护人员和身边人员陪同下散步在北海公园。走着走着，周恩来突然停下了脚步，硬生生地站在那里，默默地望着静静的湖水出神。几分钟过后，他突然转过身，问身边人员：“你知道今天是什么日子吗？”

大家望着他摇了摇头。

“今天是 1975 年 8 月 24 日。”

大家点点头。

周恩来叹了一口气：“今天是老舍先生的忌日啊！”

在周恩来心里，那些老知识分子、老艺术家就如一个个鲜活的形象，说什么都无法忘记他们。

我们不妨从一组镜头中，集中地看一看周恩来内心的那颗待人平等、谦和尊重之心。

1961 年“七一”那天，风和日丽。周恩来偕童小鹏等人漫步登临香山，和参加故事片电影创作会议的 100 多位电影工作者一起欢庆党的诞辰，并合影留念。

在拍照时，大家请周恩来站在前排中间。可周恩来怎么也不肯，还和蔼地对大家说：“今天主要是你们，我只是你们中的一个。”

一国总理，他在哪儿呢？他在人群中和大家肩挨肩，平等地站在一起。像这样的事例很多。尤其是周恩来看文艺演出后，同演员合影，往往不肯在中间坐或站，而到后排和大家站在一起。

斯人已逝，归于尘土。没有烦恼，没有屈辱也没有痛苦。

活着的人呢，依然还在苦风凄雨中行走。

8 月过去了，9 月的整顿与阴谋同步行进着。

周恩来在医院进入了生命的最后岁月。

1961 年 7 月 1 日，周恩来与文艺界人士在一起合影。

1961 年 7 月 1 日，在游香山时，周恩来与夏衍（右一）、舒绣文（右二）合影。

1961 年 7 月 1 日，周恩来与文艺界人士一起游香山。

1961 年 7 月 1 日，周恩来与赵丹（右一）等电影工作者在香山合影。

激浊扬清

1975年9月20日下午，是周恩来住院后的第四次大手术。邓小平、张春桥、李先念、汪东兴和邓颖超等来到医院手术室外守候。周恩来清楚，此次手术凶多吉少。为此，他在手术前做了三件事情。

进入9月以后，周恩来的病情急转直下，癌细胞继续扩散，免疫力严重下降。在这种情况下，医疗组不得不取消周恩来的外事接待活动和室外散步。

周恩来本人心里十分清楚，自己余日不多了，他要争分夺秒将手头未了的事情进行一次“扫尾”。

9月3日，他躺在病床上，与秘书一起清理文件，哪些是退回原单位的，哪些是保存在中央的，哪些是已办理，哪些还要继续办理的，每一份文件都做到清楚来龙去脉。经过整理，除了“文化大革命”初期有关材料和1972年江青会见美国学者罗克珊·维特克的谈话等有关材料外，其余材料均退回有关部门。

第二天，即9月4日，他就《参考消息》转载香港《七十年代》编辑部专稿《访蒋经国旧部蔡省三》一文做出了批示，要罗青长、钱嘉东（周恩来一直称他为钱家栋）找王昆仑、屈武等对有关蔡省三的材料“进行分析”“弄清真相”。批语最后，周恩来用颤抖的手一连写下了三个“托”字。

周恩来生前一直主管台湾工作，实现祖国的完全统一这个问题，一直在他心中占有十分重要的位置，就是在他生命垂危的时刻也不例外。

拜托，寄托，托付……每一个托字都表达了周恩来对台湾统一的未了心愿。

1975 年 9 月 7 日上午，周恩来不顾病情的严重恶化和医护人员的一再劝阻，坚持在 305 医院会见了罗马尼亚党政代表团，留下了他外交生涯的最后瞬间，他近半个世纪的外交生涯随之而落下了光辉灿烂的帷幕。

这张最后会见的照片，如今的人们依然能感受其中的苦痛。

周恩来用那略有残疾的右臂，握拳支撑在沙发边沿，左肘抵在沙发扶手上，为尽可能缓解腹部伤口未愈合而带来的剧痛，他上身艰难地向前微倾，凝神听着罗马尼亚共产党中央书记伊利耶·维尔德茨的谈话。他刀剑般锋利的浓眉拧着，眼睛却依然明亮。

病魔虽然侵蚀了他被誉为东方美男子的英俊容貌，却没有改变他彬彬有礼的笑容。

杜修贤至今无法忘记那一天。

那天，从不要人搀扶的总理，哪怕是大手术之后，身体还未复原，也要坚持自己走上前和外宾握手，而这次他已不能独自走完这段只有几米长的距离。

会见时，周恩来坦然而又自然地告诉客人：马克思的“请帖”，我已经收到了。这没有什么，这是不以人的意志为转移的自然法则。接着，他充满信心地说，我现在病中，已经不能再工作了。邓小平

1975年9月7日，周恩来在医院最后一次会见外宾。

同志将接替我主持国务院工作。邓小平同志很有才能。你们可以完全相信，邓小平同志将会继续执行中国党和政府的内外方针。

会谈时间不长，周恩来的额上渗出细密的汗珠，右手握拳紧紧支撑沙发边沿。

杜修贤几乎是从泪水模糊的取景框里看准了这个催人泪下的瞬间，按下了快门。就在按下快门的刹那，他心底掠过不祥的惊悸，这会不会是总理最后一次会见外宾？

这次会见，只有短短的15分钟。在外宾站起身，向周恩来告辞时，杜修贤发现了一个细节，那就是周总理脚上穿着过去经常穿的黑色皮鞋。他心里蓦然腾升了一种希望，尽管这个希望是很渺茫的，但是他还是惊喜万分，跑去问周总理的卫士长："总理的脚消肿了嘛，能穿上皮鞋了？”

卫士长摇摇头，出乎意外地回答说：“不是好兆头啊！”

“消肿总比肿着要好！”杜修贤固执坚持自己渺茫的希望。

“谁都希望这样啊！”卫士长毕竟比其他人更多地知道总理的病情，他没有一点喜悦。

周恩来送走外宾后，对留下的纪登奎、耿飚说了自己的身体已很难应付这样的外事活动，请他们与外交部的同志一起研究，不要再安排他见外宾了。

当杜修贤知道这一残酷的现实后，这个一米八的魁梧汉子，也无法控制自己的感情，顿时泪流满面……

这以后，报纸上、广播里也没有周总理的消息了。

周恩来从繁忙的外事活动中解脱出来，却难以阻止“四人帮”滋生事端。这是比疾病更加困扰他的，也是难以让他安神养病的外界之患。

这时“四人帮”并没有因为毛泽东对他们的批评而改变态度。他们更加猖狂地活动，向周总理、邓小平加紧攻击，在他们控制的《人民日报》上大登反“经验主义”文章。光是在总理住院后，他们发表的就有《论林彪反党集团的社会基础》《评〈水浒〉运动》以及《教育革命的方向不容篡改》等有代表性的文章，其内容是把矛头直接指向周总理和邓小平，并掀起一股所谓“反击右倾翻案风”的浪潮。

特别是江青挨了批评后，好似浑身充满了重压后的反弹力，弹跳得更高，把怨气撒向邓小平，干扰更加频繁。

9月中旬，江青风尘仆仆跑到大寨，参加她本不该参加的“农业学大寨会议”。会议上她不断打断邓小平的发言，慷慨激昂地批判《水浒》，批判宋江的“投降派”。奇谈怪论，花样百出，借以发泄她心头淤积的委屈和失落。许多人成了她的“靶子”，也有人成了她的追随者。好端端的会场变成了散发火药味的战场。

这“投降派”的帽子又是抛向谁的?

周恩来明白，这顶帽子是为他设计的。

9月15日，周恩来在与人谈话中，就近期报刊宣传开展对《水浒》评论一事指出：他们那些人（指“四人帮”）有些事情做得太过分了！最近评《水浒》批“投降派”，矛头所指，是很清楚的。

5天后，9月20日下午2时第四次大手术又一次等待着他……

或许周恩来比谁都明白，一旦再上手术台很有可能再也苏醒不过来了。手术前，医生已经为他注射了术前麻醉剂，推车都已停放在他的床前，按规定半小时后进手术室。周恩来却突然要工作人员找来自己1972年6月在“中央批林整风汇报会”上作的《关于国民党造谣污蔑地登载所谓“伍豪启事”的真相》的报告录音记录稿，他拿着材料进了卫生间，将自己关在里面，竟然用了近一个小时仔细地看了一遍。

邓颖超在门外着急，几次敲门，可是周恩来就是不回应。

“知夫莫过妻”，邓颖超叹了一口气，自言自语：“唉！又在写东西啊。”写东西？——遗言？大家暗暗猜测，也吃惊，难道总理挺不过这一关了？这是不祥之兆啊！

张大夫看着手表，已经过了40分钟，他只好壮胆走进卫生间，但见总理在写东西，没敢提醒他要进手术室了。为确保手术顺利进行，医生又给周恩来补充了一些术前麻醉药。

原来周恩来用颤抖的手写了封信给妻子，说：“这件事以前我在全会上讲过，这次我希望还是发给各省、各军区负责同志，让他们知道这件事为好。”并让妻子把这封信交给主席。

从1972年6月到1975年9月，三年多的时间，周恩来作的《关于国民党造谣污蔑地登载所谓“伍豪启事”的真相》的报告一直没有按照当时会议的决定，将报告录音和记录稿以及有关文献资料作为档案交由各省、市、自治区党委保存一份。这个心病也可以说是一个遗憾，一直伴随着周恩来走向生命的最后阶段。此时此刻，他多么希望党内都知道这个历史的真相，避免身后再有人利用这“伍豪启事”制造事端，毁坏他的名声。

以后大家才知道，周恩来所写的不是遗言，是为他自己50年前的一段历史作最后的申辩，为国民党制造的所谓“伍豪启事”早已澄清的事实作一个了断。

这是一个即将离开人世的垂危病人的心病啊！

一阵心酸，从大家心头滚过。

周恩来一生忍辱负重，不计个人得失。他没有子女，没有家产，晚年又忍受含沙射影的恶毒攻击。属于自己的唯剩这把随时都会化为灰烬的忠骨。他忍受了许多许多，唯独不能忍受对他政治生命的践踏。他如飞翔的候鸟，爱惜自己的羽毛胜过一切。生命的最后一刻，他要做的竟然是为一个不应该让他承受的冤案申辩，为保护清白的政治名誉而不惜耗尽最后的健康细胞。

周恩来直到躺在担架车上，还强撑着病体，用他颤抖着的右手郑重地在给邓颖超的信上签上“周恩来”三个字，并注明签字的环境和时间：“于进入手术室，一九七五、九、二十”。

周恩来即将被推到手术室的门口时，他突然说：“张大夫，你叫一下小平同志。”

这时政治局的委员们已经和总理一一握过手，正站在走廊里，目送总理的推车进手术室。

“小平同志！总理叫你。”邓小平连忙上前，一把握住总理的手。

周恩来久久注视着几十年风雨同舟的老战友，吃力地抽出手来，紧紧握住邓小平早已伸过来的双手，字字千钧，用最大气力高声说；“小平同志，你一年多的工作，证明——你比我强得多！”

邓小平抿着嘴，使劲地点了下头。

身后的人都清楚地听见了周恩来总理的这句评价。他这样做，一方面是对邓小平的工作给予高度的评价，鼓励他继续大胆地干下去；一方面警告张春桥一伙人：我和毛泽东同志是坚决支持邓小平的，你们想打倒他，党和人民是绝不会饶恕你们的！

担架车推进手术室的那一刻，躺在车上的周恩来又突然睁开双眼，拼尽全身力气大声说道：“我是忠于党、忠于人民的！我不是投降派！”

他苍老且虚弱的声音，响彻寂静的手术室内外。在场的医护人员都怔住了。他们迅速交换着眼色，心上就像是压着一块石头……这时，守候在手术室外面的邓小平、李先念与邓颖超彼此会意地点了点头。

邓颖超要汪东兴将此情况报告毛泽东。

长达5个小时的手术，对极度虚弱的周恩来来说，又是一次严酷的考验，但他坚持了下来。死神，又一次悄悄从周恩来身边溜走。

但就在这次手术中，医生发现周恩来体内的癌瘤已向全身扩散，无法医治了。对此，邓小平指示医疗组：“减少痛苦，延长生命！”

1975年10月7日，也就是周恩来逝世前三个月，他特意嘱咐秘书转告王冶秋：“筹安会六君子”之一的杨度，晚年加入中国共产党。上海辞书出版社在修订《辞海》时，务必在“杨度”条目中，写入此史实。甚至他还找纪登奎、吴德谈“解放”干部问题，责成尽快结案。他嘱咐华国锋转告各省、市、自治区公安部门：把监狱清一清，看关的是些什么人？怎么处理？

10月24日，处于病危状态的周恩来不得不再施行第五次大手术。他再也没能从病床上下来。

这一次手术后，有几天，周恩来显得心神不定，老是不愿意接受医生的治疗。

一天晚上，他对守护身边的张佐良和张树迎说："我的病就这样了，已经很清楚了。我不想再麻烦专家们了，他们应该到最需要他们的地方去，为更多的人治病。我想回家，回那里再治疗……唉，出来两年多了，真想回去住住啊！"他们对视一眼，觉得心都要碎了，只好含泪安慰说："等病情稳定了，我们就回家。"身边工作人员都将西花厅称为"家"，这时说出"家"，除去亲切外，更多的是悲伤。总理一旦离去，这个"家"何以完整？何以欢乐？

过了几天，周恩来不再提回家的事情了。他一向严于克己，知道这个事情让医务人员为难，就打消了这个恋家的念头。

手术才半个月，周恩来在病床上又开始惦记这一些让他内心不安的事情。

"我是忠于党、忠于人民的！我不是投降派！"周恩来虽然这样说了，但没有落实到文字上。从大手术中挺过来的周恩来，不放心口说无凭，因此又在11月15日下午，让身边工作人员拿来笔纸，颤颤巍巍地写下了"我是忠于毛主席、忠于党、忠于人民的，虽然我犯过这样那样的错误，但我决不会当投降派。"由邓颖超代他签上了名字和日期。

到此为止，两年多的时间，周恩来一共承受了大大小小13次手术。"13"在西方是一个不吉利的数字。对于周恩来同样也是死神走近的数字。

1975年——

11月　身体极度虚弱

12月7日　突然发生昏厥，之后，开始断断续续进入昏迷

12月中旬起　无法进食，浑身插满管子，止痛针也开始不起作用

1976年——

1月5日　最后一次手术以缓解痛苦

1月8日　上午9点57分，停止呼吸

1975年——

11月　致信毛泽东提议由邓小平取代自己的职务

12月底　最后一次与叶剑英谈话

12月20日　见罗青长，关心祖国统一

12月31日　与秘书们告别

第 五 章

弥 留 之 际

1 9 7 5 - 1 1 >

1976 年 1 月 8 日上午，周恩来静静地沉睡了，那样安详，那样从容，那样凝重！他解脱了所有的病痛，也解脱了所有插在他身体上的管子。但是在这之前，周恩来经历了癌症病人的最后惨痛，离开人间的弥留之际忍受了肌体由生到死被蚕食般噬吞的漫长苦旅。

他以自己的生命历程实践了曾许下的“鞠躬尽瘁，死而后已”的诺言。

相濡以沫

在这生离死别的最后时刻，周恩来更加关心邓颖超。他们之间却严于律己，遵守组织原则，将他们认为不应该谈论的其他“心里话”埋藏在各自的心底。

从 11 月起，周恩来的身体已非常虚弱，只能躺在床上大小便，后来消化道发生部分梗阻，经鼻饲管输入胃肠道的营养物引起腹部胀满不适，只好改为每天除静脉输入抗菌素等治疗外，同时输入必要的营养物质以维持生命活动最基本的热量需要。但是，大量各种广谱抗菌素的应用造成肠道菌群失调引起腹泻，大便量和次数都明显增加，进而发生霉菌病，全身高热持续不退，心脏与肾脏功能渐渐衰竭，给治疗工作增加了不少困难。

周恩来躺在病床上，大部分时间都是静静的，很少说话。他已经没有气力说话了，但是他的神志非常清醒。

也是最后一次手术的这一天，邓颖超决定将真实情况告诉在西花厅值班的四位秘书——钱嘉东、赵茂峰、纪东和赵炜。

邓颖超对他们说：“组织决定告诉你们有关恩来同志的病情。他是得了不治之症——癌症。据医生判断，不会超过明年春节，你们思想上应有所准备。”

听邓颖超这么一说，四位秘书顿时觉得天旋地转，泪流满面。尽管他们知道总理得了重病，但决然没有想到如此严重，而且不久就要和大家生离死别，阴阳两隔。

手术后不久，周恩来从医院打电话来，点名要女秘书赵炜今后陪着邓大姐去医院。因为他躺在病床上，看见邓颖超不管刮风下雨，几乎每天都来，而且都是独来独往，有时隔着窗户望着邓颖超花白

1970 年，邓颖超与赵炜、赵茂峰夫妇合影。

的头发迎风飘动、步履蹒跚的背影，此情此景，周恩来心里涌上的不仅是温暖也有心痛。毕竟邓颖超也过了七十岁，他多少有些放心不下，于是主动提出让一位秘书陪着她来医院，多少有些照应。但邓颖超却不愿意麻烦秘书，第二天还是一个人来了医院。

周恩来一见有些不高兴。他特意打电话嘱咐赵炜，要她以后一定陪邓大姐一块来医院。

赵炜是比较早到西花厅的一位秘书，十几年下来，和周总理、邓大姐相处得就像一家人。自从总理住院后，她不能多问总理的病情，几次想去看望，但是邓颖超怕秘书们去了，看见总理憔悴的样子会控制不住感情，反而影响周恩来的情绪，一直没有答应。但这次周恩来一定要赵炜陪邓颖超来医院，使得赵炜有机会到医院看望总理了。

当赵炜走进周恩来的病房，才叫了声“总理”，就快管不住自己的眼泪了……因为她眼前的总理已经病得脱了形，颧骨突出，胡子很长，那双曾经炯炯有神的眼睛深深地塌陷在眼窝里，骨瘦如柴的身躯在病床上显得那样单薄弱小。她在西花厅工作十几年了，什么时候见过周总理如此模样？她的心颤抖不止，不知道再说什么是好。这时周恩来看见赵炜，脸上露出了少许笑容，伸出手来要与赵炜握手。

赵炜进门没有洗手，怕手不干净，就说：刚从外边来，不用握手啦。

周恩来的手坚持伸着，说：还是握个手吧！

赵炜只好伸出手与周恩来相握。

周恩来拉住赵炜的手，缓缓地说：你今后要照顾好邓大姐！

赵炜心头一热，总理病成这个样子，心里还时时惦念着邓大姐。她点点头，哽咽地说：总理你放心。我会照顾好大姐的。

周恩来似乎完成了一个心愿，闭上眼睛，不再说话了。

赵炜一离开病床，眼泪便夺眶而出。

这段时间，没有会见，没有会议，也没有文件，更没有不速之客造访，周恩来和邓颖超两人有了真正属于自己的时间。周恩来和邓颖超1925年在广州结婚，在半个世纪的风风雨雨里，他们互相关心，互相帮助，相濡以沫，堪称一对模范夫妻。在这生离死别的最后时刻，他们之间该有多少要说的话啊！可是，他们谈论的仍然是如何严于律己，遵守组织决定。至于他们认为不应该谈论的其他“心里话”，始终没有讲起。

邓颖超回忆说：有一次，我们在一起交谈，他对我说，“我肚子里还装着很多话没有说。”我回答他，“我肚子里也装着很多话

周恩来、邓颖超在西花厅。

没有说。”

邓颖超经常守候在丈夫身边，从精神上给周恩来很多的关怀和慰藉。在充分估计到自己“时间不长了”的时刻，对于“后事”的安排，自然成了他们商量的共同话题。

有一天，周恩来感觉自己精神还不错，他让妻子坐到病床边，两人又说起话来。

周恩来主要说自己的病情，他让邓颖超问吴阶平院长，他的意思是说，我走以后，不仅不要责怪任何人，而且要感谢医疗组和关心照顾他的所有人。

这些话说完，重病中的周恩来突然张开嘴唱起了《国际歌》——

料理完周恩来丧事之后，邓颖超与全体医护人员在305医院合影。

团结起来到明天，英特纳雄耐尔就一定要实现……虽然只有短短的两句，却也让在场的人都感动不已。唱完这两句，他向在场的服务人员一一表示感谢，最后，他面向妻子深情地说了一句："一切都拜托你了。"

此时的周恩来自知病已无治，因此提前向大家致谢。最让人感动的是，即使到了生命的倒计时时刻，周恩来也没有露出一点悲观失望的情绪，也没说过半句沮丧消极的话。

秘书们知道周总理得的是癌症，而且已是晚期，便要求去医院看望总理。作为年纪最小的秘书纪东，他在两个月前还经常出入医院，为总理处理公务，他那时看见总理身体一天不如一天，但他始终觉得总理会好起来的，一定会出院回西花厅的。因为他清楚地记得，总理住院前他帮助总理整理文件时，总理看见一份涉及林彪调兵的文件，就将文件留下对纪东说：这份文件留下来，这件事情我是知道的，等我出院亲自处理。这句话给纪东留下很深的印象，也留下了很大的希望，这份文件纪东一直为总理留在办公室的保密柜里，希望有一天总理会回来亲自处理。

谁也没有想到，这份等着总理出院回来处理的文件，最终也没有等来主人批示的笔迹。

秘书们经过等待，终于获准在12月31日去医院看望总理。

他们到医院时，正好赶上周恩来从昏迷中醒来，他一眼认出朝夕相处多年的秘书们，他抬起手扬了扬，用十分微弱的声音招呼大家："你们来了。"秘书们简直无法相信自己的眼睛，他们眼中永远不老从不喊累的总理，此时已经瘦弱不堪，连说话的力气都没有了。大家心痛万分却不能表达，只能努力地屏住急促的呼吸与一眨眼就落下的眼泪，静静地望着总理，在心里与他告别。

周恩来停息了一会儿又说：问家里同志们好——我累了——

周恩来说完这句话，慢慢合上眼睛又昏睡了过去。秘书们一出病房门，再也控制不住，纪东哭得蹲在地上，久久无法起身。

在周恩来去世一周后，邓颖超在同周恩来身边工作人员、医务工作者以及亲属的谈话中，作了这样的回忆：

> 我自己是共产党员，我用无产阶级的坚韧性，高度地克制我内心的痛苦，在他病中还要用愉快的精神和恩来一起同疾病作斗争。当他知道自己的病不能挽救时，一再叮嘱我，死后不

1970 年 5 月，周恩来在西花厅与身边工作人员合影。

要保留他的骨灰。这是我和恩来在十几年前共同约定下来的。

1958年，恩来首先把他死去的父亲，我把自己死去的母亲以及重庆办事处的一些死去的同志的坟墓平掉，进行深埋。恩来还把他在淮安几代亲人的坟墓，也托人平掉，改为深埋，把土地交公使用。在中央作出人死后实行火葬这个决定不久，我们二人共同商定，互相保证，把我们的骨灰撒到祖国的大好河山去，撒到水里、土里去。

他自己就曾经讲过：人死后为什么要保留骨灰？把它撒在地里可以做肥料，撒在水里可以喂鱼。他还主张人死了以后应该作尸体解剖。在他病重住院期间，他曾专门交代医务人员：现在癌症的治疗还没有好办法，我一旦死去，你们要彻底解剖检查一下，好好研究研究，能为国家医学发展作出一点贡献，我是很高兴的。

恩来对他的后事，曾经对我说过，丧仪要从简，规格不要超过中央的任何人。

一定不要搞特殊化。

当时双方都知道，最后的诀别不久就会残酷无情地出现在他们的面前，然而双方把没有说的话始终埋藏在各自的心底，而且是永远地埋藏在了心底。

周恩来和邓颖超共同走过的岁月

周恩来和邓颖超 1925 年在广州结婚，在半个世纪的风风雨雨里，他们互相关心，互相帮助，相濡以沫，堪称一对模范夫妻。

1925 年 8 月 8 日，周恩来与邓颖超在广州结婚。（历史照片）

1940 年春，周恩来与邓颖超在苏联。

1950 年，周恩来、邓颖超结婚 25 周年纪念照。

周恩来与邓颖超在北戴河。

周恩来与邓颖超在视察的途中。

60 年代初，周恩来与邓颖超在休闲时间合影。

1966 年 1 月，周恩来与邓颖超在玉泉山。

1970年5月20日，周恩来与邓颖超在西花厅合影，这是他们最后一次合影。

以上照片由吴印咸、童小鹏、徐肖冰、杜修贤、侯波等拍摄

临深履薄

“四人帮”还在台上张狂，造成全国政治局势动荡，这使周恩来心灵上受到严重折磨。正在领导各条战线全面整顿斗争的邓小平，此时多么希望周恩来能再走出病房，同他一起并肩战斗啊！

俗话说得好，“花无百日红，路无千里平。”邓小平的全面整顿已经触及“文革”功过，触及“文革”的根基。

这是毛泽东的底线。

江青一伙感到，此时正好是他们反击邓小平的天赐良机。

于是，江青委派毛泽东的侄子毛远新向毛泽东汇报。

1975 年 11 月 1 日，毛远新再次向毛泽东汇报工作，这样的汇报从 9 月底就拉开了序曲。毛泽东的砝码没有立刻完全倾斜到江青一边，有时候他还是尽量在两者之间协调平衡。

此次毛远新主要汇报了三点：第一，今年以来，在各省工作里出现一股风，主要是对文化大革命怎么看？主流还是支流？十个指头，三七还是倒三七，肯定还是否定？第二，批林批孔运动怎么看，主流、支流？似乎迟群、小谢讲了走后门的错话干扰，就不讲批林批孔的成绩了。第三，刘少奇、林彪的路线还需不需要继续批？等等。

毛泽东尽管一声不吭，但是他的内心活动却非常激烈。

毛远新谈到邓小平很少提“文化大革命”的成绩，很少提批判刘少奇的修正主义路线。“……三项指示为纲，其实只剩下一项指示，就是把生产搞上去。”这样的话对毛泽东触动很大。

毛泽东对主持国务院日常工作、正大力推动全面整顿的邓小平渐渐产生了不满。他认为邓小平在对“文化大革命”的看法上与他存在着难以弥合的分歧，而这点又偏偏是他不能做出退让的。

11月2日，毛远新根据毛泽东的吩咐同邓小平、汪东兴、陈锡联一起谈的时候，双方顶了起来。邓小平说：“你的描述，中央整个是执行了修正主义路线，而且是在所有领域都没有执行主席的路线，这个话不好说。我主持中央工作三个多月是什么路线，全国的形势是好一点还是坏一点，实践可以证明。”同时，邓小平也表示愿作自我批评。

第二天即11月3日，毛远新向毛泽东汇报了他们四人谈话的情况。毛泽东并不完全感到意外，说：“你没有精神准备，他也没有料到，顶了起来。你有理，顺着不好，顶了他，这就叫帮助。”

毛泽东考虑给邓小平一个转弯的机会，提议：“扩大一点人：李先念、纪登奎、华国锋、张春桥。八个人先讨论，吵也不要紧，然后政治局再讨论。”

他让大家讨论“文化大革命”问题，“文化大革命”是干什么的？是不是阶级斗争？

其实毛泽东自己对“文革”早有定论，他对毛远新说：“对文化大革命，总的看法：基本正确，有所不足。现在要研究的是在有所不足方面。三七开，七分成绩，三分错误。你们八个人先讨论。一次开不好，两次，三次，不要着急。”

11 月 4 日上午在原来四人基础上增加了李先念、纪登奎、华国锋和张春桥，八人就毛泽东布置的“文化大革命是干什么的”的课题进行了讨论。

讨论情况如何？从当晚毛远新向毛泽东的汇报中可以看出，毛泽东这时对邓小平的批评并不是要打倒他，而是为了统一对“文化大革命”的认识，求得在路线上一致起来。

毛远新说：“他们对邓小平同志主持工作以来意见也很大。”当汇报到汪东兴讲“主席一个时期批评这些人，一个时期批评那些人，为的是在路线上一致起来，不要一批评就要打倒似的”时，毛泽东点头，说：“对，不是打倒，而是改正错误，团结起来，搞好工作。我批评江青也是这样。……安定团结，不是不要阶级斗争。阶级斗争是纲，其余都是目。”

毛远新请示会议的开法。毛泽东说：“会议还要逐步扩大几个人，开会就是帮助他及大家，互相帮助，搞好团结，搞好工作。”他还交代，会议的情况“不要告诉江青，什么也不讲”。

从这些谈话中可以看到，毛泽东认为对“文化大革命”也不是不能批评，但一定要肯定它是基本正确，有所不足，七分成绩，三分错误，要由邓小平主持对“文化大革命”“做个决议”。这样，既可以用来统一认识，又可以给邓小平一个台阶，便于他“有个转弯”。

但是，毛泽东没有想到，邓小平不接受这个要求。

邓小平委婉地以自己在“文化大革命”期间是“桃花源中人，不知有汉，何论魏晋”为理由，拒绝主持对“文化大革命”“做个决议”。

那天毛泽东和邓小平的上述谈话过后不久，邓小平就匆匆赶到 305 医院，心事重重地向周恩来谈了与毛泽东谈话的前后经过。这时的周恩来已是骨瘦如柴，他的生命已到了油尽灯枯的最后关头。

周恩来和邓小平在医院共同会见外宾。

可是，当他听完邓小平的汇报后，瞪着眼对邓小平说：“你就不能忍一忍吗？”

周恩来说完这句话还把脸转向墙壁，表情十分痛苦。过了一会儿，两人才又小声地亲切交谈起来。

周恩来的意图很明显，是想让邓小平在毛泽东面前隐忍一下，因为他和毛泽东都将不久于人世，等你邓小平平稳地接过这副担子后，你再去处理有关事情不迟。未来的中国是需要你邓小平的。

邓小平的拒绝不仅令毛泽东感到失望，也让周恩来十分担忧。

1975 年的下半年，周恩来不仅病情加重，偏偏又出现了毛泽东对邓小平的信任危机，而当时，国际国内有多少大事等待着处理！周恩来从党和国家的最高利益出发，毅然再一次举荐邓小平，这也是周恩来临终前就党和国家的前途命运所做的最后一次努力，也是一次拼尽全力的努力。

1975年12月，邓小平在首都机场迎接美国总统福特。

据高振普回忆，总理叫他拿来纸和笔，半靠在病床头，随后请医生和护士们退到病房外，室内只有邓颖超和他两个人。高振普帮助周恩来坐稳后，知道他要写重要东西。因为一般情况下他是不会叫医护人员退出的。所以，等周恩来坐好后，高振普也转身走向病房外，但周恩来叫住了他，因为当时没有人扶他已坐不稳了。

周恩来颤抖着一手托着放有纸的木板，一手哆嗦着写字。邓颖超见他写字很费劲，还要用左手托着木板，就对他说："恩来，你口述，我代你写。"周恩来可能考虑到事关重大，坚持说："不用了，还是我亲自写。"当时高振普站在周恩来的右边，一边用手稳住周恩来，一边看着他写。

信是写给毛泽东的，内容是向毛泽东提议，仍让小平同志取代他自己在党和国家中所任的职务、位置。高振普说，总理虽没写上"总理""第一副主席"，但当时他自己的位置就是紧接在毛泽东之后、

1975 年 12 月，毛泽东在中南海会见美国总统福特。

王洪文之上的“二号”人物。周恩来写好这封信之后，嘱邓颖超转送。邓颖超将信上报后，还向邓小平通报了这封信的内容。但是，这封周恩来重病期间写下的诤言建议，后来却没有任何音讯。

果不其然，11 月下旬，根据毛泽东的意见，中共中央政治局在北京召开有 130 多名在党政军机关负责的老同志参加的“打招呼会议”。会上宣读了毛泽东批准的《打招呼的讲话要点》。

这个会上正式提出了“反击右倾翻案”的问题。此后，运动逐渐扩大到全国，持续九个月的整顿工作被迫中断。

一场“反击右倾翻案风”的运动在全国范围内全面展开。

这场因邓小平整顿而起的政治运动，直接导致了他人生中的第三次“落马”。

1975年10月，毛泽东会见基辛格夫妇。毛泽东看见夫人个头比基辛格高，便幽默地说：东风压倒西风……

1975年12月，毛泽东在中南海会见美国老朋友基辛格。

油干灯尽

周恩来燃尽了生命之光，他与叶剑英最后一次谈话后，便不再谈政治，直到默默地离去，卫士们手里那张准备记录遗言的白纸上没有留下一点儿墨迹。

进入12月以来，周恩来进入了断断续续的昏迷状态，医疗组的专家们感到周恩来的病情已到了最后阶段，恐怕是来日无多了。大家都做了最坏的思想准备，毕竟伴随生病的总理两年多时间，心里也一点点地增加了承受力。

于是他们向党中央报告周总理正处在病危当中，随时都可能发生意外而抢救不过来的情况；同时，也向邓颖超作了详细的汇报与解释，让她有个心理准备。

越是到最后时刻，医疗组越是精心。值班专门由心内科、泌尿外科、普外科和麻醉科等各科著名的专家亲自参加，24小时不离开，不仅心电图监测，连输液、输抗菌素等各种治疗措施都是专家指导，甚至由他们亲自操作。

12月7日深夜，周恩来突然昏睡了过去，一时呼唤不醒，值班医生立刻把所有专家、医护人员及警卫等都叫到病室。专家检查发现他的气管里有黏稠痰堵住了呼吸道，阻碍呼吸功能，新鲜空气进不去，导致大脑缺氧而昏睡。经用吸引器吸出黏稠痰，并给予大量加压吸氧，周恩来很快就醒了过来。

上述情况发生后，值班人员马上打电话将情况通报中央。在京的多位中央政治局委员匆忙赶到医院来，他们到达时，周恩来已经苏醒过来了。这次虽然是有惊无险地度过来了，但看到病危中的周恩来因为长时间遭受病魔折磨，他的容貌已完全改变了，很长时间没有理发，花白的头发蓬长而凌乱，络腮胡须几乎把嘴唇全部遮盖住了，灰黄的面部布满一块块褐色的老年斑，发黑的眼窝深深地陷在高耸的颧骨之下，那双炯炯有神的目瞳已呆滞无光……

无情的病魔已将“东方美男子”的风采完全侵蚀吞没了啊！大家心里不仅十分惊惧，也格外悲伤，感到周恩来的生命之光已到了油干灯尽的时刻，随时都会“熄灭”，可能下一次抢救，生命的灯就再也亮不起来了。

周恩来自患癌症以来，毕竟先后经受了 89 次输血与 13 次手术，他的身体已受到严重的打击，免疫力及抵抗力已削弱到了极限。所以 12 月 7 日午夜他突然发生昏厥，绝不是偶然的。

从死神手里再次回来的周恩来，慢慢恢复知觉后睁开了眼睛，他看见身边围着许多中央领导同志，脸上露出了笑意。他颤巍着伸出手，和大家一一握手。医生们一见总理苏醒了，又是高兴又是担忧，高兴的是周恩来又一次挺了过来，担忧的是江青一定会责怪医生谎报军情，故意让领导们虚惊一场，大冬天地白跑一趟。因为以前就出现过这种情况，有一次周恩来的呼吸突然停止，连心跳也骤然停止搏动，医务人员以为总理走到了生命的尽头，他们一边不失希望奋力抢救，一边通知中央领导人来医院和总理最后告别。经过抢救，总理苏醒了过来，大家都松下一口气，只有江青在一边不冷不热地说几句风凉话，责怪医生们小题大作，虚张声势。

不过，这一次医生们很快打消了担忧，不知什么原因，江青竟然没有来。再一看，发现身为党的副主席的王洪文也没有来。

王洪文不来是有原因的，因为他正在上海搞调研。这也是毛泽东的主意，觉得他缺乏锻炼，让他“锻炼”去了。但据内部消息，他会见外宾时，竟然当着毛泽东的面睡着了。这令毛泽东非常恼火，命人去查，反馈回来的情况更加令毛泽东失望——王洪文经常通宵看外国录像，而且没事的时候就去打猎钓鱼，不务正业，玩心很重。毛泽东盛怒之下，让王洪文回他老家——上海搞调查研究，名曰积累一些工作经验，实为反省自己的行为。

这样一来，“四人帮”在政治局委员里只有张春桥和姚文元两人在场。

这次张春桥最后一个和周恩来握手。他和周恩来握手后刚转身，周恩来好像想起了什么，就叫着他的名字，想让他过来。但周恩来身体太虚弱，说话声音太小，张春桥站在不远处没有反应，显然他没有听见。周恩来有点着急了，又连叫了两声，这次身边的人听见了，告诉张春桥，总理叫你。

张春桥来到周恩来跟前，俯身听他说话。

“你和文元同志要好好帮助邓小平同志。”

张春桥一边重复总理的话，一边表态：“总理，你放心！”

周恩来从死亡边缘苏醒过来，神志竟然如此清晰，他知道11月份政治局会议上宣读了毛泽东批准的《打招呼的讲话要点》后，一场“反击右倾翻案风”的运动逐渐扩大到全国，高层人士都十分清楚这是一场因邓小平整顿而起的政治运动，也表明邓小平再次被推到了政治“悬崖”边……

此时的周恩来对张春桥说这番话，细想觉得意味深长。可以解读为：你们不要再为难邓小平了；也可解读为：我是看重邓小平的；也可以视为邓小平要有个三长两短，就是你们没有兑现“让我放心”的承诺。

领导人们陆续离开后，过去一直为周恩来理发的北京饭店理发师朱殿华，再次托人捎信请求给周总理理发。这已经是他第三次托人捎信来。

周恩来知道后，告诉工作人员：朱师傅给我理发 20 多年，看我现在病成这个样子，他会难受的，还是不要让他来。谢谢他了。

周恩来已经病成这样了，可他心里依然装着别人，唯独没有自己。大家这心都揪成了一团，真想找地方去大哭一场。

这一次抢救过来后，生命之神只是多给了周恩来一些时日。从 12 月中旬起，他已无法进食，所需要的食物由医护人员用管子直接灌入胃里，接着又不能排便了，医生便在他的腹部安装了肠瘘。因为多次开刀，腹部溃疡，脓、血、腹水等体液大量渗漏。他浑身插满了管子，红的是血，黄的是脓，无色的是腹水，一些管子将体液排出体外，一些管子则将鲜血、生理盐水、氧气、流质食物等补充进体内，以至连翻身都受到了限制……

仅是这场面已经让人惨不忍睹了，如果再想想此时周恩来忍受着肝胆俱裂的病痛，更是无法言表与描述。

医生们为了减少周恩来的痛苦，不得不使用安眠药和止痛针。可是人体是有抗药性的，不多久，止痛针也不起什么作用了。有时剧痛袭来，周恩来就开始浑身颤抖，脸色由灰黄变为灰暗又转为暗红，豆大的汗珠子顺着面颊颈脖直往下淌……这个时候，周恩来总是拼命地屏住呼吸，目光死死盯着天花板，用超人的毅力，一动不动，咬牙挺着……有一次他正在睡觉，一下被病痛惊醒了，他忙问身边的护士：我喊了没有？

护士回答说，您叫叫没关系的，如果您疼，您就叫，没关系的。

可他却摇摇头，坚持忍着不喊不叫。

唯有一次，他实在忍受不了剜心般的疼痛，将张大夫叫到身边，痛苦地说："张大夫，我实在忍不住疼了，想哼哼，行不行？"

张大夫赶紧说："总理，总理，你疼就喊……没关系……怎么样疼得好一些，就怎么样！总理，你别……别再拘束……自己了。"

说到这里，张大夫的泪水已经溢出眼眶，要不是眼镜镜框挡着，早就顺着鼻梁滑落下来了。他说完这句话赶紧离开总理的病床，他不希望总理看见他的眼泪。如果连医生都会在病人面前掉眼泪，意味着什么？意味着无药可治，回天无术了。这种绝望的情绪说什么也不能传达给病人，更不说是他们敬爱的总理了。

也是这一刻，张大夫突然明白了为什么周恩来自从卧床不起后，就不肯让别人分担他的痛苦，甚至拒绝常年给他理发的朱师傅来给他理发刮胡子。也许他就是想保留住他在人们心中的"完美"形象。

现在的人们可能会对这种"珍惜自己形象犹如珍惜生命"的行为并不理解，也可能会说成是人性的"精神洁癖"。但回顾周恩来走过来的足迹，发现他的确是一个"认定目标一辈子不回头"的人。"追求完美，讲究极致"的倔强性格也是西方人多年研究"AB"血型公认的性格特点之一。追寻周恩来的历史足迹，不难发现他命运中的确有追求完美的理想主义色彩，也许"追求完美"就是性格使然，只是他的"完美"用在对待革命事业上，"理想"定位在实现共产主义的终极目标上。

大凡一个人忍受痛苦到了极点，就会产生一种严肃的力量，使人震惊，使人敬仰！周恩来直到离开这个世界，留下的仍是宁静的气息和安详的面容。

周恩来生命的最后时刻，中央一些领导同志对他十分牵挂，只要总理的健康状况允许，他们就到医院看望，哪怕一句话不说，静静地陪着总理一会儿也好。

叶剑英从周恩来发现癌细胞开始，就全心扑在周恩来的治疗上。他不管白天还是黑夜，只要有时间就主动与主治医生联系，了解治疗情况。他说得最多的一句话就是：要想一切办法，能延长一天就延长一天，哪怕是多延长一小时一分钟，只要可能，就要尽到医疗方面的最大努力和责任！

他不仅打电话，而且隔几天就要来医院一趟，看看总理，约医疗组的专家们和工作人员座谈，听取汇报，并对医疗和保健工作，提出他自己的意见，做出明确指示。

叶帅每次来都不会空手，他是广东人，懂得烹调，是个美食家。家里有好吃的，他一定会记得给周恩来带一些分享。周恩来不能进食了，他就带给医护人员吃。有一次他钓到一条30多斤重的大草鱼，马上派人送到了医院给周恩来吃。结果这条鱼又是红烧又是清蒸又是炖汤也没有吃完。周恩来就把鱼分送给医疗组的专家和工作人员。

大家吃了鱼，就打电话向叶剑英表示感谢。叶剑英一听，钓鱼的积极性更高，过了几天，又专门派人送来了鱼，说这一次是专门慰问工作人员的。大家一看，这条鱼比上次也小不了多少，就把鱼肚子挑出来送给最喜欢吃鱼的周总理，于是周恩来和全体同志又美餐了一顿。

自周恩来病重后，特别是1975年下半年卧床后，叶剑英基本上是天天来。特别是在处理重大问题的前后，必要来请示汇报。开始，他常常与周恩来一谈就是三个小时。慢慢地周恩来声音越来越微弱，谈话减到了两小时。再后来，叶剑英越坐越贴近周恩来，谈话的时间也越来越短，连一个小时也无法坚持了。最后只有数语，一声招呼了……终于，周恩来难以再说出声了。这时，叶剑英仍然坚持天天来，来了就紧贴周恩来坐下，轻轻握住周恩来的手，他们一句话不说，你望着我，我望着你……那种无声胜有声的心灵慰藉，那个相知无语的苦情晚景，那份依依不舍的战友深情，谁见了都忍受不住要落泪！

周恩来的卫士长张树迎至今都记得他们1975年年底的最后一次谈话情景。

叶剑英进来先握了握周恩来的手，因为周恩来早已卧床不起，他只能微微一笑表示他高兴的心情。叶剑英欲言欲止，但看看身边有医护人员，就叫大家暂时先出去，并说无论是送水送药，不按铃不许进。但医生护士也不能远离，便在屏风外监视着周恩来的心电示波仪。里面的话片语只言地飘了出来，大家也知道叶剑英来一定是在汇报有关中央的重大问题，而这时邓小平被迫中断整顿之后，很多矛盾交集在一起，都对邓小平十分不利，叶剑英心里着急，才来和周恩来商讨对策。

周恩来病危之际，最放心不下的也是中央领导权问题。他嘱咐叶剑英说：要注意斗争方法，无论如何不能把权落到“他们”手里。

这个“他们”指谁？叶剑英心里肯定清楚。

叶剑英谈完话出来，把张树迎和卫士高振普叫到跟前，神情很严肃地吩咐说：你们俩都准备好纸和笔，24小时守在总理身边，一刻也不能没有人。总理原则性很强，很多事很多委屈闷在心里不讲，特别是对于中央的某些人，在最后时刻有什么内容要发泄，你们一

建军 48 周年招待宴会上，邓小平与叶剑英在交谈。

邓小平在建军 48 周年招待宴会上向大家敬酒。

1975 年，邓小平、李先念、吴德参加节日游园活动。

李先念副总理。

定要记下来……

因为叶帅不可能每时每刻守在周恩来身边，张树迎便和小高轮流值班守候，保证时刻都有一人守在总理身边，而且随时都准备着抓笔记录……然而周恩来始终没有说什么，生命最后几天，他索性闭紧双唇，绝口不谈政治，直到呼吸停止默默地离去。张树迎他们手里那张纸上也没有留下一点儿墨迹。

周恩来逝世后，张树迎和小高将白纸交给叶帅，觉得自己给叶帅交了一张白卷，很对不住叶帅的重托。

叶帅望着白纸，眼里涌起泪花，讷讷说一声："唉，他一生顾全大局……啊！"

来医院最多的，除了叶帅外，就是邓小平了。这里有一组数字可以说明这一点。周恩来住院一年零七个月，邓小平来医院 63 次，如果减去每次大手术后的 10 天时间不便探视外，平均每六七天就来医院一次。

一方面邓小平因为职务需要，他要经常来医院与周恩来谈工作，另一方面他与周恩来的感情很深，只要听到总理情况不好，他会放下手里工作，最快时间赶到医院看望。

李先念、陈锡联、华国锋、纪登奎等领导，也算得上医院的常客了。李先念就先后到过医院 52 次。周总理临终时，他是第一个赶到医院的领导人。

聂荣臻、徐向前、王震等军界元戎也冲破阻碍，几次去医院看望。

倪志福到医院看总理，总理是坐在沙发上与他谈话的。回去后，他亲自到北京北郊木材厂与工人师傅一起设计了一个比较舒适的摇椅送给总理，总理坐上很满意，一再感谢倪志福并请他转告对工人师傅的谢意。

语重心沉

1975年12月20日早晨，危在旦夕的周恩来迫切要见对台工作领导小组办公室主任罗青长，遭张春桥无理拒绝。邓小平坚定地说：“这个时候了，总理要见谁，就让见谁！”

一天深夜，室外刮着呼呼的刺骨寒风，病室内挂着厚厚的紫红色丝绒帘子，室内静悄悄、暖融融，在柔和的灯光下，护士守护在床旁，观察与记录血压、体温、脉搏、呼吸、输液速度等情况。周恩来闭着眼睛，神情安详，呼吸轻微。他睡着了，似乎睡得正香，发出极轻微的鼾声。突然他醒来，吩咐秘书给邓小平办公室打电话。他想知道12月份刚发生大地震的辽宁省营口地区的情况。他问华国锋、纪登奎他们是否安全抵达营口地区，他急于了解那里地震的严重程度、死伤人数、房屋毁坏情况、灾区百姓有多少人未能安置而还待在露天等情形。秘书向他报告华国锋等人已安全到达灾区，有关灾情的初步情况及正在进行的抢险救灾工作，等进一步的情况报来后再汇报。

等秘书将情况说完，周恩来又是一身大汗。但他的神情安详了许多。

12月20日上午，周恩来体温达到38.7℃。但这时，危在旦夕的周恩来突然提出要见中共中央对台工作领导小组办公室主任罗青长。

张春桥时任解放军总政治部主任，也负责对台工作，加之那天是他值班，秘书就将总理要见罗青长的要求报告给了张春桥。张春桥一听总理要见罗青长，不由分说一口拒绝，理由是总理已经病危，不能再见任何人了，更不要说谈工作了。

秘书放下电话，想了想，还是想帮助总理完成这个心愿，于是赶紧找邓小平"救驾"。

邓小平听到这一消息，当即在电话里就急了：这个时候了，总理要见谁，就让见谁！

有了邓小平的"指示"，秘书赶紧安排会见事宜。

尽管罗青长对这次召见也十分意外，但他心里还是很高兴的，至少说明总理病情好转了，不然怎么能找人谈话呢？

但罗青长赶到医院，才知道他一路的期盼与高兴只是一个美好愿望。

当他走进总理的病房，几乎不相信自己的眼睛，总理那张被大家所熟悉的俊朗面容，已被病魔折磨得完全变了形，他原先标准线条的身躯像缩了水一样，在被单下显得很瘦很单。罗青长努力控制住自己悲伤的情绪，在总理的病床前坐了下来，刚问了一声总理好，就听见周恩来歉意地对他说："我实在疲倦了，让我休息10分钟再谈。"没等罗青长反应过来，周恩来又陷于昏迷状态。

医生护士们都拥到跟前观察情况并开始抢救。罗青长只好退出病房，在旁边的小客厅等候周恩来清醒过来。这时罗青长的心一下子沉到了底，难道总理真的到了生命的最后时刻？一想到总理这个时候还在操心国家大事，关心台湾问题……他的心像被刀割一般的疼痛。

就这样，罗青长一直等到中午，周恩来才苏醒过来，听他汇报台湾的有关情况。汇报的时候，罗青长尽量简短一些，因为他感觉得到周总理是在忍受着病体的巨大痛苦倾听他说话。

罗青长汇报时，周恩来不断询问台湾的近况和在台湾的老朋友的情况，罗青长一一做了回答。他们这样的交谈不过才 15 分钟，周恩来再次被病痛折磨得说不出话来，好一会才打起精神，他对罗青长说："不要忘记台湾的老朋友……"罗青长听到这里，再也忍不住了，背过脸去，泪如雨下。

周恩来这句话说完，慢慢地闭上眼睛，再次陷入了昏迷。

罗青长在病室外面等了一会儿，得悉情况稳定下来了，但他知道周总理的病情已是相当严重，他不能让总理太累而发生晕厥，就没有向周总理告辞便离开了医院。

事后，罗青长一提起这件事情心里就感到难过而落泪，也感到非常遗憾，他没有能聆听到周总理最后的指示。

罗青长也是周恩来生前与之谈论工作的最后一个部长。

为什么周恩来直至临终前仍惦念着祖国的统一大业，说了一句"不要忘记台湾的老朋友……"的遗言？其实早在 1974 年 12 月，周恩来抱病飞往长沙与毛泽东商讨四届人大人选之际，他们还进行了一个话题的讨论，那就是毛泽东提到要清理仍然在押的一批国民党战犯，包括解放后被我俘获的美蒋派遣特务的问题。

周恩来从长沙回京后，就要求中央调查部与统战部、公安部配合，组成一个小组，清理一下在押战犯名单。时任公安部部长的华国锋，和罗青长便是负责此项工作的领导者之一。

当时因为战犯管理所的所长在"文革"中被"打倒一切"的冲

击波“冲倒”，几乎都被关了起来。管理战犯关押的所长们都下落不明，那么战犯们的下落更是一般人无法搞清楚的事情。后来，好不容易从牛棚里和五七干校里找回了几位老所长和老管教干部，查清了仍然在押的战犯的人数及其现实的政治表现、身体状况等，并列出准确的名单报送到周恩来的手里，当时尚在关押的战犯还有 293 名，其中国民党战犯 290 名，伪满战犯 2 名，伪蒙战犯1名。尽管那时他在医院里，但尚能办公，这件事他就一直没有松手抓了下去。后来经统战部、法院、公安部等几个部门负责人反复商讨，最后形成了《关于第七批特赦问题的报告》。

这个报告对待特赦战犯的安置乃至待遇都是很谨慎的，所以毛泽东在 1975 年 2 月 27 日看了这份报告，却不满意。

报告中提出仍要继续关押改造 13 人，毛泽东斩钉截铁地说：“都放了算了！强迫人家改造也不好。土改的时候，我们杀恶霸地主，不杀，老百姓害怕。这些人老百姓都不知道，你杀他干什么！所以，一个不杀。”

报告中提出安置在农村的释放人员每人每月将发放生活补贴费 15 元至 20 元，毛泽东明显地表示出不满意。他觉得战俘们已经放下武器 25 年啦，我们共产党应该大度一点，放战犯的时候要开欢送会，请他们吃顿饭，要多吃点鱼肉。至少每人要发 100 元零用钱。战犯既然放了，就要享有公民权。有些人有能力，可以做工作。年老有病的要给治病，跟我们的干部一样治。

毛泽东不仅大度释怀，还再次重申：国民党那些战犯放出来，湖南、湖北、江西、安徽等地都可以去，愿意回台湾的可以回台湾嘛！……

毛泽东的意见令在北京所有负责特赦战犯工作的人感到十分

意外。

因为毛泽东的这一指示，让所有在押战犯不分有无“改恶从善表现”一律特赦，释放后也不分他们原有的级别与表现，都一律安排在城镇。复杂的事情竟然变得如此简单了！当然这也让花了很长时间准备的分类处理在押战犯的档案材料成为一堆废纸。

为此，1975 年 3 月 20 日，中央统战部和公安部共同下达了《关于安置特赦释放人员的实施意见》，其中第 6 条规定：“凡愿意回台湾的，报中央统战部、公安部办理。”公安部部长华国锋也向世人公开宣布，获释人员“愿意回台湾的，可以回台湾，给足路费，提供方便，去了以后愿意回来的，我们欢迎”。这一重大新闻，立即引起包括台湾在内的国内国际舆论一片震动。

3 月 23 日，重病中的周恩来为此专门委托中共中央副主席叶剑英、国务院副总理华国锋等领导人在北京饭店宴会大厅，接见并宴请全体获特赦释放人员。

但不久，周恩来却因为一件特赦战犯自杀事件，心情变得格外沉重。

大部分在台湾有亲属的获释人员对老蒋统治下的台湾还是心怀戒心的，没有回台湾，他们最大的担心是怕回台湾受到歧视或打击报复。但还是有人提出了回台湾的要求，很快获得批准。

周恩来在 1975 年 9 月 4 日，用颤抖的手在新华社编印的《内部参考》转载的香港《七十年代》月刊 9 月号刊载的《访蒋经国旧部蔡省三》一文旁边批示：

请罗青长、家栋对蔡省三的四篇评论的真实情况进行分析，最好找王昆仑、于右任的女婿屈武等人，弄清真相，以便××（两字模糊）。周恩来，九月四日，托、托、托。

这三个“托”字浓缩周恩来临终前对中国统一大业的希望与重托。

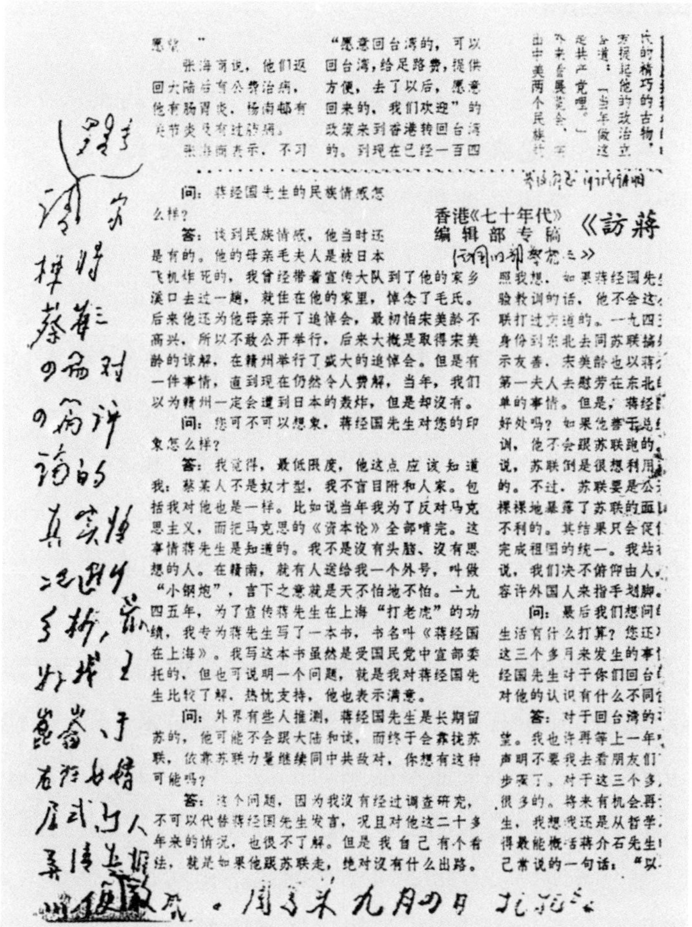

愿望。”

张海甫说，他们返回大陆后有公费治病，他有肠胃炎，杨南都有关节炎及有过肺病。

张海甫表示，不习

“愿意回台湾的，可以回台湾，给足路费，提供方便，去了以后，愿意回来的，我们欢迎”的政策来到香港转回台湾的。到现在已经一百四

香港《七十年代》编辑部专稿 《訪蔣

问：蒋经国先生的民族情感怎么样？

答：谈到民族情感，他当时还是有的。他的母亲毛夫人是被日本飞机炸死的，我曾经带着宣传大队到了他的家乡溪口去过一趟，就住在他的家里，悼念了毛氏。后来他还为他母亲开了追悼会，最初怕宋美龄不高兴，所以不敢公开举行，后来大概是取得宋美龄的谅解，在赣州举行了盛大的追悼会。但是有一件事情，直到现在仍然令人费解，当年，我们以为赣州一定会遭到日本的轰炸，但是却没有。

问：您可不可以想象，蒋经国先生对您的印象怎么样？

答：我觉得，最低限度，他这点应该知道我：蔡某人不是奴才型，我不盲目附和人家。包括我对他也是一样。比如说当年我为了反对马克思主义，而把马克思的《资本论》全部啃完。这事情蒋先生是知道的。我不是没有头脑、没有思想的人。在赣南，就有人送给我一个外号，叫做“小钢炮”，言下之意就是天不怕地不怕。一九四五年，为了宣传蒋先生在上海“打老虎”的功绩，我专为蒋先生写了一本书，书名叫《蒋经国在上海》。我写这本书虽然是受国民党中宣部委托的，但也可说明一个问题，就是我对蒋经国先生比较了解，热忱支持，他也表示满意。

问：外界有些人推测，蒋经国先生是长期留苏的，他可能不会跟大陆和谈，而终于会靠拢苏联，依靠苏联力量继续同中共敌对，你想有这种可能吗？

答：这个问题，因为我没有经过调查研究，不可以代替蒋经国先生发言，况且对他这二十多年来的情况，也很不了解。但是我自己有个看法，就是如果他跟苏联走，绝对没有什么出路。

照我想，如果蒋经国先
验教训的话，他不会这
联打过交道的。一九四
身份到东北去同苏联搞
示友善，宋美龄也以蒋
第一夫人去慰劳在东北
单的事情。但是，蒋经
好处吗？如果他参
训，他不会跟苏联跑的
说，苏联倒是很想利用
的。不过，苏联要是公
裸裸地暴露了苏联的面
不利的。其结果只会促
完成祖国的统一。我站
说，我们决不俯仰由人
容许外国人来指手划脚。

问：最后我们想问
生活有什么打算？您还
这三个多月来发生的事
经国先生对于你们回台
对他的认识有什么不同

答：对于回台湾的
望。我也许再等上一年
声明不要我去看朋友们
步落了，对于这三个多
很多的。将来有机会再
生，我想我还是从哲学
得最能概括蒋介石先生
己常说的一句话：“以

1975年9月，周恩来在医院用颤抖的手写下关于台湾问题的批示。

回光返照

1976年元旦，毛泽东发表了两首词，周恩来听后发出了轻微的笑声。周恩来又一次从死神手里挣脱回来，吐出微弱的“呜呜”的音节，会不会是要见邬吉成？

周恩来不管身体什么情况，每天必须了解国内外情况，以前是自己看国际简报、国内动态和参考资料等文件材料，后来无法坐起来，就按照文件密级和报刊分类，分别由秘书、卫士、医生或者是护士念给他听。到生命的最后一刻，只要醒来，他的头脑都十分清楚，不仅认真地听，而且要求报纸上的大小消息都要念，边边角角的消息都不让漏掉。

12月份以后，周恩来进入时而昏迷时而清醒的状态，给他念报纸的赵炜开始有顾虑了，她知道周总理对未来的政治形势很关心，也十分担心邓小平能不能顺利主持工作。每天听报纸，一定是想从报纸中找到所需求的信息。而当时报纸上“反击右倾翻案风”的文章铺天盖地，公开批评邓小平的搞整顿就是搞翻案，含沙射影攻击周恩来是背后支持者，如果这时什么都念给总理听，对他的精神一定会有负面影响。

于是赵炜将这个担忧告诉了邓颖超。

邓颖超也觉得赵炜的担忧有道理，她将张树迎、高振普、张佐良和赵炜叫到一起商量。大家都觉得总理在生命垂危时刻，尽量不告诉他任何不好的消息。邓颖超听了大家的意见，果断地做出一个决定：为了不给总理增加负担，新近的报纸就不要给他读了。

可是，不给总理读报纸也不行啊。大家要想个办法，既让周恩来听到报纸的内容，又不让他受到刺激。

邓颖超想了想说：那就念旧的吧。

大家想想也只有这个“善意的谎言”可以“骗”过精明的总理。

就这样，几位在周恩来身边工作时间最长，感情最深的工作人员，为让周总理走得安心，他们不得不造了一回“假”——把以前的报纸改了日期再读给他听。

但大家知道周总理心细过人，搞不好会发现破绽，如果那样，可能对总理会造成更大的感情伤害。就是“造假”也要造得天衣无缝。留在西花厅的钱嘉东、赵茂峰和纪东三位秘书担负起改报纸的任务。从国务院印刷厂借来同《人民日报》同样字号的铅字，将过去报纸上的日期改为当天的日期。这样的话，万一总理接过去看一看，也不会发现是过去的报纸。他们一般先看报纸内容，如果上面没有对总理不利的才修改日期。

大家就这样看“假”报纸、造“假”报纸、读“假”报纸，一直坚持到周恩来总理去世。

但也有一天的报纸是完全真实的，那就是1976年元旦。

元旦一早，已进入弥留之际的周恩来在似睡非睡中隐约地听到了电台的广播声，他知道是元旦社论，发表了毛泽东的两首词《重上井冈山》和《鸟儿问答》。他赶紧让赵炜将当天的《人民日报》

找来读给他听。

水调歌头·重上井冈山

久有凌云志，重上井冈山。千里来寻故地，旧貌变新颜。到处莺歌燕舞，更有潺潺流水，高路入云端。过了黄洋界，险处不须看。

风雷动，旌旗奋，是人寰。三十八年过去，弹指一挥间。可上九天揽月，可下五洋捉鳖，谈笑凯歌还。世上无难事，只要肯登攀。

念奴娇·鸟儿问答

鲲鹏展翅，九万里，翻动扶摇羊角。背负青天朝下看，都是人间城郭。炮火连天，弹痕遍地，吓倒蓬间雀。怎么得了，哎呀我要飞跃。

借问君去何方，雀儿答道：有仙山琼阁。不见前年秋月朗，订了三家条约。还有吃的，土豆烧熟了，再加牛肉。不须放屁，试看天地翻覆。

这一回，赵炜不敢再拿假报纸读了，而是给总理念了当天的社论，当周恩来听到毛泽东诗词中“不须放屁，试看天地翻覆”时，嘴角抽了抽，绽出几丝笑纹。他虽然疼得额上沁满汗珠，仍然坚持示意把报纸放在他的枕边。

重病中的周总理显然十分欣赏这两首词，多次让工作人员念给他听。当听到工作人员将词中的字音念错时，他马上给予纠正，听到有趣之处，他还会轻微地笑笑，偶尔还议论几句。

后来大家才知道，两首诗词与邓颖超还有一段故事。

这个故事要追溯到 1965 年 6 月。

毛泽东结束了近三个月的“旅行”，带着他重上井冈山的感受与思考，也带着他在井冈山上新写的诗作回到了北京。

回到北京后，一次在人民大会堂会见外宾，邓颖超正好也陪同参加。活动结束后，邓颖超对毛泽东说，很久没有读到主席的新作品，很希望能读到主席的新作品。

毛泽东当时没有说自己已写新作，但回去后，觉得可以先将井冈山上写的两首词给邓颖超看看，于是他写了一封信，并附上他修改后的《水调歌头·重上井冈山》与《念奴娇·鸟儿问答》，诗词初稿清样很快打印出来了，细心的读者可以发现，清样只有词牌，没有词名，而且初稿清样与 10 年后正式发表的《水调歌头·重上井冈山》《念奴娇·鸟儿问答》的定稿有许多不同，修改多达 10 处。

初稿清样原文是：

水调歌头

一九六五年五月

久有凌云志，重上井冈山。千里来寻故地，早已变新颜。到处男红女绿，更有飞流激电，高路入云端。过了黄洋界，险处不须看。

风雷动，旌旗奋，是人寰。三十八年过去，抛出几泥丸！可上九天揽月，可下五湖捉鳖，谈笑凯歌还。世上无难事，只要肯登攀。

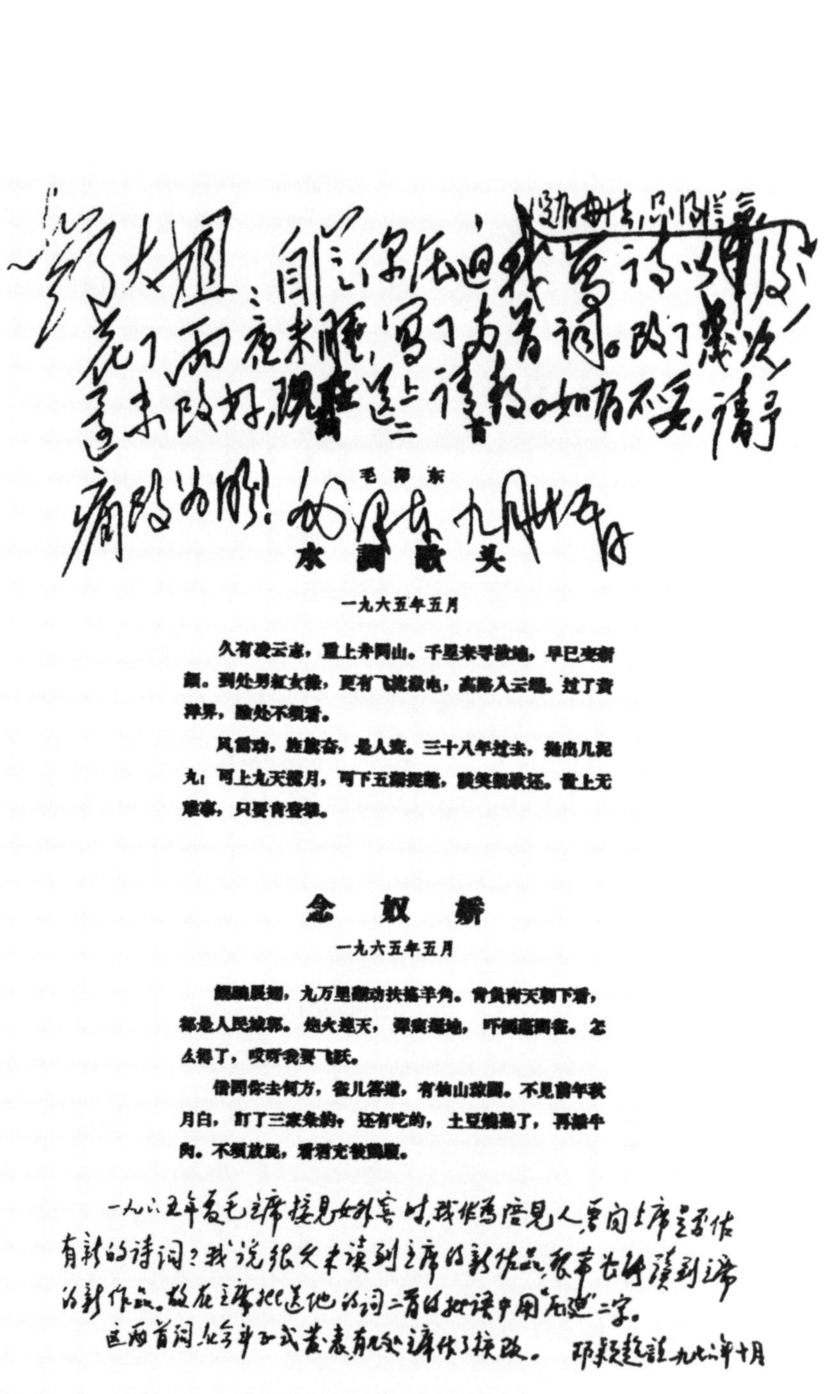

邓大姐：自从你压迫我写诗以后，没有办法，只得从命，花了两夜未睡，写了两首词。改了几次，还未改好，现在送上请教。如有不妥，请予痛驳为盼！毛泽东 九月廿五日

毛泽东

水调歌头

一九六五年五月

久有凌云志，重上井冈山。千里来寻故地，早已变新颜。到处男红女绿，更有飞流激电，高路入云端。过了黄洋界，险处不须看。

风雷动，旌旗奋，是人寰。三十八年过去，弹出几泥丸：可上九天揽月，可下五洋捉鳖，谈笑凯歌还。世上无难事，只要肯登攀。

念奴娇

一九六五年五月

鲲鹏展翅，九万里翻动扶摇羊角。背负青天朝下看，都是人民城郭。炮火连天，弹痕遍地，吓倒蓬间雀。怎么得了，哎呀我要飞跃。

借问你去何方，雀儿答道，有仙山琼阁。不见前年秋月白，订了三家条约，还有吃的，土豆烧熟了，再加牛肉。不须放屁，看君充饥腹。

一九六五年夏毛主席接见女外宾时，我作为陪见人，曾问主席是否仍有新的诗词？我说很久未读到主席的新作品，很希望能读到主席的新作品。故在主席把这两首词送给我时用"压迫"二字。

这两首词在今年正式发表，有几处主席作了修改。 邓颖超注 一九七六年十月

毛泽东写给邓颖超的信，信中附上他新写的两首诗。

念奴娇

一九六五年五月

鲲鹏展翅，九万里翻起扶摇羊角。背负青天朝下看，都是人民城郭。炮火连天，弹痕遍地，吓倒蓬间雀。怎么得了，哎呀我要飞跃。

借问你去何方，雀儿答道：有仙山琼阁。不见前年秋月白，订了三家条约。还有吃的，土豆烧熟了，再添牛肉。不须放屁！请君充我荒腹。

毛泽东的信是这样写的：

邓大姐：

自从你压迫我写诗以后，没有办法，只得从命，花了两夜未睡，写了两首词。改了几次，还未改好，现在送上请教。如有不妥，请予痛改为盼！

毛泽东

九月二十五日

这封字数不足60字的“短信”，不仅从毛泽东对邓大姐“没有办法，只得从命”的潇洒幽默语气中，感受到他们在战争年代结下的深厚友情，也从中感受到了毛泽东的谦虚、亲和的人格魅力。

其实邓颖超比毛泽东年纪小，因为邓颖超参加革命资历老，加之与周恩来是结发夫妻，党内外人士都喜欢尊称邓颖超为邓大姐，就连周恩来在家里也是用工作人员的口吻称妻子为“大姐”。久而久之，“邓大姐”便成了中南海里家喻户晓的称呼。毛泽东也顺其自然，习惯地使用了“邓大姐”这一亲切称呼。

在毛泽东给邓颖超写信的10年后，也就是1975年底，毛泽东决定在1976年元旦发表两首词，这两首词就是1965年9月给邓颖超看过的《水调歌头·重上井冈山》与《念奴娇·鸟儿问答》。

毛泽东此时发表这两首词，不正是毛泽东、周恩来、邓颖超这一代革命者共同的信仰与理想的表达吗？是不是毛泽东对近50年风雨同舟的战友送去的一份战胜病魔的精神鼓励呢？

尽管发表这两首词时，周恩来生命已经垂危，但给那间充满了浓浓药味的病房带来了不少欢乐的气氛，周恩来的脸上也露出了久违的笑容，毛主席的这两首词伴他度过了生命的最后几天。

关于这个清样，邓颖超在1976年10月写下一个“注”。“注”是写在清样的下角，原文如下：

> 一九六五年夏，毛主席接见女外宾时，我作为陪见人，曾问主席是否作有新的诗词？我说很久未读到主席的新作品，很希望能读到主席的新作品。故在主席批送他的词二首的批语中用“压迫”二字。
>
> 这两首词，在今年正式发表，有几处主席作了校改。
>
> 邓颖超注
>
> 一九七六年十月

第二天，周恩来的身体像一盏即将耗尽油的灯，摇曳的生命之火发出微弱顽强的弥留之光，时断时续的昏迷，时断时续的清醒，使周恩来备受病魔的痛苦折磨。上午，他又一次从死神手里挣脱回来，微微睁开眼睛，嘴唇动了动，吐出非常微弱的声音。身边的卫士连忙伏身倾听，只听见一个“呜呜”的音节，再细细听还是这个音节，卫士费劲地猜测，顺着话音向几乎已经连摆头的劲都没有的总理提示一件件事情，总理见卫士说不准他的心思，神情渐渐焦急起来，又吃力地说：“邬、邬，钓鱼台的那个……”邓大姐在一边试着问：“是不是还有话要和人说？”总理微微地点点头。大家马上按“邬”的音在钓鱼台里排，咦——“会不会是邬吉成？”总理点了一下头。

邬吉成当时担任中央警卫局副局长，他住在钓鱼台，负责分管警卫二处，即外宾警卫，江青等人的警卫工作也由他负责。邬吉成肩负责任尤显重大。

中午1点，邬吉成正好在家，张树迎打电话给他，急切地说：“老邬，总理要见你，请你马上来。”

邬吉成放下电话，痛心、难过、伤感和激动一齐涌上心间，眼圈潮乎乎的：总理已经危在旦夕，还挂念着我？

他叫上车子就往305医院奔驰而去。“总理会和我说什么？临终之际还念念不能放下的一桩未了心愿会是什么呢？”邬吉成一路含着泪一路猜想着。

车子开得很快，一会儿就到了305医院，他三步并两步走，恨不得一下就跨到总理的床前。当他来到总理病房门口，却被护士拦住了，告诉说：“总理又昏迷过去了，你先到护士值班室等等，总理醒来我再叫你。”他失望地望了望眼前的门，只好独自在值班室里默默等待总理苏醒。

时间一分一秒地流逝，3个多小时过去了，总理还没有醒过来。正在万分焦急时，有人跑进来通知他：“准备一下，总理醒过来了，要见你，医生正在给总理治疗，马上就可以进去看总理。”

邬吉成激动地走到总理病房的门口。

可是总理没能等医生治疗完，便又一次进入昏迷状态，而且这一次时间更长。邬吉成从2日中午1点一直等到次日凌晨。总理一直没有苏醒过来。邬吉成非常难过地走出总理治疗的小楼，在寒夜里徜徉。这时他发现，邓大姐眼睛里布满血丝，显得很憔悴，也在楼外徘徊。她见邬吉成还在医院苦等总理苏醒，便叹了口气，委实不忍心直说总理已经很难清醒过来了。她只是叫邬吉成先回去，如果总理苏醒过来，再通知他来。邬吉成听邓大姐这样说，想想也对，便向邓大姐提出，想在门口再看周总理一眼。大姐答应了他的要求。

邬吉成又走进楼里的病房，蹑手蹑脚穿过外面的客厅，生怕惊动总理。到屏风边他止住了脚步，眼泪不知不觉地流了出来。

他想起最后一次见到总理是在1975年9月7日。那天总理会见罗马尼亚客人，邬吉成和以前一样负责警卫，陪同外宾一起来到医院。那时总理已经瘦弱不堪，说话的声音也十分微弱，但是总理特有的儒雅风度却丝毫未减，整个会见中总理的目光始终明亮慈祥，消瘦的脸颊上浮动着从容谦和的微笑……没想到4个月不见，总理英俊潇洒的容貌已经被癌症彻底摧毁，几根流动着不同颜色液体的管子连通着他昏迷不醒的躯体。能证明一息尚存的生命的，便是心脏监视屏上微弱弹跳的光点和随着呼吸而微微起伏的胸膛。

邬吉成痛苦地想："总理，您找我要说什么呢？是命令我把钓鱼台那几个家伙装进网里，还是告诉我暂时忍耐等待时机？总理，您醒来吧，无论您让我怎么做，我都绝对服从。"可是，周恩来再也没有醒来。邬吉成默默朝着病床向敬爱的周总理敬了最后一个军礼。

周恩来临终前究竟为何要见邬吉成，成了无法破译的千古之谜！

不过，1976 年 10 月 6 日在粉碎“四人帮”行动中，邬吉成作为参与者亲眼见证了那个大快人心的时刻。他当时就在内心默默告慰周总理之灵，“四人帮”再也不会横行霸道了，党和国家安全了……

难以回天

1976年1月8日上午9点58分，周恩来的心脏停止了跳动，他合上的眼睛再没有睁开。

周总理病危以来，医疗组多次商定各种应急方案，同警卫及服务人员召开了联席会议，大家明确了一旦进入抢救状态后的分工：

第一，警卫方面负责招呼医疗组全体人员立即到病房来。

第二，电话报告党中央和邓颖超。

第三，清除周总理床头的挡风板、屏风、床头柜及椅子等物，避免妨碍专家们的工作。

第四，尽量保持病室内肃静，非工作需要者绝不许进卧室。

第五，为了保持病室内洁净，减少细菌污染，防止周总理呼吸道感染而加重病情，故将卧室里铺设的20多米长的红地毯卷了起来。

第六，严格限制出入病室的人员，确定出入病室的非医护人员的名单。

第七，凡出入病室者都必须穿隔离衣、戴口罩和帽子，即使是邓颖超来看望周总理也需如此穿戴，绝无例外。

周恩来虽然已有两个多月不能进食，但肠道内仍有自身分泌的液体，还有留下的少许残渣，加之体内恶性肿瘤细胞和各类致病菌在迅速地生长繁殖，不停地进行新陈代谢而产生毒素。这些复杂而有害的物质造成肠道发生麻痹，本已处在高热状态的周恩来又增加了“肠麻痹”，使得他腹部胀满，疼痛难耐。

为此，在1976年1月5日凌晨，医务人员为生命垂危的周恩来做了最后一次手术，即在左下腹部开一个口子，以解决大便不通问题，将肠道里的“残渣余孽”尽量清除出去，但这个手术对于病情没有任何帮助，只是暂时缓解了一些痛苦。

1月7日，周恩来病情继续恶化，气息已变得十分微弱，长时间处于昏迷状态。医疗组成员、护理人员等昼夜守护在病房，随时准备抢救。深夜11时，弥留中的周恩来从昏迷中苏醒。他微睁双眼，认出守在他身边的吴阶平大夫，他用微弱的声音说了留在人世间的最后一句话：“我这里没有什么事了。你们还是去照顾别的生病的同志，那里更需要你们……”这时他说话已经不很清楚了，但这句话大家还是听懂了。

周恩来说完这句话，却一直睁着眼睛，老是看门口方向。值班医生就问：总理啊，你有事吗，你还是找大姐？大姐已经走了。

周恩来晃了晃脑袋，意思说没事，不找了。但他就这样睁着眼睛一直到晚上12点也不睡觉。张树迎、高振普等警卫们还以为周恩来病情好转了，都情不自禁高兴起来。可是医生们却紧缩眉头，一点欢喜的情绪都没有。

按照中国人的迷信讲法，这是回光返照。不是好兆头啊。

事后，大家十分后悔。那天晚上周恩来心神不定，眼睛来回看，一定是在找大姐。当时谁也没有意识到这是总理生命的最后一刻，没有想到要把邓大姐喊过去。结果这对经历了半个世纪风雨的革命伴侣没能见上最后一面。

日历翻到了1976年1月8日这一天，日历上写着农历十二月初八。俗话说“腊八腊八，冻掉下巴”，正是数九寒冬滴水成冰的季节。

天刚放亮，已经感觉又是一个乌云密布的阴冷天。

本是每天早晨8点钟医疗组全体人员开交班会，医院里人们常称此为“早会”的时间，这一天7点40分大家已集合在小客厅里，主治医生吴阶平主持了交班会，值夜班的医生护士详细地向大家报告了周总理夜间的病情、治疗、睡眠状况、醒来次数、有何不适以及大小便等情况。由于周总理病情已经进入最后关头，每个人都更加细心、紧张。因此除了早会，大家一天要碰头多次，只要发现一点新情况就随时讨论，提出治疗意见与需要注意的事项等。

早会后，张佐良走进病室在心电示波仪旁看了一会儿，没有发现异常变化，再到总理床边，见他仍安静地仰卧在床上，眼睛闭着，脸色灰暗，嘴唇有点青紫，呼吸轻而快，每分钟有30多次，脉搏虽然有90多次，但细弱无力。

张大夫觉得情况不太好，当即将情况报告了心脏病专家与麻醉科专家。他们决定通知所有专家到场，于是按下事先准备用于应对突发情况的电铃。

铃声就是命令！主治医生吴阶平等所有医护人员迅速赶到了周总理的身边。这意味着抢救周总理生命的紧张工作即将展开，但这次能像前几次那样幸运，将总理从死亡线上拉回来吗？

这一天正好是高振普值班，因为他以前听医生们说过，人要是不行了，手先发凉，从总理进入病危阶段，他一到总理床边上，就习惯性地先摸摸他的手，要是暖和，他的心就踏实一些，要是凉，他会马上喊医生……8号那天一早，说也奇怪，他摸总理的手并不冷，而且还暖暖的。因为他一夜没合眼了，就准备去休息一会儿，可没有走出三四米，就听见身后的电铃响了。这个电铃在紧急情况下才会使用。高振普一听这电铃，心想不好，赶紧返回去。这时大夫也都跑了过来，跑过来就赶紧看周恩来的心脏监护器，眼看着快速跳动的光波，由 140 一下就掉到了 130，几乎就在一分钟之内，心跳直接掉落到了 70 以下。

谢荣教授来到周总理床旁，看到总理的病况，他立刻提出要做气管内插管，并要张佐良向总理报告，征得他的同意。

当时张佐良暗想，总理已处在垂危中，神志已经不清楚了，即使清楚，哪还有什么力气向我们表示同意或是反对呢?

张佐良尽管心里这么想，但还是按专家的要求去做。他弯下身子，将嘴贴近总理右侧耳朵，提高嗓音说："总理，您的气管被黏稠的痰堵住了，阻碍呼吸，氧气进不去，很危险。谢主任要求马上给您从鼻孔插一根橡皮管进去，把黏痰吸出来，再大量输入氧气，就好了，您同意吗？您如果同意，请您点点头，或者睁一下眼睛。"

张大夫说着话时，满屋子的人都屏息静气，凝神注视着周总理的反应。

谁也没有想到，周恩来真的被张大夫叫醒了，他不但是睁开了眼睛，还微微地点了一下头，表示同意。

大家的心一下又腾升起来，只要总理心里明白，还有求生欲望，那一定能抢救过来！

谢教授立即将早就拿在手里的橡皮管迅速准确地插进了周总理的右鼻孔，开动吸引器马达吸痰，只听得橡皮管里的咝咝声，未见到吸出多少痰液。谢荣果断地改用稍粗一点的管子插入气管，又吸了些痰出来后就用手不停地、使劲地捏一个大黑皮球，进行加压吸氧，并进行体外心脏按摩，希望用这样的方法挽救周总理的生命。

抢救在继续，但是奇迹却没有出现。经过加压吸氧，体外心脏按摩后，仍看不到病情有所转机。大家刚腾升起来的希望又一点一点地破灭了

专家们一个个双眉紧锁、神情紧张，看来真的到了药石不医、难以回天的生命终点了。

张佐良一直握住周总理的右手，感觉到脉搏愈来愈细弱，只见心电图示波仪上的曲线波发生了明显变化，从 60 一下子到了 40，没有几秒，掉到 20，最后心跳曲线拉成一根直线，一下也不跳动了。

周恩来的脉搏停止了跳动，慢慢地手臂的皮肤也变凉了……

心电图上画直线后，抢救工作又进行了 10 多分钟。至此，吴阶平看了下手表，同几位专家交换了一下意见后宣布：抢救工作可以停止了，把那些东西都撤掉。这包括了总理身上的输液管、各种引流管与排泄管、心电图电极板等设备，并嘱咐护士给总理脸上擦干净，整理好床铺，用新床单将总理全身覆盖起来……

还没有等到吴阶平说完话，突然有人扯着嗓子，大声呼唤："总理！总理啊！总理！你醒醒啊——"

这声音把大家压抑很久的悲伤唤醒，悲痛的感情一下子爆发了，整个房间里哭喊声一片，大家边哭边喊：总理，你醒醒啊……

这悲伤哭声中，邓大姐的哭声格外令人心碎……

她接到通知来到医院时，周恩来已经停止了心跳，尽管还在继续抢救，那已是无济于事的抢救程序。

这天早上 8 点，医院一上班，邓颖超就让赵炜给医院打个电话问问情况。

8 点时总理情况还在正常范围里，于是高振普回复说：还行，

一切正常。

于是，8点半邓颖超开始吃早饭，她一连几天都是很晚从医院回来，觉得十分疲劳，她对赵炜说，今天我上午先不去了，下午再去。没有想到，邓颖超刚吃完早饭，赵炜接到高振普从医院打来的电话：总理不行了，正在抢救，快来！赶快来！

赵炜只觉得自己脑袋“嗡”的一声，知道事情严重不妙。她赶紧到邓颖超的屋里，这时邓大姐吃完早饭正在刷牙，她看见赵炜神色紧张，便问怎么了。赵炜一下子想起此时不能加重邓大姐的精神负担，于是她努力装作平静的样子说：“小高打电话，要我们马上到医院去。”

邓颖超因为之前也有过数次被紧急叫去的经历，似乎没有意识到这一次是周恩来生命中的最后一次紧急通知。尽管西花厅距离305医院很近，只要十分钟就可以到，但在车上短暂时间里，赵炜非常冷静，她觉得应该给邓大姐一点暗示，万一总理抢救不过来，让她有个思想准备。她告诉邓颖超：“刚才打电话来，说情况不好。”

邓颖超扭头望着赵炜，她一下子全明白了，一下汽车，一路小跑奔向病房。

推开病房的门一看，整个变了，屋里所有的东西，全都撤了，只有茶几上大夫作抢救的机器还在那儿。工作人员都已经站在靠墙的一边哭得上气不接下气，再看了拉成一线的心电图光波，邓颖超知道自己来晚了！她不顾医护人员还在抢救，三步并作两步一下子扑倒在周恩来身上，边哭边喊：“恩来！恩来！我来晚了……”

周恩来好像沉睡一般，那样安详！9点57分，吴阶平宣布抢救停止。自此，历经3年半患病的周恩来解脱了所有的痛苦，解除了所有插在他身体上的管子，也结束了将近600天困卧病榻的苦难岁月。

原本隐忍的哭声顿时成了一片号啕大哭。邓颖超哆嗦着双手摸着周恩来的面颊，轻轻地吻了一下他的额头，无限哀伤地说："恩来，你走了……"

随后，一床崭新的白色被单将总理覆盖住。

专家、医生、护士和周总理身边的工作人员抽泣着，依依不舍地离开了病床，大家都站到房间边上去，为党和国家领导人向周总理遗体告别腾出空间。

大家担心邓颖超一直这样悲伤，会引起她心脏病发作，于是几位护士过来将她搀扶到病室隔壁的房间里，先休息一下，以节省体力应对下面更加繁重的后事活动。

因为待会儿中央领导人陆续到医院来向周总理遗体致哀与告别时，邓颖超她必须亲自守候在旁。

第一个来到病房的是李先念，紧接着华国锋、叶剑英、邓小平等政治局在京的委员们陆陆续续地到场了。

江青走进房间时，人们把目光集中到她身上，与其他老帅及党中央政治局委员等领导人的悲伤情绪相比，她一点儿也不悲伤。只见她走近周总理床头大约一米的地方便站住了，仍是一副盛气凌人的样子，她没有看一眼周总理的遗容，更没有向周总理遗体鞠躬行礼，她连最起码的礼节都没有，大家对此感到意外。她只是转动身子、左顾右盼地大声喊着："小超，小超……"

有人扶着邓颖超走来，江青拥抱了她，对她说了几句话便离开了。

中午11点，中央领导人陆续到齐。邓颖超向在场的中央领导转述了周恩来生前提出的三点要求：一，不保留骨灰；二，后事处理不要特殊，不要超过任何人；三，不要开追悼会，不搞遗体告别。

邓颖超并且说，对周恩来的丧事一切由组织决定，她个人没有什么意见和要求。

听完邓颖超的意见，李先念第一个提出反对：不行，不开追悼会不能拿总理来开刀。这样的话我们没法向全体人民交代。

李先念的反对立刻得到领导们一致赞同，认为就是改革悼念形式，也不能从总理身上开始改革。

领导人讨论的结果，不仅追悼会要开，遗体告别也要搞，至于骨灰是否保留，需要经过毛主席批准。

接着中午 11 时多，按照事先商定的方案，周总理的遗体被抬到救护车上，由著名泌尿外科专家、医疗组长吴阶平和虞颂庭、熊汝成、于惠元、吴德成，心脏内科专家陶寿琪、黄宛、方圻，跟随周总理多年的警卫、保健医生、护士等坐在车上护送，老杨师傅驾车，警卫车辆、行车路线、沿途军人和警察的部署，都按照周总理生前的规格进行，遗体存放在北京医院太平间。

在中央没有宣布周总理逝世的消息之前，尽管上面强调保密，出动的车辆不多，人们很守纪律。但像周总理逝世这样的大事情，是人们关心的焦点，想要完全不走漏一点风声是办不到的。

其实，周总理住院一年零七个多月，医疗组、警卫与服务人员等成天忙于工作，围着周总理转，到各单位及医院进进出出办事情，自己没有在意，别人早就注意到，大家外出办事行色匆匆多少让外人看出了苗头。所以，周总理逝世的消息还是不胫而走，迅速传播到社会上去了。

周恩来办公室。

周恩来生前使用过的文具。

周恩来日常使用的餐具。

周恩来曾经在飞机上用过的茶具。

开国总理周恩来，他生前没有子女，死后没有墓穴，
但他活在人民心中，永远！

1976 年——

1 月 8 日 毛泽东得知周恩来去世，流下了眼泪
1 月 9 日 北京降半旗致哀
1 月 10 日 中央政治局委员向周恩来遗体告别
1 月 11 日 遗体火化，群众簇拥十里长街送行
1 月 12 日—1 月 14 日 吊唁活动，总人数超过 100 万
1 月 14 日 总理骨灰在人民大会堂台湾厅停放一夜
1 月 15 日 召开追悼会，邓小平致悼词
1 月 15 日 骨灰空撒在密云水库、天津海河、黄河入海口三处

第六章

魂舞大地

1976-1 >

当周恩来受尽病痛折磨的躯体熔进烈火，化为片片白骨时，人们感觉天塌了，心碎了，这个世界似乎陷入万劫不复之中。那一天，成千上万的首都人，扶老携幼，默默垂泪，站立在灵车经过的街道两旁，这自发组成的送葬长队在寒夜里蜿蜒了数十里。他们中有怀抱婴儿的母亲，倚杖而立的老人，双腮垂泪的孩子，满目哀伤的工人、农民、学生、士兵、机关干部、街道居民……伫立在长安大街两旁，他们的心情宛如这天空一般阴沉哀痛。

剖肝泣血

韩宗琦担负起晚辈的责任，为总理完成了最后的身后事。为周总理理了20余年发的北京饭店的朱师傅，为总理理完最后一次发后，悄悄地将一缕灰白头发保存了下来。

1976年1月8日中午，送周恩来遗体的车队从北门开进了北京医院。

周恩来遗体运到北京医院太平间后，医护人员和警卫、秘书兵分两路，分头处理后事。第一路即医护人员要对周恩来的遗体进行解剖。第二路即身边工作人员要去为周恩来准备“寿衣”与骨灰盒。

先说第一路人的工作——对遗体进行解剖。

遗体解剖，也是周恩来的遗愿。他曾说过，希望他死后，医院要做病理解剖，以利于弄清楚癌症的发展和死亡原因，为医学事业作最后的贡献。

根据负责遗体解剖的北京医院副院长韩宗琦回忆：

当人们慢慢将被单掀开，露出总理消瘦的面容和腹部的几处手术伤疤的时候，大家的心里都十分难过，当报告各个主要的脏器都有癌瘤转移的时候，有人再也忍不住哭出了声音。

此时医生们犹如剖肝泣血啊，他们都知道癌症后期，病人一般都是在剧痛煎熬中咽下最后一口气的，可想而知，浑身布满肿瘤的周恩来在生命的最后几个月里忍受着怎样的剜心之痛啊？

遗体解剖后，接下来就是理发、化装整容、穿衣等善后工作。

前面已说，北京饭店的朱殿华师傅一直想为住院的周总理理发，可是都被周总理婉拒了。直到1976年元旦前，他还托人捎来口信要为总理理一次发，让他干干净净过新年。可周恩来想了想，还是拒绝了朱师傅的好意。他不忍让为他理了20多年发的老师傅看到自己重病的模样。结果周恩来整整八个月没有理发刮胡子。而周恩来历史上就是出了名的大胡子，甚至大家就叫他“胡公”。红军长征时，他曾有过八个月不修理胡须的记录，那时年仅36岁的周恩来征战硝烟，再配一脸兜腮长胡，颇有英雄闯荡江湖之豪气。然而此八月非彼八月，病魔折磨得只剩下一把骨头的“胡公”，连说话力气也没有了，只能任凭头发与胡须蓬乱地生长。唯一能做到的，就是尽量不让熟悉他、爱戴他的人们看见他此般模样。

直到周恩来逝世，朱师傅才接到了去理发的通知。他说什么也不相信这个噩耗，他带着徒弟赶到北京医院，果然是在太平间里见到了永远沉睡的周恩来。眼前这个“脱了形”的总理他几乎认不出来了。

韩宗琦医生在一边千叮咛万嘱咐：千万千万，多涂肥皂，刀子弄快一点，手法轻一点，千万不要把总理的脸给刮破了任何一点。

可是朱师傅无法接受周总理离世这个现实，他心里那个难受啊，手也颤抖起来，拿着的刮胡刀好似千斤重。他只能让徒弟上手，动手前他嘱咐徒弟：以前，我给总理刮胡子要抹几次肥皂沫，热毛巾闷好几遍，使胡子软和了才能刮下来，现在不能用热毛巾闷了，不然皮肤的颜色会发紫，化装时去不掉，不好看。

这一说不要紧，徒弟的心理压力更大了，加之难度又这样高，徒弟的手哆嗦得不比自己师傅轻多少。徒弟围着周恩来遗体转了几圈，也是下不了手。

朱师傅在一边看这情况，指望不上徒弟了，决定这最后一次为总理整容理发还是由他亲手完成。

朱师傅握着一把刮胡刀，望着周总理的遗容，心里好似翻江倒海，就这把刮胡刀好像是一把岁月之刀，先是刮去了黑胡须，又刮去灰胡须，再刮去白胡须，直到现在要刮去干枯稀疏而且永远不会生长的乱胡须。

朱师傅抹了一把眼泪，稳了稳神。以前周总理总是利用来理发的短暂时间补充一下睡眠。朱师傅基本都是在总理鼻鼾声中完成理发工作。这一次，他望着周恩来沉睡的脸庞，似乎又找回了以前的感觉，他熟练且麻利地修剪头发，再在僵硬了的腮帮上轻轻地刮去胡子……不大一会儿，周恩来的脸上干干净净，没有一处破损。

朱师傅完成了一个高难度的整容任务，直起腰，望着周总理，他的眼泪又流了出来，因为他知道，这是他最后一次为总理理发，也是最后一次看见总理的面容。他在打扫地上头发时，特意将一缕灰白的头发悄悄地收了起来，他想保存周总理的一缕发丝以寄托自己的无限思念。如果这缕头发还在，那应该是周恩来唯一留存在世的身体之物了。

在朱师傅为总理理发时，卫士长张树迎和卫士高振普等人也从西花厅把总理的衣服找来了。

当时邓颖超明确地告诉卫士们，不要做新衣服，要选总理平时最喜欢穿的、现有最好的衣服。结果工作人员在周恩来穿过的所有衣服里找来找去，不是太旧就是有补丁，而且内衣和内裤几乎没有不打补丁的。最后只能选了一套周恩来冬天穿的灰色中山装，虽说旧了些，好歹没有补丁；一件布衬衣，也已穿过多年，不过换了领子和袖口。这几件衣服，有的穿了几年，有的甚至穿了十几年。当他们把衣服选好后请邓颖超认定时，邓颖超含着眼泪点点头说："这是恩来的作风，平时为他添置一件衣服都很难，他死后咱们还是要尊重他，不要为他浪费钱了，新的旧的都一样，最后一把火都要烧掉的。这样做也许有人会责怪你们，那也是暂时的。"

工作人员把准备好的衣服，用一块使用多年的紫色布包好，送到了北京医院。理发整容后就该穿衣服了。

韩宗琦接过包袱，打开一看，顿时就火了，这些衣服竟然没有一件是新的。衬衣太旧了，除领子和袖口还显得白一些，其他地方都已发黄，显然是换过领子和袖口的旧衬衣。于是他问可否换一件，得到的回答是：这是最完整的一件了。

他不由得气愤地冲着周恩来的卫士们喊道："你们这是什么意思？你们想干什么？怎么拿来这样的衣服？为什么不做新的？……我自己出钱给总理做行不行啊？……你们跟总理那么多年，你们对得起他吗？"

张树迎、高振普等人听着他的这番指责，无话可说。因为他们知道韩宗琦的父辈和周恩来邓颖超有深厚的世交，从韩宗琦管邓颖超叫"邓姨"，就可见两家关系不同一般。周恩来去世对于韩宗琦来说，也有着失去亲人一般的切肤之痛。

韩宗琦从小就认识邓颖超，他的母亲和邓颖超曾是天津女子师范学堂的同窗好友。在抗战期间，韩宗琦的父亲在重庆开牙科诊所，一家住在重庆，周恩来和邓颖超在重庆八路军办事处忙于国共合作。他们两家同居一地，经常往来，就连韩宗琦父母在上海居住的房子也是周恩来转让给他们居住的，而且这种友谊一直保持到解放后。1950 年，27 岁的韩宗琦子承父业，已经是天津医学院附属医院口腔科主任医师了。那时起他开始做周总理的口腔保健医生。由于频频来京出诊，加之他的镶牙技术越来越精湛，中央首长们也随着年纪增大，口腔保健的需求量越来越大，于是他 1974 年调到北京医院担任副院长，成为一名为首长服务的口腔专业方面的专家。

这一次，他主动请缨，要求负责周总理的后事。某种意义上已经不完全是出自一个医生的职责，而是他觉得自己是晚辈，应该尽自己的“孝道”。事后，邓颖超很感慨，对他说：“我们这辈子没儿没女，想不到恩来倒得了你的济了。”

“得济”，在北方就认为是一种孝道。所以韩宗琦能为世人爱戴和敬仰的周总理做最后事情——遗体解剖、整容、穿衣、布置灵堂并一直守候在灵前，让他欣慰终生。

其实，韩宗琦的痛也是张树迎、高振普他们这些日夜跟随总理身边，不是亲人胜似亲人的痛。韩宗琦的不愿意也是他们的不情愿。正像邓颖超说的那样：这样做也许有人会责怪你们，那也是暂时的。

韩宗琦渐渐平息了火气，他也知道，总理最后连一件新衣服也没有，卫士们心里也很难受，也很不是滋味，冲他们发火也没有用。

后来韩宗琦知道这是邓颖超为尊重周恩来生前节俭的习惯，不得已而为之。他这才无奈地收下了“寿衣”。

穿衣的时候，韩宗琦看见周恩来手腕上那块 20 世纪 50 年代生产的“上海牌”国产手表还在滴答滴答地走动着，要不了多久，这块表的指针也会随着主人一起停下脚步，成为历史时刻。他含着眼泪将表摘下，一看手表的表带坏了，用白布带子替代，表盘也已发黄，只有指针还在顽强地走动着，而且分秒不差……韩宗琦觉得手心里的这块表，多么像周恩来的为人啊，他就像捧着周恩来的一颗还在跳动的心。

韩宗琦想到这，决定留下这块总理戴了多年的手表和那枚长方

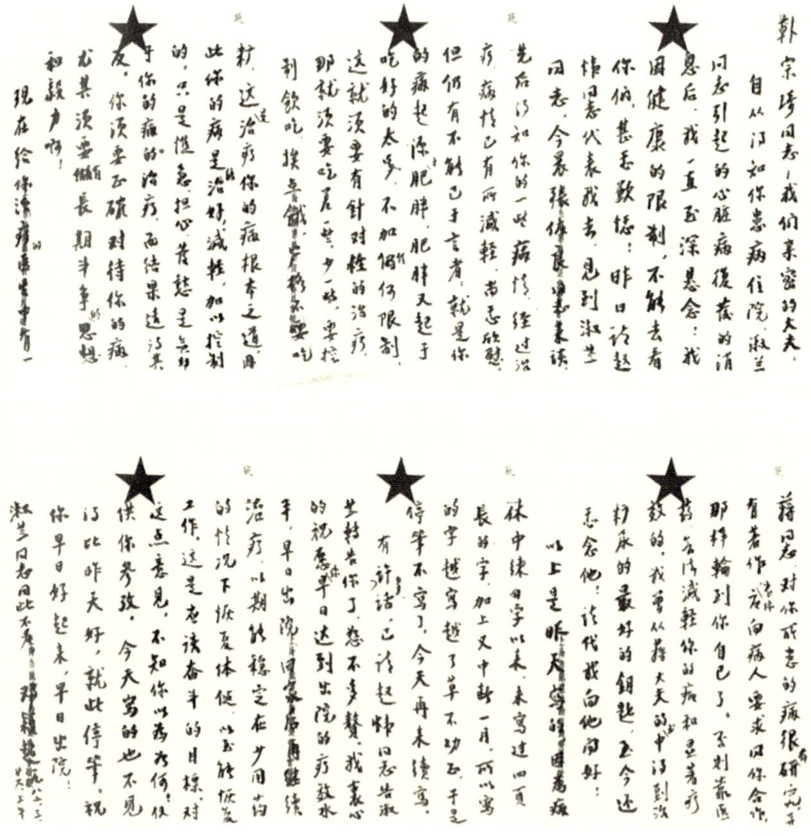
韩宗琦同志，我们亲密的大夫：
自从得知你患病住院，淑兰同志引起的心脏病复发的消息后，我一直至深悬念！我因健康的限制，不能去看你们，甚表歉憾！昨日请赵炜同志代表我去，见到淑兰同志，今晨张佐良同志来谈，先后得知你的一些病情，经过治疗，病情已有所减轻，尚感欣慰。但你有不能已于言者，就是你的病起源于肥胖，肥胖又起于吃得好的太多，不加以限制，这就须要有针对性的治疗，那就须要吃素、少一些，要控制饮食，换言之……这是治疗你的病根本之道，由此你的病是治好、减轻，加以控制的，只是……你须要正确对待你的病，尤其须要有长期斗争的思想和毅力啊！
现在给你讲……中有一……对你所患的病很有研究……看着你……病人要求同你合作，那样轮到你自己了……减轻你的病和显著疗效的。我曾从……大夫的……中得到……的最好的钥匙，至今还念念他！请代我向他问好！
以上是昨天……
……字以来，未写过四页长的字，加上又中断一月，所以写的字越写越不成字了，于是停笔不写了，今天再来续写。
有许多话，已请赵炜同志告淑兰转告你了，恕不多赘。我衷心的祝愿你早日达到出院的疗效水平，早日出院……继续治疗，以期能稳定在少用药的情况下恢复体健，以至能恢复工作，这是应该奋斗的目标。对这点意见，不知你以为如何？仅供你参考。今天写的也不短了，比昨天好，就此停笔。祝你早日好起来，早日出院！
淑兰同志同此不另……
邓颖超
……

邓颖超写给韩宗琦医生的信。

形的“为人民服务”的毛主席像章，他没有让这两样物品随周恩来一起带走。他留下手表是想留给人们看那白布的表带和已经发黄的表盘，留下像章是想自己作个纪念。当时有各种各样的毛泽东像章，而周恩来唯独喜爱这枚带有“为人民服务”字样的像章，意味着什么，不用多说，谁都明白，“为人民服务”是周恩来毕生追求的目标。如今，这两件文物都陈列在天津周恩来邓颖超纪念馆里。

换完衣服，该最后一项了——化装。

由于长期遭受疾病的折磨，周恩来已经非常消瘦，两眶两颊塌陷得很厉害。对于总理的整容，邓颖超曾经对韩宗琦专门作过交代：“不要把恩来整理得像擦胭脂抹粉这种，要带一些病容，因为他是病了那么久的一个人。”

夜间 11 点钟，经过理发、穿衣、整容及化装后的周总理遗体被安放到北京医院那间不足 100 平方米的房子里，前面没有过道，一扇门直通户外。总理遗体停放在屋子中间，四周放着塑料盆花，紧贴四壁放着几层花圈。除了站立几个守灵人员外，所剩空间仅够吊唁者成单行走一小圈了。

这个条件十分简陋并且十分狭小的太平间，将是首都各界人士向周恩来遗体告别的灵堂。

邓颖超来到灵堂，她流着眼泪，满意地点了头。特别是周恩来的遗容，没有上胭脂，只是上了一点点色。让人一看，虽然带有生病的样子，但神态十分平静，好像安睡一样。

紧接着，西花厅的工作人员与周恩来治丧办公室的同志一起去八宝山革命公墓选购骨灰盒。那里的负责人拿出两种骨灰盒来，一种装饰性的东西较多，价钱较贵；另一种便宜，花色也可以。他们觉得贵的那种显得不太素雅和庄重，便决定依据周总理和邓大姐的喜好买那种便宜的。不想那便宜的当时只剩两个，一个掉了一块漆皮，一个是漆皮完整，但盒盖不太好用，开起来有点费劲。他们想骨灰装进去后是不会经常打开盖的，就选择了漆皮完整但开合不便的骨灰盒。

回来后，张树迎和高振普向邓颖超做汇报，并请她过目。邓颖超说："不用看了，全权委托给你们了。骨灰盒只是一种形式，没必要那么讲究。"

的确如此，骨灰盒对于周恩来来讲可能就用几天，追悼会后，他的骨灰就要洒向天空……周恩来生前已经为自己选好了灵魂的归宿，天空就是他的"天堂"。所以，谁也无法改变这个结果。

为避免大批亲属来京参加吊唁，邓颖超特意口述了一封电文，告诉外地的亲属们听到总理逝世的消息后不要来京。电文大意是："人已经死了，亲属来了非但没有什么意义，反而是一笔浪费，还不如在自己的工作岗位上努力去工作，这才是对死者的最好纪念。"她还交代说："等我死的时候也不许他们来北京。"就这样，周恩来家乡淮安与其他地方的亲戚们接到电报后，按照邓颖超的电报的意思都没有进京吊唁。

力不从心

毛泽东派人送来一个花圈，放置在曾与他携手近半个世纪的战友遗像旁。此时毛泽东少言寡语，甚至不能行走，他只能以这种方式同他忠贞不渝的战友告别。

据周恩来的秘书和医护人员回忆：周恩来卧床不起后，特别是他病危后从昏迷中醒来时，曾多次抚摸毛泽东像章和诗词，曾多次询问主席现在住哪里，身体怎么样？每逢这时，大家的心中都特别苦涩。如果主席身体好一些，能够到总理的病房看一眼，在总理的病床旁边坐一会儿，对于他们几十年的战斗友谊，对于今天的人们重温历史，都将是感人且厚重的一笔！

可是，真实情况并不能如大家所愿。在周恩来病危以后，毛泽东的身体状况也好不到哪里去，也是病魔缠身，日渐衰弱。尽管他们两人的病榻相距并不远，中间只有一堵红墙和西安门大街的柏油马路相隔。但这短短的几百米距离，对于一个卧床不起，一个寸步难移，同处严重病情中的老人来说，纵然有千言万语要说，有深情厚谊难舍，也永远不可能再见了。他们不仅无力相见，也不忍相见，思念远比相见更要现实一些。

毛泽东的机要秘书张玉凤在她的回忆文章中曾经这样描绘道：

他讲话困难，仅能从喉咙内发出一些含糊不清的声音字句。由于长时间在他身边工作，我还能听懂主席的话。每当主席同其他领导同志谈话时，我就得在场，学说一遍。但到了他讲话、发音极不清楚时，我只能从他的口形和表情来揣摩，获得他点头认可。当主席的语言障碍到了最严重的地步时，他老人家只好用笔写出他的所思所想了。后来，主席的行动已经很困难，两条腿不能走路。如果没有人搀扶，连一步都走不动了。

后来，人们从邓颖超与周恩来侄子周秉钧、侄女周秉德的谈话中，可以得知两个伟人没有相见的原因，一方面是力不从心，另一方面也怕精神受到刺激。

周恩来追悼会后第三天，即1月18号，周秉钧与周秉德前往西花厅。邓颖超首先向他们讲述了伯父的病情，然后提醒他们：你们伯父的病到最后确实没有办法了，外面有任何传言都不要相信。

因为1972年1月6号陈毅去世之后，社会上就有过一种谣传，说是林彪给过指示，让医生手术时不要把陈毅的肠癌瘤子切干净。邓颖超这一番话的意思也是让孩子们有心理准备，如果社会上有谣传，一定不要想三想四的。周秉德问起，伯伯病重的时候，主席有没有去看？

邓颖超正面地回答了这个问题：你们知道，主席对你们伯伯是那么器重，两个人几十年的这种革命战友出生入死，你伯伯后来的形象，如果主席去看他，两个人都会伤心，这样对两个人的身体和精神，都会有很不良的刺激，所以中央不同意主席去看他。

1976年1月8日早晨周恩来咽下最后一口气时，毛泽东正卧床侧身看书。他又是一夜没有合眼。

负责毛泽东身边工作的警卫局副局长张耀祠来到游泳池，将这一噩耗告诉了在外面值班的护士小于。小于马上拿起铅笔，在一张常用来通报事情的白纸上写下了这一沉痛的消息。她把这张纸放在了大厅里的条桌上。

护士孟锦云此时正在毛泽东卧室里值班。她听到外面大厅里有人走动的声音，按照往日的经验，知道这是有人来送条子或东西。她悄悄地走了出去，一下子便看到纸条。她先是一惊，然后平静了一下情绪，把纸条叠起来，放进自己的口袋，回到了主席的卧室。她看见主席依旧在那里看书，根本没有留意小孟去大厅干什么了。

小孟便装作什么事也没有发生，又坐在主席床边的沙发椅上顺手拿起了一本书，但她注意力一直无法集中，内心在纠结，要不要现在就向主席报告？但她又想，主席一夜没睡，现在就告诉这个噩耗，万一主席情绪波动过大，引发心脏病怎么办？不告诉吧，毕竟这是一件大事，告诉吧，又怕主席身体承受不了……进退两难中，她决定等主席睡醒觉再告诉。

中午吃过饭后，毛泽东休息了两个小时，下午3点多钟，政治局派人送来了周恩来逝世的讣告清样。小孟收下来后见主席睡醒觉了，精神还可以，就决定找机会把周总理逝世的消息告诉主席。

按照惯例，下午是给主席读报、读文件的时间。小孟就先读了些别的内容，稍稍停顿了一会儿，便拿起那张讣告清样，用低沉缓慢的语气读了起来："中国人民伟大的无产阶级革命家，杰出的共产主义战士周恩来同志，因患癌症，医治无效，于1976年1月8日与世长辞……"

毛泽东先是闭着眼睛听读报，这时他突然睁开眼睛，望着小孟好像反应不过来——“与世长辞”是什么意思？一会儿，他明白过来了，毕竟周恩来住院近600天，而且是癌症。对于周恩来离世，他应该是早已预料的。他对小孟点点头，表示知道了，又慢慢闭上了眼睛。但他眉头紧锁，不一会儿，闭着的眼窝里滚出了泪珠。

小孟一见主席掉眼泪了，憋了很久的悲伤也有了释放的出口，跟着哭了起来。她一边哭一边念完了讣告。

整个过程，毛泽东没有说一句话，只任泪水默默地流淌，泪水流过了面颊，流到了嘴角，流进了脖颈……

几天后，中央拟好了有关周恩来追悼会的规格，参加追悼会的政治局委员及党、政、军负责人的人数和悼词一并送毛泽东审阅。

总理的追悼会定在1月15日下午召开。在这之前，轮椅、氧气袋，一切抢救措施都准备好了，准备毛泽东去参加追悼会的。可是14日的晚上，毛泽东病情又出现反复。他呼吸困难，根本坐不起来，更不用说是站立了。当时小孟打电话请示汪东兴：“总理追悼会的事，要不要告诉主席参加？”汪东兴回答说：“政治局未发出通知请主席参加追悼会，你们就不要问主席参加不参加了。”

中央考虑到毛泽东病重，便没有安排他参加有关周恩来逝世的一切活动。

据张玉凤回忆：

毛主席审阅这个报告时，我一直守候在侧，不知道为什么在我这个普通人的心中，一直存有一线希望，或许会有四年前参加陈毅同志追悼会那样的突然决定，或许也能去参加周总理的追悼会。一句憋在我心里许多时的话，不由自主地脱口而出，像孩子般冒昧地问主席："去参加总理的追悼会吗？"一直处于悲伤中的主席，这时，一只手举着还没有来得及放下的文件，另一只手拍拍略微跷起的腿，痛苦而又吃力地对我说："我走不动了。"

就这样，毛泽东没有去参加周总理的追悼会。但他派人送来一个花圈，放置在曾与他携手近半个世纪的战友、曾任中华人民共和国国务院总理达 27 年之久的周恩来的遗像旁。毛泽东只能以这种方式同他这位忠贞不渝的战友告别。

那天晚上，在毛泽东看电视的时候，护士和陪伴他的人发现他是流着眼泪看完的电视。

天怒人怨

江青在公开的追悼仪式上连帽也不脱。她在全国人民面前公开亮出与周总理为敌的架势，其实她也将自己推到与民为敌的一面去了。

杜修贤作为周恩来的专职摄影记者，在 1975 年 9 月 7 日最后一次拍摄周恩来在医院会见外宾后，再也没有见过总理。1976 年 1 月 8 日夜，他被一阵电话铃声震醒，拿起电话才听了一句，便什么都明白了。他知道，他最敬爱的周恩来总理永远离开了……

他赶紧起身，挨个打电话通知有关同事，每一个电话里都会传来同事接到噩耗后的大哭声，他只能忍着喉咙阵阵的哽咽，向大家布置选送总理遗像的任务，然后自己准备去北京医院拍摄悼念周总理的活动。

杜修贤驱车直奔北京医院，到了太平间门口，他觉得自己的双腿有些僵直，心里直在颤抖，在门外站了片刻，才走了进去……

他强忍悲痛走进遗体告别的现场，望着总理躺在只有百平方米的狭小空间里，顿时心像被刺了一下！难道这就是人们向敬爱的周总理最后告别的地方吗？偌大的北京竟然没有让一国总理最后宽松安睡的场地吗？他的泪水忍不住又夺眶而出。

安睡在青翠松柏中的周恩来身上覆盖着鲜红的党旗，消瘦变形的脸庞上至死都凝着正气和刚毅。邓颖超敬献的花圈缎带上写着“悼念恩来战友”。毛泽东和其他党和国家领导人的花圈上都写着相同的挽词：“悼念周恩来同志。”

杜修贤几次举机又几次放下，他的手抖得无法拍摄，只好用手臂贴胸在颤抖中按下快门。

他和中央电视台、新闻纪录电影制片厂的记者们一起赶拍镜头至深夜才结束。

1 月 9 日早晨，北京所有的国旗都降了半旗……

哀乐终于把这不幸的消息传向了祖国的大江南北，悲痛的哭声在 960 万平方公里的大地上骤然响起。

很多人不相信自己的耳朵，相互打听着印证着消息的准确性。10 点过后，北京各大小报亭前，人们拿到还散发着墨香的当天的《人民日报》。这个残酷的事实得以证实——这天首都和全国各地各大报纸都在头版刊登了周恩来的遗像和《讣告》。

全国上下，机关、团体、学校、工厂、大街小巷，人们怀着悲痛的心情，谈论着这不幸的消息，人们被这沉痛的消息压抑着，给这严寒的季节增添了更加悲凉的气氛！

这时接到周恩来治丧委员会通知，规定 1 月 10 日和 11 日两天为向周恩来遗体告别时间，就是说吊唁天数由原定的三天减为了两天。

1月 10 日上午 9 点，中央政治局委员前来向周恩来总理遗体告别。朱德、王洪文、叶剑英、邓小平、张春桥、江青、陈锡联、姚文元等走下轿车，依次走进吊唁厅。他们都在周恩来的遗体前肃立默哀，鞠躬诀别，然后绕灵床半周，从侧门退出。

安睡在青翠松柏中的周恩来身上覆盖着鲜红的党旗。

邓颖超献上花圈，写道：悼念恩来战友，小超哀献。

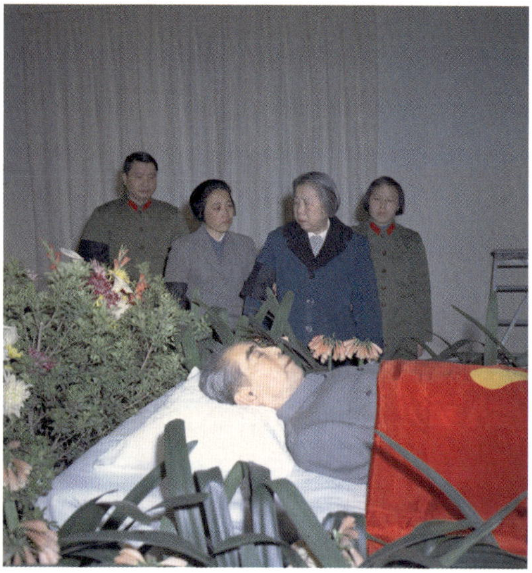

邓颖超第一个来到周恩来灵堂，等待吊唁开始。

邓颖超每天都要更换鲜花花圈。

朱德拄着手杖走在前面，这位年迈的老战士老泪纵横，低声呼唤着周恩来的名字，缓步来到周恩来遗体侧面，慢慢抬起右臂，向这位入党介绍人、在南昌共同向国民党打响第一枪的战友庄重地行了最后一个军礼。

臂戴黑纱的邓小平神情凝重，没有泪水，他随着哀乐缓缓地来到灵床前，默默地望着闭目而卧的周恩来，久久不肯离去。自去年全面整顿以来，周恩来是他最重要的支持者，也是他的战友，更似兄长。周恩来的逝世预示着他今后的处境会更加困难，与“四人帮”的斗争也会更趋激烈。邓小平向这位静卧在鲜花丛中的兄长遗体深深地鞠了一躬，然后坚定地向侧门走去。

杜修贤在一边屏着气端着相机拍照，突然他的心被重重地抽打了一鞭——江青竟然站在总理遗体前不低头！不脱帽！

接着老帅们都来了，叶剑英、聂荣臻、徐向前等元帅都向他们敬重的战友行了最后一个军礼！

党和国家领导人走后，党、政、军机关和北京市各界群众代表缓缓地走进吊唁厅，向他们敬爱的总理最后告别。门外是排得很远很远的黑压压队列……

政治局委员们从吊唁厅出来，便被请到旁边一间休息室里休息。

江青一进门就一屁股坐在沙发上，边捶大腿边叫苦：我的两条腿都站肿了。

叶剑英忍不住气愤，问江青刚才向总理告别的时候，为什么不摘帽子？

江青脖子一扬，蛮有理由地回答：我感冒了，正发高烧，不能受凉啊！

坐在一边的朱德一听江青的话，就用手杖“咚咚”地敲了几下

叶剑英前来吊唁。

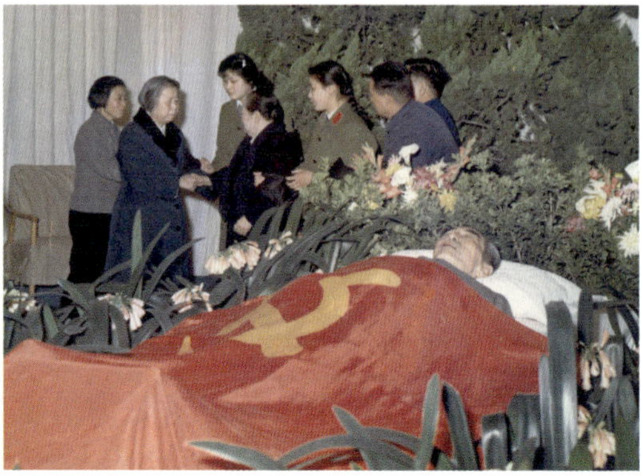

宋庆龄前来吊唁。

周恩来遗体告别室放在了北京医院，狭小的空间让前来吊唁的群众感到更加的悲伤。

地毯：感冒了就不要来嘛。你这个样子，影响多不好。

王洪文见势，赶忙抬抬手，示意大家静一静，他也知道江青这个样子肯定要得罪一大批领导人的。于是他岔开话题，让毛远新传达毛泽东的有关指示。

毛远新站起身来，从公文包中抽出一张纸，念道："主席指示，总理的丧事要坚持节约的原则，各地不开追悼会；不设灵堂；不提倡戴黑纱、做花圈；不邀请外国使团来京参加悼念活动；全党同志要化悲痛为力量，抓革命，促生产，深入开展反击右倾翻案风的斗争。"

丧仪制度早不改，迟不改，偏偏周恩来逝世，人民要表示自己的哀思时，却"丧仪从简"改革了。

明眼人一看就知道这个指示是"拉大旗作虎皮"。深知其中"猫腻"的邓小平问毛远新："主席这些指示是什么时候讲的？"

张春桥早有准备地不慌不忙代毛远新说："哦，这是远新同志的一份报告，昨晚念给主席听后，主席表示同意，并请政治局讨论。"

这不是明摆着做好套让主席往里钻嘛。但这层窗户纸谁也不能捅破，毛泽东的绝对权威依然是一条高压线。尽管大家心知肚明，但谁也不会去触碰的。

王洪文接着问："大家有不同意见吗？"他见到会者一阵沉默，便继续说："如果没有不同意见，就请文元同志根据主席的这些指示起草一份通知，尽快以治丧委员会的名义发下去。"

"第二件事，治丧委员会决定15日在人民大会堂举行追悼会。"王洪文又说道，"谁来给总理致悼词？"

江青首先发言："我看由洪文或春桥同志致悼词比较合适。"

王洪文虽说现在在主持中央日常工作，但自知太嫩，没有资格，便干脆利落地推辞了。

张春桥见王洪文推辞了，他也不敢接“招”，于是将目光投向叶剑英，意思说全国都在反击右倾翻案风，再让邓小平致悼词就不合适，目前看来还只有叶帅能够胜任。

叶剑英斩钉截铁地说：“我看不出邓小平有什么不合适的，他是堂堂正正的党中央副主席，又是国务院第一副总理，代替总理主持工作，理应由他来致悼词。再说我年纪太大，情绪不稳定，悼词读不下来的。”

张春桥碰了一鼻子灰，只好作罢。王洪文只得宣布，悼词由邓小平致。叶剑英在关键时刻给邓小平以极大的政治支持。

就在政治局委员在开短会时，杜修贤等记者正在为如何给一个江青致哀镜头煞费苦心，因为电影电视和照相不同，是无法捕捉瞬间的，连贯拍摄中，江青给人的感觉自始至终没有低头致哀，剪来剪去也不行。大家商量只好给她曝光了，让全国人民都看见她不敬的形象。电视里，大家看到余秋里和江华等许多老同志进门一见到周总理的遗容就痛哭悲哀不止，若身边没有人搀扶几乎是站立不住。而江青的脸上没有悲哀、没有哭泣，她甚至连帽子都没有脱，这和其他人的悲伤形成鲜明对比。

果然，当晚新闻联播播放时，坐在电视机前的观众看到这一幕，当即愤怒地大声吼了起来：“把帽子脱下来、脱下来！”有人竟然操起凳子砸向了电视机……

江青的举动激起了百姓们强烈的不满与愤怒，人们痛恨江青的情绪像烈火猛烈地燃烧，迅速地蔓延……这也可说是后来爆发“四·五”事件的重要原因之一。

自从周恩来去世的那天，新华社摄影部就开始挑选周恩来的生平照片。各个时期的照片都选了一些。大家认为这是一次大规模的国丧，选发照片至少不能少于四个版面。但是新华社只有挑选照片的权利而没有签发的权利。签发大权在姚文元手里握着，他主管意识形态工作。但是依照当时“这个不准那个不准”的限制，估计让他签发四个版难度是很大的。

于是，杜修贤在1月9日专门去找姚文元。果不其然，杜修贤刚说了总理照片建议发四版，姚文元马上表示反对。

那不行，至少发四版。杜修贤坚持着，他也顾不了这么多了，感觉自己这次要“惹事”了，反正是准备豁出去了。

姚文元似乎没有想到区区一个负责中央外事新闻的组长，总理和主席的专职摄影记者，居然敢顶撞他！他先是一愣，接着脸上有了愠色。他叹了口气，双手一摊：“老杜，我也没有办法，真的！”

你没有办法谁有办法？这句话说得杜修贤有些奇怪了。

“那谁有办法？我去找谁。”

姚文元没有吭气，思忖了一会，可能觉得这个鲁莽汉子搞不好真的会找到江青那里去，那就更麻烦了。他于是说：“这样吧……要不你们先按四版搞，不过要快把照片送来叫我看。”

隔了一天，杜修贤将已选出的多于四个版面的照片送到钓鱼台姚文元处。

姚文元一张一张地仔细审看，杜修贤就坐在一边吸烟慢慢等着。心想只要能顺利通过，等一天也行。

姚文元反复看了几遍，最后挑出一张周恩来和毛泽东的合影不让发，而且说要送政治局定。

为什么？杜修贤想是不是有人给姚文元指示不能发毛周的合影？

后来这张顺理成章应该发表的合影照片，还真的送到了中央政治局的会议桌上。

1月11日，这张不该经历曲折不该存有非议的合影照片终于上机制版了，纪念总理的照片也如愿以偿发了整整四版。

现在想想，能在那个拼命压制人民悼念周总理的日子里，发了整整四版的纪念照片，不能不算是一个胜利。

但紧接着1月14日，《人民日报》头版头条竟刊登了《大批判带来的大变化》带有导向性的长篇社论。愤怒的群众不断地将电话打到并不管《人民日报》的新华社，一时全社上上下下像炸开了锅。

“四人帮”的倒行逆施已经种下了天怒人怨的恶果，也为他们自己走向灭亡铺垫了道路。

众怒难犯

周恩来逝世，深切缅怀周恩来的悲壮气氛同对“四人帮”的憎恶情绪交织在一起。首都民众冲破“四人帮”的种种禁令，自发地举行了各种悼念活动。

从1月8日起，天安门广场上国旗半垂，天气阴沉，整个广场沉浸在从未有过的悲哀之中。

人们感到愤怒还不仅是针对江青的傲慢与不敬。当时中央下达了不准各单位搞纪念活动、不准戴黑纱、不准去天安门广场的通知。更让人不可理解的是，谁去过天安门要向单位报告，要登记，要说明理由，这实际上是限制人们去参加悼念活动。但是压制、限制并没有吓倒人民群众，人们谁也不理那一套，去天安门广场的人越来越多，戴黑纱的人也越来越多。仅北京，所有布店的黑布全被买光了。很多单位和个人，自己设灵堂，摆着周总理的遗像，买不到遗像的，就把报纸上周总理的像剪下来，供在房子中央，以表达对周总理的怀念之情。

特别奇怪的是，那段时间社会治安出奇的好，据北京市公安局报告，自周总理去世的消息传出后，几天来没有一件刑事案件发生。

尽管上面不断地发出限制遗体告别的时间，压缩参加遗体告别的人数等通知，但是群众还是将北京医院里三层外三层地围了个水泄不通，好多部委机关与北京市等单位便自发组织群众前来通宵排队参加遗体告别仪式。

有的单位领导对上头这种不得人心的做法并不赞成。他们采取睁一只眼闭一只眼听之任之的态度。

这样一来，白天的人数是限制住了，可是一到夜间，更多的人有组织地前来举行悼念活动，告别人数不仅没有减少反而增加了很多。在北京医院坚守岗位的杜修贤经历了一场史无前例的人生大告别。

一生铮铮铁骨的老将军，捶胸顿足，掩面大哭，由儿孙们搀架着走出厅门……

哭哑了喉咙的妇女带着嘤嘤抽泣的孩子，一进厅冲着总理的遗体就“扑通”长跪不起，随即身后“扑通”“扑通”如石砸地，跪倒一片……

一家四代十几口子哭抱成一团……

人民此时只能用泪水表达他们对总理的爱戴和怀念，也只有用哭声表达他们心里的不平和愤怒。

告别的人群在狭小的吊唁厅里拥挤，流动，自始至终秩序井然。

吊唁厅外面夜色笼罩的马路上，拿到进门证的人们不顾在寒冷中排几个小时的长队，说什么也要等着和周总理见上最后一面。

但还有很多人是无法走进吊唁厅和总理最后告别的。其中包括杜修贤的许多同事、朋友和亲属，他们生不能见总理，死也见不上，伤心地在医院外面的空地上垂泪徘徊。杜修贤就想办法让大家坐他的车进去，去见总理最后一面。就这样，他也不知偷着带了多少人进去和总理告别。

但他也在无限悲痛中得到了极大的安慰——总理永远是属于人民的，他活在人民的心里！因为心灵的追悼是不受任何条件限制的，所以是由衷的、纯粹的甚至是永恒的。

毕竟能走进周恩来灵堂告别的只有几万人，与数百万人的悼念相比是很少的一部分，成千上万的群众冒着严寒来到了人民英雄纪念碑前悼念敬爱的周总理，将宽阔的庆典场地变为声势浩大的哀悼祭坛。

高大矗立的纪念碑，四周堆着层层叠叠的花圈，人们走一程哭一程，南来北往，川流不息。“悲倾灵台泪垂腮，纪念碑前情更哀。”几天下来，人民英雄纪念碑前的花圈越来越多，碑座上已经拥挤不下，放到了广场上。有单位将“人民的总理人民爱，人民的总理爱人民”制成巨大横幅树立在人民英雄纪念碑下。成千上万的人，无论是集体前来，或是独自前来，都面对纪念碑脱帽默哀。宣誓之声，哀乐之音，彻夜不绝。

群众最真挚的感情在记者眼睛里就是“新闻”。杜修贤也悄悄跑到广场拍摄群众悼念的场面。

——有一个上了岁数的老太太独自站在纪念碑前边哭边诉，突然双腿一软就再也没有起来。

——花圈中有一个脸盆大小的袖珍花圈，细细一看，是幼儿园孩子们送的，那一张张冻得通红的小脸上还挂着晶莹的泪珠，叫人看着心痛，鼻尖发酸。

——工人们刚下班，来不及脱去工作服就赶到广场悼念自己所爱戴的总理。

——学生排着整齐的队伍，神情悲壮默立在纪念碑前举手宣誓。

群众自发地来到天安门广场悼念人民的总理

万岁

让人蓦然觉得他们长大了，懂事了……

——郊区农民用握锄头的粗糙大手大把大把抹着眼泪，他们此时的悲伤心情就好比失去自家的亲人。

——流血不流泪的士兵，这时再也抑制不住自己的泪水，似断线的珠子往下滚。

——双双对对的情侣，相依而泣。

——白发苍苍的老人，抱拳屈膝，为忠臣行跪拜大礼，伏地三叩响头。拜毕，仰头悲壮长呼：忠魂归去来兮！

……

相形之下，杜修贤觉得自己的镜头太小，视野太窄，无法拍尽广场上动人动情、催人泪下的场景。

就在他和其他记者恨不得使尽全部的力量和技术拍摄人间最珍贵的镜头时，遇到了一件意想不到的事情。

1月10日，办公厅有位负责人从天安门前路过，他从车窗里看到中央新闻组的记者在天安门广场拍摄，回到中南海后，当即叫警卫局的人向杜修贤传达他的指示，不准在天安门广场和人民英雄纪念碑拍摄。后又打电话对杜修贤大发雷霆："谁叫你们去天安门纪念碑前拍摄电影电视的？你们请示了谁？谁批准的？"

平时大家很少见这位领导发这么大火。杜修贤心里没底，就跑去找姚文元，看他怎么说。姚文元一听先嘴角抽了抽，古怪地笑了一下，半天才说："中央有指示，你是知道的。"

"我们拍的是群众场面。没有到单位里拍摄啊！"杜修贤急忙申辩。

姚文元默默地用指尖捻转铅笔，看得出他在踌躇，好一会儿才不明不白说了一句："你们自己看着办吧？"就再也不吭气了。

杜修贤什么指示也没有得到，更加左右为难。如果不执行那位负责人的指示而继续拍摄，那么记者们肯定要“吃不了兜着走”的。执行吧，撤走记者又觉得对不起总理，对不起千千万万热爱总理的群众。

杜修贤心里难过啊！举国空前的哀悼竟成了新闻拍摄的禁区。这不是叫记者放下手里的“武器”吗？叫人民放弃热爱周总理的感情吗？这几十年积累的深厚感情能用“指示”“文件”抹掉吗？

最后杜修贤审时度势，他将记者们找来，如实地向他们传达了上头的指示，告诉大家目前所处的境地，最后大家心领神会——偷偷拍。

记者们在提心吊胆的艰难处境中，齐心合力完整记录了人民群众沉痛悼念周恩来总理的真实场面。现在人们所看到的纪念周恩来的历史画面，许多镜头都是记者们冒着隆冬寒风和政治风险偷偷拍摄下来的。

纪念周恩来的大型纪录片终于在一月中旬拍摄完毕。然而，这部凝聚着人民对总理深厚感情和新华社记者心血的历史纪录片，遭到了更加不公平的待遇。

杜修贤将影片拿到人民大会堂放给周恩来治丧委员会的成员们审查，请他们提意见。

放映中就有人哭出了声，大厅里不断传来抽泣声……影片放映结束，许多人的眼眶通红通红的……良久，大厅里肃然无声，似乎谁也不忍率先打破这悲壮的气氛。

文化部的一位负责人清了清喉咙，为拍摄的影片提了四个不要：第一,群众哭总理的镜头不要;第二,外地悼念总理的镜头不要;第三,灵车通过天安门的镜头不要；第四，总理生前的历史镜头不要。

杜修贤打了个寒噤，做梦也没有想到会有人提出这四个“不要”。不要这个不要那个，到底他要什么呢？顿时，悲哀的空气里使人感到无形的压力正在逼近。

杜修贤是个直性子，他不管三七二十一，粗声莽喉来了个针锋相对：“群众哭总理的镜头应该要，他表达了人民对总理的真实感情。外地悼念总理的镜头说明全国人民都在沉痛悼念人民的好总理，也可以要。灵车是公开的活动，群众是自发去长安街为总理送行的，这个镜头更加珍贵，为什么不要？历史镜头和现实镜头相结合才能完整地揭示总理光辉的一生，它是有机的整体，不能分割。我们拍摄时特别注重群众的场面，这和中央的精神相一致的。所以我的意见，这些镜头都可以要！”

半晌无声的人们终于有了机会，有人说了一句：“这‘四要’和‘四不要’意见送中央审定吧。”

审片会就这样毫无结果地结束了。

姚文元接到报去的两种意见后，便不再审看影片，只是对杜修贤说：“总理的影片暂时不要放了，先保存起来，以后再说吧。”

杜修贤还试着摆了几条理由，希望能得到姚文元的同情，签发这部纪录片，可是姚文元只是摇头：“还是保存起来吧！”

杜修贤没有办法更改“长官意志”，只好嘱咐新影厂保存好纪录片，相信总有一天会重见天日的。

粉碎“四人帮”以后，这部大型纪录片终于和全国人民见面，在人们泪流满面时，可曾想到这部影片的诞生多么不容易啊！

风木含悲

“十里长街送总理”成为千古奇观，也是一次中华民族人心向背的大检阅。火葬在即，大家围住玻璃棺大声哭叫，拼命摁住不准火化，与殡葬人员僵持许久……

邓颖超是1月10日下午去北京医院向周恩来遗体告别的。

也是从周恩来去世那天起，邓颖超便开始用自己独特的方式怀念亲人——每天换一个鲜花编织的花圈摆放在丈夫的遗体前。

周恩来去世正值北京严冬季节，花店的鲜花品种很少，数量也不多。邓颖超便让秘书赵炜通过花店从广州空运一批鲜花到北京，用于每天更换灵堂前的鲜花。

当广州交际处知道这批鲜花是邓大姐为周总理准备的，就提出不收费，也算广州人民怀念总理的一片心意。但是邓颖超不同意，坚持要付钱。为此她还对赵炜下了“死”命令：这笔钱，赵炜你一定要为我付的！

从周恩来去世到追悼会结束，一共悼念了7天时间。这7天邓颖超就更换了7次鲜花花圈，一共用去480元钱。她怕这480元钱不照她的要求付账，悼念活动结束后，特意跟赵炜要买花的发票，

1976年1月12日，位于劳动人民文化宫的周恩来的灵堂。

1976 年 1 月 12 日至 14 日，悼念周恩来的灵堂设在劳动人民文化宫内。

她亲自过目，确认发票上的数额分文不差，这才放下心来。

邓颖超献给丈夫的花圈丝绸挽带上写着——“悼念恩来战友，小超哀献”。虽然只有寥寥几个字，却体现了他们夫妻几十年共同战斗和生活至深至爱的情感。他们只要单独相处，周恩来总是称邓颖超的昵称“小超”。如今，几十年听惯了“小超”称呼的声音从此不再，邓颖超心中的悲伤是可以想见的。

然而，邓颖超在向相伴了半个世纪的亲人遗体告别时，她没有放声大哭，只是默默地望着“沉睡”的周恩来，许久许久没有移动眼珠子。但挽着她的赵炜，却分明感觉到了她的身体一直在颤抖。她将眼泪流进了自己的心里，将悲伤压抑在自己的胸膛中，留给人们的是一个职业革命女性的坚强与高贵。

遗体告别的两天时间很快就过去了。时间指针终于指向了 11 日 4 点 45 分。这是与周恩来说永别的时刻。这天晚上，他的遗体将在八宝山火葬场火化。

杰出的共产主义战士周恩来同志永垂不朽!

中国人民伟大的无产阶级革命家、杰出的共产主义战士周恩来同志永垂不朽!

中国人民伟大的无产阶级革命家、杰出的共产主义战士周恩来同志永垂不朽!

首都各界人士冒着严寒前往北京劳动人民文化宫悼念周恩来。

中央领导人与治丧委员会全体人员，还有西花厅的工作人员，少数亲朋好友，眼含热泪前来为周恩来送行。

邓颖超双手捧着镶有周恩来遗像的镜框，在两名女工作人员搀扶下，步履蹒跚地步出吊唁厅。四名威武的礼仪士兵抬着一具黑色灵柩，紧随邓颖超身后。臂戴黑纱的王洪文、李先念、邓小平、叶剑英、汪东兴等党和国家领导人默默地走在后面。

载着周恩来遗体的一辆白色灵车徐徐启动，驶出北京医院大门，数十辆小轿车在灵车后形成了送灵的车队。

灵车徐徐碾着长安街铅灰色的路面，由东向西驶去，车头上用黑色和黄色的挽纱扎结了一个巨大的花圈，车两边随着寒风缓缓飘动的黑纱不仅挽着总理遗体的灵车，也挽着北京人民沉痛的视线和沉重的脚步。

从黄昏到夜幕降临，这短暂的时刻，却让北京长安街承受了太多的悲痛。

在老百姓的心里，周总理没有儿女，没有财产，一身布衣，两袖清风。他是平民"宰相"，"为民做主"的清官，"为人民服务"的好官，这个世界上不能没有周总理，周总理走了，如同天塌了一般。

这一刻，首都数百万群众自发地走上街头，簇拥在长安街两侧，等候总理的灵车，希望像送自己的亲人那样再送总理一程！

"只见总理去，不见总理归。"长安街成了"泪飞顿作倾盆雨"的长街。数百万悼念的群众把十里长街变成了一条充满着哀痛和愤怒的河流。没有人动员、没有人组织的如此巨大而又井然有序的送葬队伍，在中国历史上从未出现过。

新华社派出一辆摄影车在灵车的前面，拍摄灵车通过十里长街的场景。

镜头中，成千上万的首都人，扶老携幼，默默垂泪，站立在灵车经过的街道两旁，这自发组成的送葬长队在寒夜里蜿蜒了数十里。他们中有怀抱婴儿的母亲，倚杖而立的老人，双腮垂泪的孩子，满目哀伤的工人、农民、学生、士兵、机关干部、街道居民……都臂戴黑纱，胸缀白花，任凭寒风吹打，伫立在长安大街两旁，他们的心情宛如这天空一般阴沉哀痛。

交通警察已成为礼仪士兵，他们面对着灵车，用颤抖的手行礼，脸上挂满了泪痕，目送着周总理的灵车从他们面前驶过。

面对如此撼动人心的历史一幕，杜修贤等拍摄人员的心灵受到强烈的震撼。这哪里是血肉之躯的“人墙”？而是用热爱人民总理的深厚感情，用中华民族的坚强脊梁，在960万平方公里的大地上，在9亿人民的心上，筑起的一条牢不可破的“万里长城”。

这是何等伟大的力量！何等真挚淳朴的感情！

灵车车灯已经消失在黑夜的另一端，而簇拥着的“人墙”却久久不肯散去……

直到今天，陪伴在邓颖超跟前的赵炜一想起那天的场景，仍心绪难平：

> “十里长街送总理”的时候，我们没想到，一点也没想到会有那么多人！那天刚出北京医院，就看到外面已经有人聚集，再一拐到王府井南口往西，北京饭店的位置，一看外边怎么那么多人，里三层外三层，因为我和大姐坐的车是用纱帘挡着的，我就扒开窗帘，说：“大姐你看，外面人特多！”

邓颖超看到街头这个景象，她或许是不愿群众在寒风中受冻，

1976 年 1 月 11 日下午 4 时 30 分，灵车载着周总理的遗体前往八宝山火化，沿途马路两旁挤满了送行的人。

便面露焦急，一再催促前面开路的警车快走。但当时没有手机这类的通讯工具，邓颖超心里再急，她的着急也传达不到指挥官那里。长安街东西这一段路，竟然整整走了一个多小时。

灵车驶抵八宝山公墓的大门口，没想又被一大群人围住。他们大多是石景山的工人和八宝山公社的社员，他们早早等候在这里，想通过他们的阻拦与哀求，能够保留周总理的遗体不要火化。

其实，这样的想法何止是这些石景山的工人和八宝山的社员才会有。

从1月9日全国广播里响起哀乐开始，各地要求永久保留周恩来遗体的电报和书信像雪片一般飞到中南海……

遭到阻拦的灵车不得不停下，经过工作人员反复解释，做工作，人群才慢慢散开，眼巴巴地望着灵车驶进八宝山公墓的大门里，从此他们再也看不见敬爱的周总理了。这些善良的人们并不知道，别说保留周总理遗体最终连他的骨灰都保留不下来，几天后，周恩来的骨灰将随风播撒在祖国的上空。这些人要是知道这个结果，仅靠解释做工作能够顺利放行灵车吗？就很难说了。

当时周恩来的几个侄女侄子也随车到了八宝山，尽管天已黑了，但能感觉到院子里已经聚集了很多人。赵炜一看情况不好，就一个手搀着邓颖超，一手拉着大侄女周秉德，向后传话：你们一个抱着一个的腰，不然一会儿非冲乱不可。于是几个侄女侄子跟在赵炜后面像糖葫芦串似的一个抱着一个，但最后还是冲散了，谁也找不到谁了。

周恩来遗体躺在水晶棺里，安放在第二告别室。送行的中央领导人和治丧办公室的成员，在这里最后向周总理告别。

等到告别仪式开始时，侄子们也根本挤不到跟前去，那些曾经被周恩来抚养或者是培养、解救过的烈士子女们，早就把周恩来看作是自己的父亲，这一刻他们说什么也不能接受周恩来将被火化的现实。还有在外交舞台上大显身手，代表中华人民共和国在联合国发出声音的外交部部长乔冠华，他四十年代就在重庆结识周恩来夫妇，三十多年跟随周恩来奋战在新中国的外交舞台上，乔冠华心中最敬重敬佩的人便是周恩来。如今眼见他最敬爱的人就要化为一炬，早已哭得死去活来，悲伤得不能自制。他的感觉就像自己的亲生父亲过世，本能地冲在前头，护着灵柩不让火化。

一向坚强，自己不哭也不让身边人员哭的邓大姐，此时再也抑制不住自己的感情了，最让人撕心裂肺，痛不欲生的时刻莫过于此时此刻。这是最后的一面啊！再过几分钟，她将永远地看不到与她相伴了 50 年的亲人与战友了。她双手抚摸着棺木：恩来呀，我再也见不到你了——

邓颖超说完这句话，便放声大哭。

邓颖超的哭声引来更多人的痛哭。医疗组、警卫、秘书、服务员、亲属、治丧委员会成员把屋子挤得满满的，大家哭声一片……

殡葬人员一再过来劝告大家：预定火化的时间到了，请大家让开。

这时只见炉门已经开启，里边冒着熊熊烈火。最后这一刻更是让大家无法割舍，人们一下子拥到棺前，再次将它密密围住，用手使劲地摁着棺盖不准殡葬人员过来碰一下，唯恐他们把总理夺走。这生离死别的场面让人痛彻心扉，眼泪不由自主地往下流，嗓子都哭哑了，哭叫着：总理啊，您醒醒吧！总理啊！您不能走啊！

此时肩负拍摄任务的杜修贤也无法抵挡这巨大的悲痛来袭，也是哭得昏天黑地，早就顾不上拍照片，也根本没有心情去拍照了。所以，他的相册里唯独找不到这段时间的照片。

直到晚上 7 点。大家好不容易收住了眼泪，渐渐平复了情绪。四名青年工人将周恩来的遗体小心翼翼地抬起，仿佛怕惊醒了睡熟中的周总理，慢慢地放在传送带上。没有想到邓颖超这时猛然挣脱开搀扶着她的吴桂贤的手，扑向遗体，发出了撕心裂肺的呼喊："恩来——"

哭声又起，大家再次扑了上去……

诀别亲人最悲痛的一幕终究要结束。邓颖超在护士的搀扶下带头挥泪离开了玻璃棺，让八宝山的工作人员完成他们的历史使命，仍在哭泣着的人群见此情形也只好渐渐散开，殡葬人员迅速揭去玻璃棺盖将车子推到火化炉前，周总理的遗体被送进了火化炉，炉门关上了，烈火无情地吞没了伟人的身躯，痛别的人们无奈地退到了屋子外面等候退炉。

此时此刻最为难受而又无法回避的人，正是这些殡仪馆的火化工们。

自周总理去世，作为人生最后一站的八宝山殡仪馆，很快就会迎来周总理遗体火化的任务。为此八宝山殡仪馆党支部多次开会，当作"打硬仗"来对待，要求挑选最好的火化工来完成这重大任务。可是被挑选出来的火化工说什么也光荣不起来，他们谁也不愿亲手把总理遗体送进火炉里，谁也不愿按下点火开关。因为他们火化的不是别人而是敬爱的周总理，承担这个艰巨任务的"荣誉"他们宁愿不要，也不愿意看见周恩来在他们点燃的烈火中化为灰烬！

在火化工工作的时候，总理身边的工作人员神情疲惫地等候在炉前的房间里，等退炉后，他们还要将总理的骨灰装进骨灰盒里。

大约过了 40 多分钟，火化结束。车子退出炉口，刚才还衣冠整齐的周恩来经过烈火的洗礼，化为了冒着青烟、滚烫的块块白骨，职工们用新做的扫灰工具，小心翼翼地把骨灰全部清扫出来，放在一张铺着白布的桌子上，准备凉了再装骨灰盒。

身边工作人员洗净手，用手指捻碎还有余热的骨片。因为双手不停地颤抖，许久也捻不碎一块骨片，从骨灰里拣出了皮鞋底子上的铁钉，皮带上的铁套头，以及假牙的铁托子，这些身外之物都是在总理去世后，他们亲手给穿戴的……而现在只剩下烧焦发黑的小铁疙瘩！

这项并不艰巨的工作，他们整整干了一个多小时才完成。最后，没有想到，骨灰盒竟然盛不下总理的遗骨，还有一点骨灰只好装进一个小瓶里。

深夜11点，张树迎、乔金旺和高振普三位警卫，依次捧着骨灰盒、遗像和邓大姐的花圈，由治丧办的同志护送，乘车离开了八宝山。

灵车驶出八宝山西门，大家又被眼前的场景惊呆了。只见幽暗的路灯下，人们并没有散去，道路两旁的人行道上挤满了人。他们静静地守候在风雪的深夜中，想再多送总理一程。特别是那些老人和孩子长时间守候在那里目送灵车慢慢远去，车队的司机对此非常理解地主动减速，好让他们多看一眼总理的车队，

骨灰盒开始由警卫秘书捧着，后来邓大姐接了过去，一直捧到劳动人民文化宫，骨灰将安放在那里。首都人民将在这个特殊的灵堂里举行三天的吊唁活动。

“一身存殁系安危，星陨中天地动悲。民泣国伤今夜里，山呼海啸唤君回。”

“只见总理去，不见总理归。”这辆周恩来生前乘坐的轿车，带回的却是周恩来的骨灰。午夜12点钟，载着周总理骨灰的车队抵达劳动人民文化宫，邓颖超又亲手将周恩来的骨灰放进吊唁灵堂里。

1 月 14 日晚 7 点，邓颖超准时来到劳动人民文化宫，她将周恩来骨灰送往人民大会堂。

1 月 14 日晚，移灵前，邓颖超在周恩来遗像前三鞠躬。

1 月 14 日晚，卫士长张树迎将周恩来的骨灰盒交给邓颖超，他们将一起护送周恩来骨灰到人民大会堂。

1 月 14 日晚，邓颖超手捧周恩来的骨灰来到了人民大会堂。

原定 12 日上午 9 时，历时三天的吊唁活动在劳动人民文化宫开始，没想到早晨 8 点，来吊唁的人就从文化宫的大门排到了大殿的门外。治丧办临时决定提前开始，分四路并进，由国务院管理局的侯春怀局长具体组织引导。

等到 9 点，有人进来报告：来吊唁的人太多了，四路并进也消化不了不断涌来的人群。侯局长再次决定，四路并进改为八路并进，每 64 人排成一方队，向周总理骨灰三鞠躬。就这样，原准备中午休息的时间也被取消了，每天从上午 8 时到下午 18 时，连续三天，吊唁人群始终络绎不绝。据不完全统计，参加吊唁活动的总人数超过

1 月 14 日晚，周恩来总理的骨灰在人民大会堂台湾厅停放了一夜，以了周恩来盼望祖国统一的心愿。

了100万。其中，各国驻华使馆官员及来访外宾2000多人。

这三天时间，军乐团的演员坚持现场演奏哀乐。看到他们太累了，建议改放录音，被他们当场谢绝了。他们调来了全团所有演奏的同志，分班奏乐。他们一边演奏，一边流泪，那低沉的乐曲寄托着他们对总理无尽的哀思。

14日下午6时，吊唁活动结束。6时30分，邓颖超由赵炜搀扶着走进灵堂，她先带领大家向周总理三鞠躬，然后双手接过骨灰盒，面对众人，她深情地说："我现在手里捧着周恩来同志的骨灰，向在场的所有同志表示感谢。"

话音未落，全场失声痛哭。接着邓颖超走向侯春怀局长，特意向他致意，感谢他三天来一直站在这里，带领人们吊唁周总理。三天里他向周总理鞠了多少躬，谁也说不清。

那天晚上说也奇怪，天色格外黑暗，大家捧着周恩来的遗像与骨灰盒从劳动人民文化宫出来，发现天安门广场上竟然连路灯也没有开，四周漆黑一片，坐在车里全凭车灯的照射才看见道路，到了人民大会堂发现大会堂外也没有开路灯。好在大家对这里十分熟悉，不会走错路。卫士长张树迎和卫士高振普抬着邓大姐敬献的花圈走在前面，邓大姐双手捧着周恩来的骨灰盒，他们走进了大会堂，先来到台湾厅，将周恩来的骨灰停放在这里度过最后一宿。这一举动，也是为了完成周恩来生前未了的心愿，希望看到祖国的统一。

邓颖超轻轻捧着周恩来的骨灰盒，向大家说："我现在手里捧着周恩来同志的骨灰，向在场的所有同志表示感谢。"顿时全场哭声四起。

最后使命

邓小平怀着悲痛的心情一字一句读完悼词，沉痛的声调，感染了会场内外的广大群众，人们止不住泪如雨下。

杜修贤从劳动人民文化宫拍摄灵堂吊唁后，就赶紧到人民大会堂参加布置周恩来追悼大会的会议。走进人民大会堂的一刹那，他的心剧烈地抽搐，这里曾经是周恩来生前来得最多的地方，如今物是人非，往事不再，那个熟悉的身影再也不会回来了……

不过杜修贤心里还有一笔账要算，那就是一定要拍一张江青低头脱帽的照片！他绝不放弃记者的权利。记得在北京医院遗体告别时，江青不脱帽子不低头的样子，让杜修贤热血冲头，恨不得将手里的照相机朝她砸过去。

“躲得了初一，躲不了十五”，这些与领导人近距离接触的记者们个个摩拳擦掌，等着周总理的追悼会，看江青敢不敢在千人面前昂头戴帽？如果敢，大家也一定照下来，放在头版头条里，看她以后怎样在全国人民面前抬头？

周总理逝世后的很长一段时间里，毛泽东的情绪，都笼罩着一层悲伤。本来还可以说说笑笑的主席，由于总理的去世，仿佛一下子带走了他本已不多的欢乐。那段日子里，他脸上几乎已无笑容，有时烦躁不安，不愿讲话，常常沉默着，借助刚刚治好的一只眼睛不停地阅读。这时，他虽然能自己看书、看文件，但由于他的身体过于虚弱，两只手颤抖，连轻薄的文件也举不起来了。有时身边的工作人员都要帮他举着书或是文件。看得出来，此时他似乎只能从书本和文件中摆脱身体与精神的痛苦。

小孟每次给毛泽东读有关悼念活动的文章、各国的唁电，毛泽东都会默默地流泪。有时是泪如泉涌，失声痛哭。每当小孟发现时，自己也不忍再读下去。

后来汪东兴叮嘱身边人员：主席岁数大了，身体又不好，就不要多读这样的文章了。尽管毛泽东流泪听完了周恩来追悼会上由邓小平致悼词的清样，没说一句话，但他心里是清楚的。

过了一天，毛远新告诉毛泽东，上海的一些颇有影响的人物贴出了令人不安的大字报。大字报上说，邓小平在悼词中把周恩来赞颂得过分了，“结论应该推翻”。

且不管毛远新在向毛泽东汇报这张大字报时抱有什么动机，毛泽东的答复是明确的：

> 攻击周恩来，人民一定不会答应。在周恩来追悼会上所作的悼词，其结论是不能改变的。要推翻这个结论，人民是不会赞成的。

毛泽东对与他共事近半个世纪的周恩来是深信不疑的。他了解周恩来，信任周恩来，也知道人民爱戴周恩来，所以他不容许任何人诋毁周恩来。

15 日下午，有 5000 人参加的追悼会在人民大会堂举行。邓小平如期前来致悼词。叶剑英、宋庆龄、李先念、徐向前、聂荣臻、谭震林、王震、乌兰夫、蔡畅以及王洪文、江青、张春桥、姚文元等参加了追悼大会。

1 月 15 日下午 3 时，悲痛忧伤的哀乐在人民大会堂里一遍一遍地回荡，如泣如诉，浸泡着人们悲伤的心灵。周恩来的骨灰盒覆盖着党旗，端放在大厅的正前方。人们深切地感受到，总理走了，真的走了，化为英灵浓缩在了尺寸见方的盒子里。

这天首都北京是个晴朗的日子，但气温低到零下 10 度，还刮着三四级北风。

人们事先估计到，追悼会下午 3 时开，大约会在中午 12 时戒严。所以人们早早赶在戒严之前到达天安门广场。

邓颖超在追悼会现场。

周恩来同志追悼会

周恩来追悼会现场。

1976 年 1 月 15 日，周恩来追悼大会在人民大会堂举行。

等到戒严时刻，天安门广场上早已是人山人海，无数的花圈汇成了花的海洋。成千上万的人川流不息地来到纪念碑前脱帽默哀。与此同时，全国各地悼念周恩来的花圈挽幛、誓词诗文、白花素缟覆盖了神州大地。

也是这一天，中央新闻组的几个记者，站在大厅的几个角落，目光不停地扫向江青。脱帽致哀时，将镜头就对着她。

“奏哀乐……”全场的人都悲哀地低下头。江青站在前排，几个镜头同时瞄着她。她在镜头里先是缓缓脱下帽，然后略略地低了一下头，很快又昂了起来，一脸不情愿的样子。就这还是被记者抓住了，并用连动拍摄，一口气扫了好几张。

邓小平在哀乐声中致辞：

> 今天，我们怀着极其沉痛的心情，悼念中国共产党的优秀党员、伟大的无产阶级革命家、杰出的共产主义战士、中国人民久经考验的卓越的党和国家领导人周恩来同志……

邓小平目光缓缓，表情严肃，沉痛的声调，感染了会场内外的广大群众，人们伫立在那里，止不住泪如雨下。

追悼会开始后，杜修贤跑到邓小平的侧面，一看效果还不错，背景是毛泽东送的巨大的花圈，邓小平的身影正好站立在上下联之间，右上角是周恩来覆盖鲜红党旗的骨灰盒。整个画面显得格外深沉而肃穆。

杜修贤怦然心动，拍下了这个镜头。

这张用光、取景、角度都无可挑剔的照片，姚文元没有阻拦，顺利签发了。

照片虽小，只是占据报纸的一角，但是它暂时稳住了人们为邓小平担心的情绪，系住了若有所失的心。当人们从电视荧屏上看到邓小平一出场，千万颗为邓小平命运担忧的心一下子都放了下来。

但是不久，大家的心再次提了起来，因为各种道听途说的消息并非空穴来风。仅仅过了一个月，中共中央就下达了停止邓小平工作的决议。

送别战友，成了邓小平最后的使命。

1976 年 1 月 15 日，在周恩来追悼会上，邓小平致悼词。

涓滴不遗

1976年1月15日深夜，一架飞机带着周恩来的忠魂飞向天空。邓颖超一夜未睡，清晨她痛哭着搂住两位实现“恩来同志遗愿”，不是儿子胜似儿子的警卫。

周恩来是一个彻底的唯物主义者。

早在1956年，我们党在最高国务会议上倡议实行火葬，周恩来作为总理，他带头响应。1958年，他专门派人到重庆，将抗战时期离世的亲生父亲的坟墓，与同时期离世的邓颖超母亲之墓，甚至还将重庆办事处几位病故同志的坟墓，平掉后进行深埋，并在原来的坟墓上重又种上庄稼。60年代后，周恩来的殡葬思想又有了新的发展，认为人死后不仅要火化，而且没有必要保留骨灰。他在国务院的一次会议上说：“人死后为什么一定要保留骨灰呢？把它撒在地里可以作肥料，撒在水里可以作饲料喂鱼，人死后不仅不浪费一寸土地资源，遗体还可以再作一点贡献。”

1972年患病后，周恩来多次与医疗组的医生们谈到自己的身后事时说：“癌症问题全世界都还没有解决，我死后，你们要彻底解剖检查，好好研究研究，若能为医学发展作出一点贡献，我是很高兴的。”

追悼会后，依照周总理的生前嘱托，他的骨灰将撒到祖国的江河湖海里去。邓颖超让周家亲属、医务人员和身边工作人员留下，就在大会堂台湾厅开了一个短会。她首先肯定了一点，医务人员已经尽了最大的努力和责任；同时还向亲属们宣布了一个消息：完成总理生前的遗愿，将骨灰撒掉。

在场的亲属们一听都失声痛哭：我们留不住伯伯，连骨灰都留不住吗？

邓颖超面带严肃对亲属们说：“我是一个共产党员，我用无产阶级的坚韧性，高度地克制我内心的痛苦；还要用愉快的精神为解除伯伯的痛苦共同跟伯伯与疾病作斗争。你们的伯伯在知道他的病不能挽救时，一再叮嘱我，不要保留他的骨灰。这是我和伯伯在十几年前共同约定的。我们国家在对待人死后的葬仪方面，从古代到中华人民共和国成立，都一直是土葬的。从感情上讲，你们很难过。伯伯的肉体虽然不存在了，他的骨灰在祖国的大地河流作肥料，仍为人民服务。用唯物主义的观点看，物质不灭，生生不已。你们要支持伯伯的这一行动。伯伯的遗愿实现了。你们都听到小平同志的悼词了，中央对你们伯伯的评价已经超过了他的实际，你们不应该再有任何意见。从你们伯伯去世之后，关于后事的问题上，我一句话都没有说过，中央怎么安排我就怎么服从，也就告诉我们，你们不要想三想四，更不能有意见。”

追悼会前两天，即 13 日，在西花厅召开了一个特殊的党支部会议，邓大姐召集全体党员开会。会上邓大姐提议由卫士长张树迎负责撒骨灰的任务。

老张一听就急了，觉得任务太重，表示自己承担不了，并说服邓大姐："我撒总理的骨灰，不合乎中国的传统，总理是有侄子侄女的，是周家的后代，即使非撒不可，那也应该由他们执行。"从内心说，老张不愿意把周总理的骨灰撒掉，更不愿意自己亲手去撒，他感情上承受不了。

可是邓颖超不同意，说："总理生前是这个支部的党员，你们又跟随总理这么多年，比亲人还亲，这次任务应该由你们执行。这是支部的决定！"

老张知道这是周总理生前的遗愿，谁也没有办法改变，只好无奈点头，含着眼泪表态："既然是支部的决定，那么我执行！"

邓颖超与亲属们开完会，便准备亲自护送骨灰到通县机场。这时外面进来人报告：外面都是群众，这时不能出去，一出去，知道总理骨灰要撒掉，他们一定会出来阻止的。

原来追悼会结束后，首都群众又一次簇拥在东西长安街两侧，以为总理骨灰要在八宝山安葬，想亲自再送总理一程。长安街上聚集的群众越来越多。大家踮着脚尖，睁大眼睛，在寒冷的黄昏里静静地等候着，等周恩来生前乘坐的那辆黑色红旗轿车开出来，那是专门接送总理骨灰的汽车。

邓大姐和身边的工作人员又在台湾厅等了一会儿，看来不行，群众不见总理骨灰出来，就是不散。他们便决定由大会堂通往外面的地下隧道出去。

一路上，邓颖超捧着丈夫的骨灰，默默流泪。身边的老警卫张树迎心里十分难过，他知道邓大姐在大家面前尽力克制自己的感情，也不让别人过多地哭泣。可是当她一个人面对丈夫骨灰的时候，就再无法控制自己的悲伤。张树迎想替大姐捧一会儿骨灰盒，可是邓大姐摇摇头，嘶哑着喉咙说："让我捧着吧，这是我最后一次和恩来在一起了……”

一听邓大姐这样说，卫士们的眼泪又不听话地流了出来。他们无法分担邓大姐的悲伤，甚至现在无法分担她手中的重量。

等汽车到通县机场，天已经黑蒙蒙一片，好半天，才在黑暗中辨认出跑道和停着的一架飞机，等他们几个人上前，才知道是一架洒农药的农用飞机。

邓大姐紧紧握着代表中央负责播撒总理骨灰的罗青长和警卫们的手：“这次任务全靠你们了，我代表恩来感谢你们！”

邓颖超久久地站在寒冷的黑夜里，目送那架小飞机消失得无影无踪后才乘车返回西花厅。

最初并不准备用飞机空撒总理骨灰。邓大姐本想在北京郊区有水的地方，撒下骨灰，让流动的水带走周恩来的骨灰。北京有活水的地方不多，玉泉山有一条河，可是1月正是冰天雪地的季节，河流都结了冰，即使不结冰的水流，也非常细小，根本带不走骨灰。直到追悼会前才决定用飞机播撒。汪东兴当即通知空军司令员张廷发到人民大会堂福建厅，将这一任务交给他，由空军用空中播撒作业的飞机负责完成。

为保证总理骨灰顺利离开人民大会堂，治丧委员会决定通知北京市公安局和北京卫戍区部队，对天安门广场的警戒推迟到撒骨灰的飞机起飞后再撤除。

不知情的群众眼见着小轿车一辆接一辆开出人民大会堂，就是不见总理的黑色红旗轿车开出来。人们开始相互询问：敬爱的周总理，到底会安葬在哪里？他什么时候能够出来呢？……

就在人们无比焦急等待的时候，有谁会想到在人民大会堂里，邓颖超亲手将周总理的骨灰分装成三袋，与周总理生前党支部的两个成员，也是跟随总理十多年的卫士张树迎和高振普一起，乘坐总理生前的黑色红旗轿车悄悄地驶入地下隧道，向东郊机场驶去。

一直到晚8点，人们看见广场上戒严警察走了，维持秩序的民兵撤了，才恍然大悟，总理骨灰已经送离了人民大会堂，但他们还不知道此时总理的骨灰已经腾空，飞翔在祖国的天空上，而且很快就要张开双臂投入到祖国的大江大河怀抱中……

但是人们还是不愿离开，走向已经解禁的广场，走向纪念碑。沉寂了一个白天的广场上响起了《国际歌》。

与地面歌声遥相呼应的是空中飞机的轰鸣声。

飞机载着周恩来的骨灰正在飞向远方。随着飞机不断地升高，机舱里越来越冷，即使穿着皮夹克，也冻得浑身哆嗦。罗青长带领大家围着洒农药圆桶形的喷口，手里提着盛总理骨灰的红绸袋。骨灰分在三个口袋里，也就是说，骨灰要分别撒在三个地方。

在轰鸣声中，昏暗的灯光下，大家谁也不说话，心情极度难过。甚至都能听见飞机驾驶员的抽泣声，可能他们已经知道这是在撒总理的骨灰，所以一边驾驶飞机一边哭泣！

不一会儿，前面的领航员说："撒！"

他们将第一袋骨灰倒进了圆桶里，骨灰被风吹散，漫天飞舞，扬扬洒洒落在了密云水库（撒骨灰的地方是后来才知道的）。不多久，又是一声命令："撒！"大家又撒了第二袋，这是天津海河的位置。飞机又飞了一阵子，才将最后一袋撒在黄河入海口。

密云水库——天津海河——黄河入海口。

它象征什么？象征周恩来的足迹，周恩来的胸怀，也象征着周恩来永存的生命！

密云水库曾经留下周恩来洒落的汗水；天津是周恩来早期革命

活动的地方；黄河是中华民族的摇篮，生生不息的生命河流，周恩来的灵魂由入海口走到更博大的怀抱！

整个空撒任务往返 4 个小时才完成。

第二天一早，张树迎和高振普来到西花厅向邓大姐汇报当晚的空撒情况。一进门，发现邓大姐眼圈乌青乌青。原来她整整一夜没有睡觉，不仅挂念总理骨灰是不是撒干净了，也十分担心这两名警卫的安全。当她看见两个警卫进门，顿时老泪纵横，颤颤巍巍站起身，张开双臂，一把抱住他们，仨人痛哭着抱在了一块儿……

“感谢你们，感谢你们替我了却了恩来同志的遗愿！感谢你们！”

有人说得好：总理生前没有自己，死后也无须保留自己。活着

卫士长张树迎与卫士高振普肩负撒骨灰任务，任务完成后返回西花厅，邓颖超与他们合影。

将生命交给崇高的革命事业，奋斗终生。长眠时把遗骨留给大自然，化为青山忠魂。他似乎什么也没有给我们留下，但是他把什么都留给了我们。

周恩来走了，但没有离去……

虽然周恩来生前没有后代，死后没有墓位，但他的英灵已经属于九百六十万平方公里，又何须几尺见方的墓穴！他的名字已经被亿万人民铭记，又何须小小石碑来镌刻！

尾声

邓颖超完成了周恩来“死后不保留骨灰”的遗愿后，把骨灰盒保存了下来。她告诉赵炜，待她死后，也要用这个骨灰盒。以后每年立秋，赵炜都把骨灰盒拿出来晾晒一下。1992 年 7 月 11 日，邓颖超逝世。赵炜遵照邓颖超之愿，用这个骨灰盒盛放了她的骨灰，并把骨灰撒进了天津的海河里。

这个由周恩来、邓颖超先后“住”过的骨灰盒，现保存在天津周恩来邓颖超纪念馆里，上面贴着这对“中南海模范夫妇”1970 年的最后一张合影。

在周恩来去世的第 12 个年头，邓颖超写下了这封信，寄托了她对周恩来深深的思念之情。在这个开满海棠花的西花厅里，他们俩一起生活了 26 年，这里有他们无数幸福和美好的回忆。周恩来 1976 年去世后，邓颖超在这里又住了 16 年，她于 1992 年逝世。

在 1988 年 4 月，邓颖超写下了这篇《从西花厅海棠花忆起》，这也是她写给周恩来的一封信，信中寄托了她对周恩来浓浓的思念之情。

邓颖超在西花厅一直生活到1992年7月11日。

从西花厅海棠花忆起

春天到了，百花竞放，西花厅的海棠花又盛开了。看花的主人已经走了，走了12年了，离开了我们，他不再回来了。

你不是喜爱海棠花吗？解放初期你偶然看到这个海棠花盛开的院落，就爱上了海棠花，也就爱上了这个院落，选定这个院落，到这个盛开着海棠花的院落来居住。你住了整整26年，我比你住得还长，到现在已经是38年了。

海棠花现在依旧开得鲜艳，开得漂亮，招人喜爱。它结的果实味美，又甜又酸，开白花的结红海棠，开红花的结黄海棠，果实累累，挂满枝头，真像花果山。秋后在海棠成熟的时候，大家就把它摘下来吃，有的把它做成果子酱，吃起来非常可口。你在的时候，海棠花开，你白天常常在繁忙的工作之中，抽几分钟散步观赏；夜间你工作劳累了，有时散步站在甬道旁的海棠树前，总是抬着头看了又看，从它那里得到一些花的美色和花的芬芳，得以稍稍休息，然后又去继续工作。你散步的时候，有时约我一起，有时和你身边工作的同志们一起。你看花的背影，仿佛就在昨天，就在我的眼前。我们在并肩欣赏我们共同喜爱的海棠花，但不是昨天，而是在12年以前。12年已经过去了，这12年本来是短暂的；但是，偶尔我感到是漫长漫长的。

海棠花开的时候，叫人那么喜爱，但是花落的时候，它又是静悄悄的，花瓣落满地。有人说，落花比开花更好看。龚自珍在《己亥杂诗》里说：“落红不是无情物，化作春泥更护花。”你喜欢海棠花，我也喜欢海棠花。你在参加日内瓦会议的时候，我们家里的海棠花正在盛开，因为你不能看到那年盛开着的美好的花朵，我就特意地剪了一枝，把它压在书本里头，经过鸿雁带到日内瓦给你。我想你在那样繁忙的工作中间，看一眼海棠花，可能使你有些回味和得以休息，这样也是一种享受。

你不在了，可是每到海棠花开放的时候，常常有爱花的人来看花。在花下树前，大家一边赏花，一边缅怀你，想念你，仿佛你仍在我们中间。你离开了这个院落，离开它们，离开我们，你不会再来。你到哪里去了啊？我认为你一定随着春天温暖的风，又踏着严寒冬天的雪，你经过春风的吹送和踏雪的足迹，已经深入到祖国的高山、平原，也飘进了黄河、长江，经过黄河、长江的运移，你进入了无边无际的海洋。你，不仅是为我们的国家，为我们国家的人民服务，而且你为全人类的进步事业，为世界的和平，一直在那里跟人民并肩战斗。

当你告别人间的时候，我了解你。你是忧党、忧国、忧民，把满腹忧恨埋藏在你的心里，跟你一起走了。但是，你没有想到，人民的力量，人民的觉醒，我们党的中坚优秀领导人，很快就一举粉碎了“四人帮”。“四人帮”粉碎之后，祖国的今天，正在开着改革开放之花，越开越好、越大、越茁壮，正在结着丰硕的果实，使我们的国家繁荣昌盛，给我们的人民带来幸福。

曾记否？遥想当年，我们之间经过鸿雁传书，我们之间的鸿雁飞过欧亚大陆，越过了海洋，从名城巴黎，到渤海之滨的天津。感谢绿衣使者把书信送到我们的手里。有一次，我突然接到你寄给我的印有李卜克内西和卢森堡像的明信片，你在明信片上写了“希望我们两个人，将来也像他们两个人那样，一同上断头台”这样英勇的革命的誓言。那时我们都加入了无产阶级先锋队的行列。宣誓的时候，我们都下定决心，愿为革命而死，洒热血、抛头颅，在所不惜。

我们之间的书信，可以说是情书，也可以说不是情书，我们信里谈的是革命，是相互的共勉。我们的爱情总是和革命交织在一起，因此，我们革命几十年，出生入死，艰险困苦，患难与共，悲喜分担，有时战斗在一起，有时分散两地，无畏无私。在我们的革命生涯里，总是坚定地、泰然地、沉着地奋斗下去。我们的爱情，经历了几十年也没有任何消减。

革命的前进，建设的发展，将是无限光明的、美好的。一百多年来，特别是中国共产党成立以后，我们无数的英雄儿女和爱国革命志士，为了挽救祖国，建设新中国，被敌人的屠刀、枪弹杀害。他们的忠骨埋在祖国一处处青山下，他们的鲜血染红了祖国的大地山河。在我们党的鲜艳的镰刀斧头红旗上，在我们的五星国旗上，有他们血染的风采。无数的战士倒下了，我们这些幸存者，为继承他们没有完成的事业，双肩上的任务很重很重。恩来同志，有外宾问你，你哪里来的这么充沛的精力去工作？你说：一想到我们死去的那些烈士，我们亲密的战友们，就有使不完的劲，要加倍地努力工作，全心全意地为人民服务。这也激励着我，使我无限振奋。我要老骥伏枥，志在千里，烈士暮年，壮心不已，把我有生的余力和余热，更好地为人民多服一点务。

你和我原不相识，姓名不知。1919年，在我国掀起了五四爱国运动，反帝、反封建、反卖国贼，要救亡图存。这是以学生为中心的包括工农商的举国上下的最广泛的一次伟大爱国运动，反对签订凡尔赛和约。就在这次运动高潮中，我们相见，彼此都有印象，是很淡淡的。在运动中，我们这批比较进步的学生，组织了“觉悟社”。这时候，我们接触得比较多一点。但是，我们那时都要做带头人。我们“觉悟社”相约，在整个运动时期，不谈恋爱，更谈不到结婚了。那个时候，我听说你主张独身主义，我还有个天真的想法，觉得我们这批朋友能帮助你实现你的愿望。我是站在这样一种立场上对待你的。而我那时对婚姻抱着一种悲观厌恶的想法：在那个年代，一个妇女结了婚，一生就完了。所以在我上学的时候，路上遇到结婚的花轿，觉得这个妇女完了，当时就没有考虑结婚的问题。这样，我们彼此之间，都是非常自然的，没有任何别的目的，只是为着我们共同的斗争，发扬爱国主义，追求新思潮，追求进步。就是这样的，没有任何个人的意思，没有任何个人目的的交往，发展起来。我们建立起来的友情，是非常纯正的。我不曾想到，在我们分别后，在欧亚两个大陆上，在通信之间，我们增进了了解，增进了感情，特别是我们都建立了共同的革命理想，要为共产主义奋斗。三年过去，虽然你寄给我的信比过去来得勤了，信里的语意，我满没有在心，一直到你在来信中，把你对我的要求明确地提出来，从友谊发展到相爱，这时我在意了，考虑了。经过考虑，于是我们就定约了。但是，我们定约后的通信，还是以革命的活动、彼此的学习、革命的道理、今后的事业为主要内容，找不出我爱你、你爱我的字眼。你加入了党，我加入了共产主义青年团，我们遵守党的秘密，互相没有通报。我们的思想受了国际、国内新思潮的影响，我们彼此走上了共同的道路，这使我们的感情不只是个人的相爱，而是上升到为革命、为理想共同奋斗，这是我们能够相爱的最可靠的基础；而且，我们一直是坚持把革命的利益、国家的利益、党的利益放在第一位，而把个人的事情、个人的利益放在第二位。我们在革命征途上是坚定的，不屈不挠的，不管遇到任何艰难险阻，都是勇往直前地去奋斗，不计个人的得失，不计个人的流血牺牲，不计夫妇的分离。

我们于1925年的8月结婚了。当时我们要求民主，要求革新，要求革命，对旧社会一切的封建束缚、一切旧风习，都要彻底消除。

我们那时没有可以登记的地方，也不需要什么证婚人、介绍人，更没有讲排场、讲阔气，我们就很简单地，没有举行什么仪式，住在一起。在革命之花开放的时候，我们的爱情之花并开了。

你的侄辈让你讲你我的恋爱故事，你曾说，就是看到我能坚持革命。我也看到你这一点。所以，我们之间谁也没有计较谁的相貌，计较性格有什么差异，为共产主义的理想奋斗，这是最可靠的长期的相爱的基石和保证。我与你是萍水相逢，不是一见倾心，更不是恋爱至上。我们是经过无意的发展，两地相互通信的了解，到有意的、经过考验的结婚，又经过几十年的战斗，结成这样一种战友的、伴侣的、相爱始终的、共同生活的夫妇。把我们的相爱溶化在人民中间，溶化在同志之间，溶化在朋友之间，溶化在青年儿童一代。因此，我们的爱情生活不是简单的，不是为爱情而爱情，我们的爱情是深长的，是永恒的。我们从来没有感觉彼此有什么隔阂。我们是根据我们的革命事业、我们的共同理想相爱的，以后又发现我们有许多相同的爱好，这也是我们生活协调、内容活跃的一个条件。

每当我遥想过去，浮想联翩，好像又回到我们的青年时代，并肩战斗的生活中去，心潮澎湃，久久不能平静。我现在老了，但是我要人老心红，志更坚，生命不息，战斗不止，努力为人民服务。

同志、战友、伴侣，听了这些你会含笑九泉的。

邓颖超

1988 年 4 月

西花厅里的不染亭

周恩来在首都机场庄严告别宾客。（1973 年）

后记

一般来说，我写书前会给要写的书起个暂定名，等完成书稿再根据实际内容起个正式的书名，就像先给未出世的孩子起个小名，等孩子出生后再依据性别起个大名一样。

而《周恩来最后600天》这本书的书名却由小名直接变成大名，直到出版发行，这个书名也没有改动一个字。其实，不改动也有无奈的原因。因为这本书还在腹稿阶段，出版社已经将它登记入册，并入选了“十二五”国家重点图书出版规划项目。

下笔写的那一天，书名就已经确定。我也成了被逼上梁山的“好汉”，开弓没有回头箭，必须将此书写成“重点”才行。书还没写，压力已经袭来。当然，过了知天命年龄的最大好处便是会随遇而安。有压力也好没压力也好，懂得由心而发的东西才是最真实、最感人、最质朴的，打动我的就是打动读者的。

于是，2012秋季在我刚写完《毛泽东正值神州有事时》，便开始了《周恩来最后600天》的写作。哪知在写作过程中，发现《周恩来最后600天》并不是最贴切的书名，比如，周恩来最后600天应该是指1974年6月1日到1976年1月8日去世，真实天数是589天，如果说600天也还凑合。而周恩来患病之后最精彩的生命乐章是在他住院前的两年时间里，即 1972 年 5 月发现癌细胞到 1974 年 6 月 1 日住进 305 医院这 700 多天。

如果是普通人，知道自己患癌症，第一个反应应该是赶紧检查治病，可是作为一国总理的周恩来知道自己患癌后，第一反应就是开展“批林整风”，让“文革”的“左”倾步伐慢下来。他用有限的生命确立一个政治生命的高度——那就是党和国家的权力不能落在“四人帮”手里！因为他知道，党和国家的政治“肌体”不能因为他的空位而留下难以弥补的“疤痕”，国务院总理人选与权力移交将成为他生命中一项重要的“工作”。

在他病情日益加重之时，他几乎是和病魔赛跑，耗尽心血完成了护驾邓小平出山的最后一段路程。进入 1973 年，周恩来开始大量尿血，中央同意周恩来做患癌症以来的第一次病灶检查与治疗。但他为确保邓小平顺利复出，将自己检查治疗的时间一拖再拖，直到 3 月初邓小平被任命为国务院副总理已成定局，他才躺倒在手术台上……病情刚有好转，他又忘记自己是个病人，从与日本首相艰难谈判到陪同外宾视察祖国各地；从安排一个个老干部回京治病到主持起草党的第十次代表大会纲领性文件；从洁身自好决不允许自己身上有任何政治瑕疵到至死都在抗争、努力洗刷别人泼在他身上的“脏水”……

一件件国事，一桩桩大事，一起起外事，他都亲力亲为，努力维持国家政治、经济、文化与人民生活在“文革”期间能正常运转。而他自己在患病期间忍受了许多恶意误解与人身攻击。委屈与不公几乎伴随了周恩来整个患病岁月。

精神上的忍辱负重，身体上的病痛折磨，成为周恩来最后三年多的生命主题。

写完《周恩来最后600天》，我也从对书名的纠结中走了出来。

对于周恩来的精神与人格，不是一个书名所能承载的，也不是书名准确不准确能够表达的，他的高贵灵魂与悲情命运，即使我们穷尽文字也是无法覆盖的。那么最后600天与最后1300天又有何分别呢，天数又怎么能丈量出周恩来的生命厚度与思想深度呢？

这本书的出版真是非常不容易，这里要感谢的人特别多，如果没有中央文献严谨把关、出版社领导认真审读与设计师精心设计，这本书今天就不会顺利地与读者朋友们见面。

顾保孜

2014年9月

编后记

《周恩来最后600天》跟我曾经编辑过的任何一本书都不一样，原因有一，本书的作者顾保孜是我的母亲。其实我做编辑已经十余年，我母亲从事写作已经三十多年，但作为编辑与作者，我们从来没有过任何的交集，她写她的文章，我编我的书，她会翻看我编辑的书，我也会阅读她写的书，但都是站在读者的角度。

俗话说，“近水楼台先得月。”可我这“近水”却没有“先得月”。我这些年把多数的心思放在我个人比较喜爱的文化艺术类选题上。

回忆起往事，我刚上高中时，母亲整天在家写作，晚上她不写了，我就在她的书桌上写作业，常常把她的手稿压在作业本下翻看，就这样，我看完了《红墙里的瞬间》《铁血N4A》等书的手稿。我觉得真好看，跟我翻过的其他领袖题材的书籍不太一样，亲切、通俗、活生生的，其实这就是我母亲的写作风格。

就在我从事编辑职业的第十个年头，有一天，我突然想起这些年我阅读的母亲所写的书籍，曾经感动过、流过泪，这种阅读锻炼了我对人对事认识的深度和广度，也让我学会尽量跳出条条框框来理解人性。我有了要给母亲做一回责编的冲动。我跟母亲说：“我们之间为什么不能合作一本书呢？这应该是一件有意义的事情呀。”

当时，母亲的《毛泽东最后七年风雨路》刚在人民文学出版社出版，于是我们决定做一本关于周总理晚年的书，这也是母亲一直想写的选题。她还为即将写作的书起了个暂定名“周恩来最后600天”，我一听这个书名便非常有编辑冲动。这个选题一经确定，就被“国家十二五规划”选定为重点图书，于是这样一个被我母亲戏称为小名的书名，也就变成了堂堂的大名。尽管这个书名不够准确，但它在我心里，一直是无可替代的。

写作与编辑《周恩来最后600天》这本书，过程是艰辛的，繁杂的，甚至是漫长的。

这里我首先要提到一个人，他就是本书图片的摄影者、著名的红墙摄影师杜修贤，他是我的堂姑父，我母亲当年走上写作“红墙”这条道路，跟他那精彩照片背后更加精彩的“红墙故事”有着直接的关系。就在这本书进入最后编辑阶段，堂姑父因病去世了，没能看见这本书的出版，这给这本带有悲情色彩的图书又平添几许悲凉。

我小时候曾经从堂姑父家拿过一本由他拍摄的《人民的总理》画册，里面是周总理各个时期的照片。我永远也不会忘记这本画册，那时候真的是天天翻看。当时我太小，不懂得什么伟人、领袖、政治事件，就是觉得周总理风度翩翩、英俊潇洒、那么好看。如今想来，幼稚得可笑，但我永远不会忘记这本画册带给我的感受，周总理的音容笑貌如刀刻一般深深地印在了我的脑海里。

这本书的编辑过程，我有两点特别感受，一是和作者交流别有一番滋味，二是翻阅照片内心格外酸楚。

先说和作者交流。每一次编辑（我）和作者（母亲）之间的正常沟通和交流，往往会演变成一场带有家庭琐碎的对话。母亲常常会用我小时候干的某一件蠢事来解释我的某个要求是荒唐的，是不可以的。最后交流变成了交锋，纠错变成了纠风（我母亲认为她是作家不可以给我当小编的）。从女儿催促母亲写作到母亲催促女儿送审，再到最后为一张照片取舍的争执，“真是别有一番滋味在心头”。

再说内心酸楚。《周恩来最后600天》这本书记录了周总理生命最后的岁月，不言而喻，书里的照片也是周总理生命后期的照片，他消瘦、疲惫、隐忍……跟我脑海中的神采奕奕的总理形象判若两人。总是想起周总理以前的模样，再看他最后的岁月，所承受的精神折磨、身体病痛，这样的编辑过程，真是伤感。书中有些场景、有些对话，每次读到，必然泪下。

这本书的出版时间是漫长的，这期间也充满了波折，我也想对社领导和部门主任说声感谢。他们为了这本书的出版付出了很多努力，很多事情都是亲力亲为，甚至连章节页里的篇章语都是改了又改，力求严谨、准确和简洁。每当我因为这本书遇到波折和困难而意志消沉时，他们的鼓励和帮助都是那么及时和有力。

作为编辑，这是我职业生涯中非常重要的一本书。作为女儿，这是我送给母亲的一份礼物。作为晚辈，这是我对逝者的一份怀念。

责任编辑：王飞宁

2014年10月

参考书目

1.《周恩来传》 金冲及主编 中央文献出版社 2008 年 3 月第 2 版

2.《周恩来年谱》中共中央文献研究室编 中央文献出版社 1997 年 5 月第 1 版

3.《周恩来书信选集》中央文献出版社 1988 年 1 月第 1 版

4.《在周恩来身边的日子》李琦主编 中央文献出版社 1998 年 2 月第 1 版

5.《周恩来》［英］迪克·威尔逊著 封长虹译 中央文献出版社 2003 年 3 月第 1 版

6.《周恩来珍闻》李新芝 刘晴主编 中央文献出版社 2009 年 6 月第 1 版

7.《中共党史辨疑》刘书楷 郭思敏主编 中央文献出版社 2006 年 8 月第 1 版

8.《周恩来总理卫士长回忆录》成元功著 中央文献出版社 2009 年 3 月第 1 版

9.《难忘的八年——周恩来秘书回忆录》纪东著 中央文献出版社 2009 年 3 月第 1 版

10.《周恩来的历程》江明武主编 解放军文艺出版社 1996 年 1 月第 1 版

11.《周恩来的智慧》曹应旺主编 中共中央党校出版社 1994 年 2 月第 1 版

12.《周恩来生平》南山 南哲主编 吉林人民出版社 1997 年 6 月第 1 版

13.《周恩来的最后十年》张佐良著 上海人民出版社 1997 年 12 月第 1 版

14.《亲情西花厅——我们心中的伯父伯母》周秉德等著 红旗出版社 2008 年 2 月第 1 版

15.《邓小平时代》［美］傅高义著　三联出版社　2013 年 1 月第 1 版

采访对象

1. 毛泽东、周恩来专职摄影记者：杜修贤、钱嗣杰、侯波
2. 周恩来保健医生：张佐良
3. 叶剑英秘书：王守江
4. 周恩来身边工作人员：成元功、张树迎、高振普、纪东、赵炜、郑淑芸等人
5. 毛泽东身边工作人员：章含之、张玉凤、吴旭君、周福明、高智等人
6. 周恩来亲属：周秉德、周秉建
7. 中央警卫局领导：杨德中、邬吉成、狄福才

图书在版编目（CIP）数据

周恩来最后600天／顾保孜著；杜修贤摄.— 北京：中国青年出版社，2014.11（2025.1重印）
ISBN 978-7-5153-2931-4

I. ①周… II. ①顾… ②杜… III. ①周恩来（1898~1976）-生平事迹 IV. ①K827＝7

中国版本图书馆 CIP数据核字（2014）第268297号

责任编辑：王飞宁
书籍设计：瞿中华

出版发行：中国青年出版社
社　　址：北京市东城区东四十二条21号
网　　址：www.cyp.com.cn
编辑中心：010-57350501
营销中心：010-57350370
经　　销：新华书店
印　　刷：鸿博昊天科技有限公司
规　　格：710mm×1000mm 1/16
印　　张：36
字　　数：350千字
印　　数：30001-34000册
版　　次：2016年1月北京第1版
印　　次：2025年1月北京第9次印刷
定　　价：128.00元

如有印装质量问题，请凭购书发票与质检部联系调换
联系电话：010-57350337